人物叢書

新装版

松平春嶽

まつだいらしゅんがく

川端太平

日本歴史学会編集

吉川弘文館

松　平　春　嶽

（明治15年，55歳の時）

松平春嶽辞世の和歌

慶永

なき数に
よしやいるとも
天翔（あまがけり）
御代を守らむ
皇国（すめぐに）のため

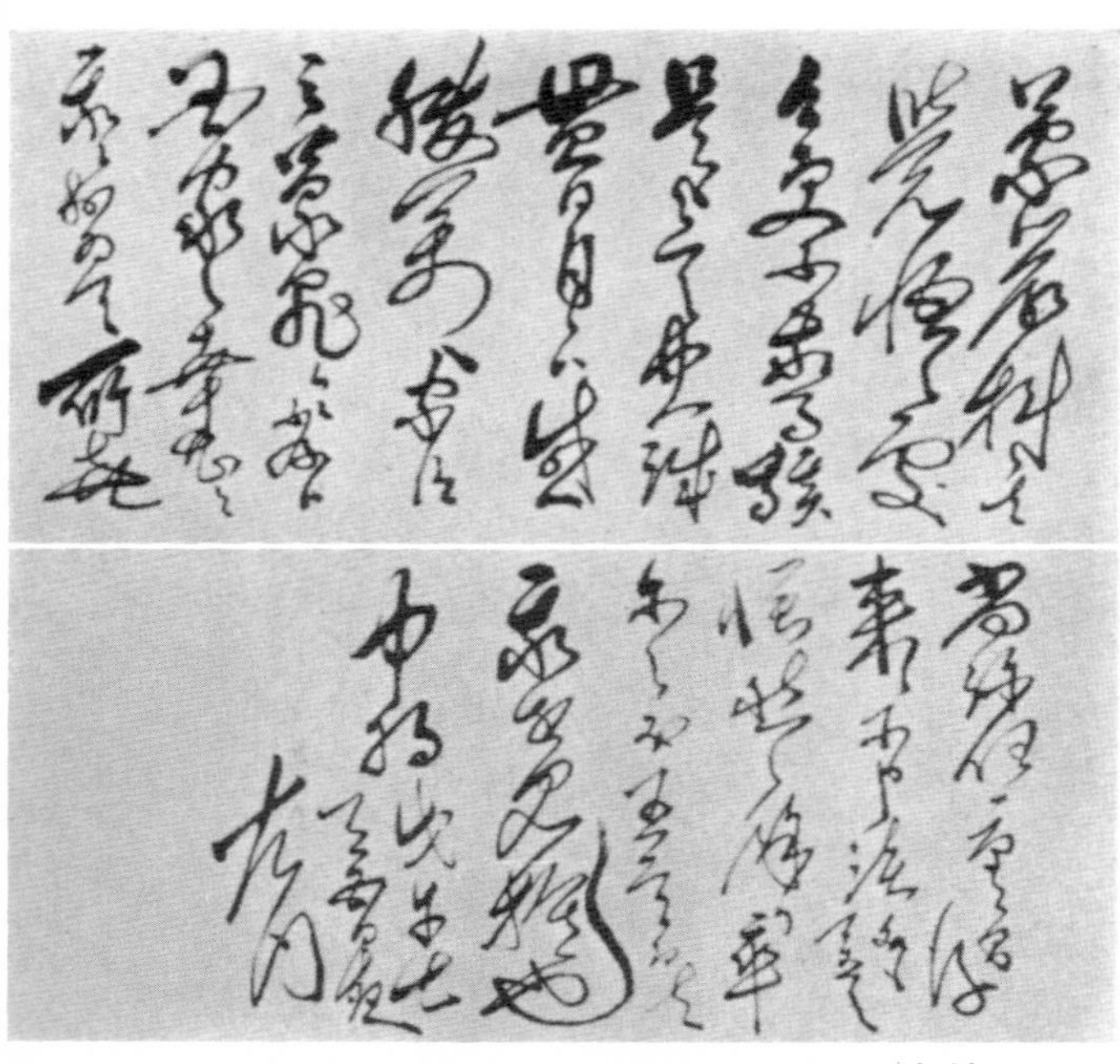

松平春嶽が橋本左内に与えた最後の書翰

蒙ニ厳科一候者覚悟之処、今更不ニ驚駭一。
是迄之忠誠貫ニ日月一候ハ感服。万々
家臣之蒙レ罪候ニ不レ及ハ、国家之幸
甚ニ候。我ニおゐて所レ喜。尚弥任
重候間、後来之所申談儀も可レ有レ之、
愕然之余り卒爾之儀有レ之候而者、
我を見捨候也。

中将　　戊午七月五日夜

左内

はしがき

維新史は、政治革新の知恵、社会改造の企謀、もりあがる処士のエネルギー、宿命的な封建社会の罪障、幕藩制度崩壊期の悲劇のからみあった複雑多岐な日本近代国家創造のダイナミックスである。この時代の激流の中に、松平春嶽(慶永)を位置づけ、この時代背景の上に、春嶽の生活をさながらに、その生涯を描写した。

ことに幕末には、世界の大勢に逆行する鎖国攘夷論がわきあがり、やがて強引な討幕論に変質した。当時は攘夷が何故に大義名分であるか。あるいは、開国が真の大義であり憂国であるか否かを、究明するいとまがなかった。幕末において先見の明のある開国論者は、すべて茨の道を辿った。徳川幕府衰亡の段階において、徳川一族と徳川の家臣は、朝廷に対する恭順の誠意をも、ことさらに無視され蹂躙されて、苦難の淵底に沈淪した。ここに敗者の数々の悲劇が生れた。

松平春嶽は、世界的視野に立って、安政三年十月、夙に越前藩論を、進取的開国論にまとめ、国際文化の交流と物資の交易による富国強兵による近代国家の樹立を志向した。

孝明天皇は、徹底的の鎖国攘夷論者であったので、春嶽は文久二年七月以後、将軍後見職慶喜に対して、天皇の攘夷論の諫止をすすめ、切に開国への転換を念願した。しかし宿願は容易に達成できなかった。

春嶽は親藩随一の立場から、時勢即応の幕政の修正と改革にも、熱意を傾けた。統一国家樹立のため、機の熟するを見とどけ、大政奉還・王政復古を実現するは春嶽宿年の悲願であり持論でもあった。

孝明天皇は鎖国・避戦論を堅持された。幕府に対しては政務の委任と、将軍を庇護する叡慮は、一貫して、御在位二十一年間、不変不動であった。関白以下の側近の重臣は、いかに天皇を輔沃したであろうか、時にはいかに諫争したであろうか。

多岐亡羊の観さえある維新史上の春嶽の思想と政見と政治行動については、今日まで正鵠をえた解明が行われていなかった。朝廷と幕府の間に、はさまれていた春嶽の苦悩憂悶は底知れぬものがあった。政界要路の人々は、春嶽の誠実・恭謙・公正・穏健な人格に信頼をよせ、その協力を求め、策謀家は手を尽して春嶽を政治的に利用しようと努めた。徳川斉昭も、島津斉彬も、一橋慶喜も、島津久光も、岩倉具視も、大久保利通も、勝海舟も、誠意を以て、時には謀略を以て、春嶽に接近し協力を求めている。春嶽の政治的魅力が何であったかを、本書は究明するであろう。

春嶽の皇室尊崇は絶対的であり、信仰的でもあった。しかし政策面では叡慮なるが故に、盲目的に絶対随順するは真忠でないと考えた。天皇の側近に有識・練達・剛直の諫臣なく、阿諛・陋劣の公卿が多ければ、朝威は退萎し、国は衰亡すると信じていた。

春嶽は開国論者であったが故に、また藩論が佐幕的であったがために、一時は朝敵と呼ばれ、国賊とののしられ、幾度か進退両難の苦境に立った。

幕末のゆがめられた敵本主義の大義名分論は、いたずらに混乱をまき起した。虚勢をはった空疎な尊攘論は、外交の核心に触れず、幕府いじめの攻め道具として、空転した憾みがある。「なすべき政策を持ちつつ、現実に行いえぬことほど苦しいことはない。」と、これが春嶽の告白である。

春嶽の思想と業績は、維新史の全面に広く深く関連するが故に、また春嶽の手記『逸事史補』その他の筆録が多量であり、側近の中根雪江・村田氏寿・橋本左内・由利公正・横井小楠らの記録があまりに豊富なために、春嶽の言動の片鱗を知っても全貌を把握することは、容易なことではない。

私は、春嶽の気品に傾倒し、思想・業績の研究を手がけて三十年に及ぶが、大戦中、大政翼賛会福井県支部の依嘱により、昭和十八年に『松平春嶽公を偲びて』を公刊し、その後、春嶽ノート二十数冊をまとめたのみで、評伝を大成する機会に恵まれなかった。ここに、頽齢七十二歳にして、宿願の一端が成就したわけである。本書は、戦後の史学界の成果を十分に吟味摂取し、ゆがめられた尊攘史観を是正しつつ記述した。また顕彰的頌徳筆致におちいることを警戒しつつ、史的に公平・周到・厳正に叙述することを念願した。ことに春嶽が開明的思想家であった真面目をあらわすために、その背景として、極東の情勢を描写し、通商条約締結のいきさつをも解説した。

本書は春嶽中心の維新史でもありうる。ページ数の関係から、越前藩政に関する史料は割愛した。

春嶽の日記・筆録・往復書翰等の未刊史料、および写真の提供については、終戦前は春嶽公の令息故松平慶民氏の御協力に依頼し、戦後は春嶽公の令孫松平永芳氏の御好意にたよった。ここに深甚の敬意と感謝のまことを捧げる。

昭和四十二年元旦

川端太平

目次

第一　春嶽の人間形成と時代背景

一　春嶽の血統と生い立ち

江戸城内田安邸に誕生

松平春嶽の本名は慶永である。十一歳の元服までの幼名は錦之丞。号には公寧・礫川・鷗渚などがあったが、生涯最も愛用したのが春嶽の雅号であった。文久以後の公文書にも春嶽と記したものが多い。郷土福井ではもっぱら「春嶽さま」で通用している。文政十一年(一八二八)九月二日、江戸城内の田安邸に生れた。田安斉匡の第八男。生母の礼以子は、閑院宮家司木村政辰の娘である。田安家は、徳川の親族である御三卿(田安・一橋・清水)の内の一家である。家格席次は尾張・紀伊・水戸の御三家の次席である。徳川宗家と御三家・御三卿の間にはしばしば養子縁組が行われ、常に血の交流が行われた。徳川宗家（将軍家）に嗣子のない時は、三家・三卿の当主は、宗家を相続する資格があった。父の斉匡は従一位権大納言で位階は高かったが、賄料は年十万俵を支給され、家格の高いわりに経済的には裕福ではなかった。斉匡の父治済は、一橋家第二代（春嶽の祖父）である。斉匡は一橋家に生れ田安家を継いだのである。

田安と一橋の血の交流

春嶽の生家田安邸は、徳川氏の本拠、江戸城内にあり、朝夕目に見、耳にきこえるものは、すべて徳川一族の家子郎等の言動であった。「天朝の恩沢にて神国に生れ、東照宮（家康）の徳恵によって、太平に沐浴し、累代安楽に暮して居る。この洪恩忘るべからず」との父の教訓は、日常接触する家子郎等の骨髄にまで浸潤していたのである。やや煩雑ではあるが、春嶽をめぐる徳川一門の血縁の網の目が、如何に縦に横に連絡しているかを一瞥すると、第十一代将軍家斉は、春嶽の伯父、第十二代将軍家慶は、春嶽のいとこである。春嶽の長兄斉荘は尾張家を継

血脈の網の目は縦横につながる

いで十二代藩主となり、次兄斉位は一橋家を継ぎ、兄の慶寿も一橋家に入っている。春嶽の弟の慶頼は田安家(五代)を継ぎ、安政五年から文久二年まで、五年間将軍家茂の後見職を勤めている。春嶽の末弟の慶臧は、尾張家を継いで第十三代藩主となった。

宗武と定信とに私淑

春嶽の生家田安家の始祖宗武(一七一五—七一)は、第八代将軍吉宗の二男である。賀茂真淵に学んで、国学の研究深く、万葉調の歌人としても令名があった。その著『玉函叢説』等の著作は、春嶽に影響したところが多い。春嶽の最も景慕した松平定信(一七五八—一八二九)は、宗武の七男で、春嶽の義叔祖父にあたる。老中首座として寛政改革を断行した。定信の学殖の博大と経世的手腕は、常に春嶽を感奮興起せしめた。

錦之丞時代の少年春嶽は、好学心篤く芸事よりも読書と習字に没頭した。その学習の思い出は『真雪草紙』と『閑窓秉筆』の所々に記されている。少年時代に

少年時代の号は羊堂

羊堂(ようどう)の号を用いたのは、

> 父君は、能・仕舞・茶の湯などを、すゝめ給へど、生来不得手なれば、とかく怠れり。たゞ読むこと書くことを好み、紙をしきりに使ひたるを以て、錦之丞は羊の如く紙を好むと、仰せごとあり。そのえにしより、みづから羊堂と名づけたり。

田安家の厳正な庭訓

田安家の家風は倹節簡素。家庭教育は厳格そのもので、いささかの放縦(ほうしょう)も許されなかった。少年の頃は、朝六時半起床、僕婢をわずらわすことなく、自分の手で髪を整え、身仕度を終ると『大学』『論語』等の素読に専心し、十時頃に着物を着かえて、父母に朝の挨拶をすまし、諸芸のけいこが始まるのである。昼食後は習字に努め、二時すぎから、思いの儘に遊ぶのであるが、邸外への自由外出は許されなかったという。

読書ずきで筆まめであった少年錦之丞は、方々から書籍を借覧して、会心(かいしん)の処を丹念に筆写して保存した。この習性が生涯つづいたのである。

読書・執筆・作歌・作詩と揮毫とは、春嶽の生涯を一貫する趣味であり、人間修練の方途でもあった。壮年時代の詠草に、

徒然の日はなかりけり徒然の日にも書見ぬ時のなければ

たへがたき夏の暑さも忘れけり書とり出でて読みつゝ居れば

徒然の日はなかりけりつれづれの日にも書見ぬ時のなければ

和歌は雄渾・直截・切実な『万葉集』の格調を愛好し、作歌生活五十年にわたる詠草は、一千数百首にのぼり、幕末から明治中葉にかけ福井歌壇にも薫染を及ぼした。壮年時代には鈴木重嶺と親交があり、謙虚にその斧正を受けている。

十一歳の少年藩主

天保九年(一八三八)春、錦之丞が十一歳の時、越前家の養嗣となる内談が調い、その年七月二十七日、越前第十五代藩主斉善(第十一代将軍家斉の子)の死没により、正式に将軍家慶の命によって越前家を嗣ぎ、福井十六代藩主となった。

天保九年十一月二十三日、江戸城に初登城、将軍に謁見して就封の御礼の挨拶

をなし、越前藩の重臣に迎えられ、初めて江戸常磐橋の越前藩邸に移った。その年の十二月十一日、再び江戸城に登り元服し、正四位下越前守に任じ、将軍家慶の慶の一字を貰って、錦之丞を慶永と改め、号を春嶽と称することとなった。十一歳にして三十二万石の越前藩主の重責に就いたのである。

輔佐主任は中根雪江

　この日の将軍よりの初の引出物が、ほほえましくもまき絵銀細工のおもちゃであった。御用掛には謙抑・練達・重厚の中根雪江（時に三十二歳）が任用され、以来三十四年の久しきにわたり、常に近侍輔沃したことは、春嶽にとって生涯の幸福であったと、春嶽が追憶記に記している。

春嶽中心の維新史の越前版

　中根雪江は、「影の形に随うが如く」常に春嶽に随従し、「君臣水魚の交」は変らなかった。三十四年間に江戸に使すること十五回、京都・大阪に赴くこと九回、まさしく股肱の臣であった。『昨夢紀事』『再夢紀事』『丁卯日記』『戊辰日記』『奉答紀事』は中根雪江の労作である。以上は春嶽を中心とした越前藩より見た公平・正確・綿密な維新史であって、春嶽の政治活動を知悉するための良質な史料となって重要視されている。因みに『続再夢紀事』は以上の書と筆致・行文・体裁が酷似しているが、これは村田氏寿の著作である。

二　春嶽の風格と時代背景

孝明天皇と春嶽とはほぼ同時代に活動

松平春嶽の政治活動の最盛期（十九歳より四十二歳）は、孝明天皇の在位期間（一八四六—六六）にほぼ該当する。孝明天皇は、春嶽より三歳お若く、大久保利通は春嶽より二歳若く、木戸孝允は五歳若い。西郷隆盛は春嶽と同年である。春嶽の幕末の知友岩倉具視は春嶽より三歳年長であり、熟友山内容堂（豊信）は一歳若かった。

欧米の東亜進出と清国の開国

孝明天皇時代には、幕藩体制は老朽化し解体に瀕していた。封建社会の崩壊期が迫っていた。わが国の周囲の国際社会を見れば、欧米の東亜進出は、年を逐い強烈となり、やがて鎖国日本の国際的孤立は、遂に不可能となった。中国大陸では、アヘン戦争の敗北（一八四〇—四二）・大平天国の内乱（一八五〇—六四）により、清国は英国と南京条約を締結して門戸を解放した。米仏両国とも、一八四四年（弘化元年）通商条約を結んだ。この年オランダ国王は、懇篤なる国書をもって、幕府に対し開国を勧告してきた。

一八五八年（安政五年）イギリスは、インドを直轄領とした。一八六二年（文久二年）フランスは、コーチシナの三州を領有した。清国は一八六〇年（万延元年）北京条約を結んで、英・仏に天津を開港し、九龍（きゅうりゅう）半島をイギリスに割譲し、ロシアには沿海州の領有を許容した。

帝国主義攻勢に対するわが危機感

欧米諸国の帝国主義攻勢に対し、わが国の朝野の具眼者は、常住不断に国土防衛の危機感におびえていた。

解体に進む幕藩制度

鎖国時代の孤立中にも、時代の推移に伴って、徐々に国民経済生活の成長はあった。割拠的幕藩制度は、もりあがる庶民の経済成長に即応し切れなくなった。

洺々として時勢は進展した。黒船渡来以降、外交問題の紛糾処理のため、わが国論の帰一と国力の統一が強く要請された。時勢は、好むと好まざるとにかかわらず、必然的に幕藩制度を崩壊せしめる方向にすすんだ。

外艦渡来を眼前にして、鋭く対立したわが国の攘夷論と開国論は、政争の渦中で、深くもつれからんで解けず、怪奇複雑な紆余曲折を経由しつつも、必然的に開国ルートに進まざるを得なかったのである。この開国ルートを阻止した政治勢力は何であったか。

孝明天皇宸影（京都市，泉涌寺所蔵）

孝明天皇の叡慮

この間、孝明天皇は、外夷の強要によって開国せば、神国の国体を汚損するの杞憂ありと思い詰められ、終始一貫して鎖国攘夷を切望され、幾度か海防の勅旨を幕府に降した。安政五年六月調印の五ヵ国通商条約は、七ヵ年の長きにわたって勅許されず、慶応二年九月の勅許まで、幕末の内政外交の癌腫ともなった。

前代未聞の国難と天皇の御苦悩

また薩長土等の大藩のバックアップにより、あるいは尊攘派公卿や勤王志士を背景として、朝廷の政治的発言権は、著しく強化された。この間、孝明天皇は、攘夷が討幕に進展するを好まれず、攘夷が戦争に変転することを警戒し、究極においては徳川幕府を支持し、若年の将軍家茂を庇護しつつ、根本的には大政を幕府に委任する方向で、公武合体を推進された。

約言すれば、聖慮は国体護持にあり、鎖国にして避戦であり、幕府庇護の立場は変らず、王政復古を好まれなかったことは、終戦後引用を許された宮内省刊行の『孝明天皇紀』によれば明らかである。嘉永六年(一八五三)六月、ペリーが浦賀に来航した頃には、攘夷論者の尖端に立ち、激情的排外論の春嶽も、安政三年十月頃には、世界情勢の綜合判断の結果、攘夷の不可能を自覚し、言動は慎重かつ冷静となった。当時は、尊王攘夷は憂国の別名として通用し、鎖国攘夷論が天下を風靡していたが、中根雪江や橋本左内らの熱心な献策により、横井小楠招聘以前より越前藩は夙に開国論に踏みきり、幕府の外国方策下問に対しては安政四年十一月二十六日、春嶽は諸藩に先がけ、堂々たる積極的開国論を答申しているのである。

堂々たる積極的開国論

岩倉具視の春嶽信頼

世俗の批評を意に深く介しなかった春嶽の真摯（しんし）な言動に対し、ひそかに敬意を抱いていた岩倉具視は、のちに次の如く春嶽を評しているのである。

> 徳川の親藩はすべて、底意油断ならずと雖も、越老春嶽は戊午（ぼうご）（安政五年）以来、定見動かず、攘夷論勢力を占むる時代に於ても、一言もこれに阿従（あじゅう）することなく、和親開国の説を立て、また今回一橋慶喜が宗家を相続するに賛成し、将軍

職の大任を固辞するにつきて同意せるは、実に凡慮の及ぶべきところに非ず。この人、はたして皇国の為に赤誠を尽し、薩藩と同心協力して、朝廷を補佐し奉らば、天下のこと十中の八九は成るべし。その間に長藩もまた、同盟するの機会を得るに至らんと思考す。（岩倉の時務策の一節。慶応二年八月三十日記）

親藩としての苦慮を克服

岩倉具視は、ひそかに薩長と共に維新回天の大業を成就しようと決意し、春嶽の協力を強く期待した。春嶽は時務に通暁し、その見識も高邁で、言動は常に穏健中正、身は徳川家門の随一であったが、すべてを国家本位に考慮した。固より

撥乱反正の雄図乏しきは玉に疵

撥乱反正の雄図が今少し逞しくあれば、鬼に金棒であろう。経世家としての押しの弱さが、瑕瑾であった。春嶽の政敵と雖も、春嶽が幕末賢侯の一人であることは認めざるを得なかった。元治上半期の朝議参預の際にも、幕末の四侯会議においても、春嶽は常に妥協と融和をもって、紛乱する難局を収拾せんとし、穏健慎重に時艱の克服に挺身した。

盟友容堂の春嶽評

政治家の多くは、機会主義者である。大官顕職にあるもの、心底には謀略がひそみ、言動行実には虚々実々の術策がある。しかし春嶽は経世家として、余りに誠実であり率直であり、真摯であり几帳面であった。いわゆる政治の駈引は性格にあわなかった。春嶽の熟友である土佐の山内容堂は、「一橋の英明、春嶽の誠実、それに我が果断を加えて、天下の事を決すべし」と自負し豪語した。

西村茂樹の春嶽評

春嶽と同年の交友で、久しい間春嶽の動静を見守っていた佐倉藩の執政西村茂樹は春嶽の人格を尊敬して、その著『記憶録』に、「春嶽は、英邁俊偉の人に非ずして、かえって忠諒恭謹の人なり。」と記している。春嶽が西村に与えた詩に、

世情変換多し　人事に窮通あり
男子斯の際に処し　古今の誠忠を惟う

開国論者である春嶽が、政事総裁職の重責にあった文久二年(一八六二)の秋、勅使

三条実美が攘夷督促の勅書を奉じて東下した際、幕府は因循し低迷して対策に困窮した。春嶽の詩に、

世態変遷多し　浮雲乍明滅す
艱難此の時に当る　一誠唯拙を守る

一誠、ただ拙を守るのみ

開鎖両論の激突を廻避し、綸言汗の如き勅命と、国際的折衝との挾撃の間に立った春嶽の胸中には、栄辱なく褒貶なく、「一誠たゞ拙を守り」つつ時局収拾に身を挺したのであった。

文久から元治にかけて、過激なる尊攘論者は、越前藩の開国論を強く攻撃して、春嶽を朝敵と誣い、国賊と罵り、佐幕の凶党の如く曲解した。元治の頃は、中川宮（青蓮院宮朝彦親王）と松平容保と並べて「佐幕の三奸」と誹謗されたこともあった。

誤解され猜疑された調停役の春嶽

慶応三年春頃、越前藩と薩摩藩との友好関係を邪推して、春嶽は、家門随一でありながら徳川幕府の転覆をはかるものの如く、幕府の要路より誤解されたこと

もあった。

殊に、春嶽の憂悶苦悩は、孝明天皇が終始一貫して鎖国攘夷を念願され、朝廷の重臣である公家の多くは世界の情勢にうといために、攘夷論にこり固まっていたが、国際事情が明らかになるにつれ、やがて討幕論に変質したことである。

江戸の雰囲気は、京都の空気とは対蹠的であった。安政五年の五ヵ国条約締結によって、日本の開国は現実となり、国際法上の外交関係は、まがりなりにも成立し、万延元年（一八六〇）には現に通商貿易が行われ、江戸には外国の公使が駐在し、開港場には領事が常駐していたのである。

緩衝地帯となった春嶽

必然的に朝廷の攘夷論と幕府の開国施策との緩衝地帯に立たされた春嶽の苦心と尽瘁は、言語に絶するものがあった。

春嶽は死を決して門を出たことが、三度あったという。その一は慶応三年（一八六七）十二月九日のクーデターによって、王政復古の大号令が発せられた時である。

春嶽の述懐に、

宮闕の戒厳　五侯に命ぜらる

危きこと累卵の如く　万千憂う

蹶然死を決し　相救うを急ぐ

二百年来　報国の秋

死を決して救解に当る

将軍および会津・桑名の軍勢を排除して、尾張・越前・薩摩・土佐・安芸五藩の武力によって宮廷が守護されたのである。この時の春嶽の作に、

二つなき命を捨てゝ国のため　心を尽す時はこのとき

尊王攘夷史観の誤謬

明治維新の過程を、観念的に、形式的に、尊王と佐幕の対立抗争と考えるのは杓子定規である。また攘夷と開国のイデオロギーから複雑なる政局の推移を捕捉しようとする皇国史観によっては維新史を解明し得ない。従って、いかなる政治勢力が、真の尊王であり、真の憂国であったかを究明することは、形式論・観念

論では不可能である。尊王攘夷の杓子定規ではかることは危険である。春嶽を研究し評価する上にこの点が最も重視されねばならぬ。

嘉永六年（一八五三）、開国を要請したペリーの来航以降、身を挺して国事に奔走した志士仁人は、いずれも勤王憂国の士であった。ただ佐幕的勤王と討幕的勤王の点において、その言動に大なる相違があった。

孝明天皇御代の春嶽は佐幕的勤王の経世家であり、王政復古に到るまでは終始一貫して公武合体を志向し、安政三年（一八五六）ごろからは積極的開国論を推進した。本書は、正確なる史料にもとづいて春嶽の行実を、歴史の流れの中に位置づけて、その業績を解明してゆくであろう。

春嶽の調和的風格と妥協的手腕

春嶽の調和的風格と妥協的手腕を諷刺した川柳に、左の如くほほえましいものがある。

春嶽と按摩のような名をつけて　上を揉んだり下をもんだり

春嶽みずからの光風霽月(せいげつ)の心境を吐露した詠草には、

人心かくもあらなむ仰ぎみれば　はてなく広き天津大空

節ありて風に触らぬ呉竹(くれたけ)の　操(みさお)をおのが心ともがな

とことはに操はかへじ奥山に　育てる松の人知らずとも

春嶽は、思慮深くデリケートな文化人であり、人道主義者であったが故に、自己省察はきびしく、やや受動的・消極的な点があり、能動的・積極的の行動型ではなかった。天下の経綸(けいりん)を持ちながら、行い得ぬのは職にあるものの恥辱であると考え、『孟子』の「言責ある者、その言を得ざれば去る」を反芻(はんすう)し、要職を辞退することもあった。

春嶽は、遠慮善謀あるも勇断果敢を欠き、職にあっては誠実無私であったが、経世家としては隠忍持久を欠いた憾(うらみ)があった。橋本左内が直筆した如く、「天下の奸雄・豪傑を籠絡(ろうらく)する手腕に乏しく」、能く人を用いたが、一面には信頼され、押しあげられ、かつがれて政治的に利用されたこともあった。

三　国持大名の格式

越前藩は、徳川御家門第一の門閥で、家格と勢威は御三家の次ぎであった。越前藩祖の結城秀康（ひでやす）は、将軍家康の二男に生れた。秀康は兄の信康の自刃により当然、将軍家を相続すべき身分であったが、幼年の時は人質として羽柴秀吉に養われて羽柴姓を称し、のち更に下総（しもふさ）の名門結城（ゆうき）家の養子となり、関ヶ原役の殊勲により越前六十八万石の国持大名に封ぜられた。二代将軍の秀忠は、秀康の二つ違いの実弟であったので、江戸時代初期は、将軍家も越前家に対しては、多少憚りがあり、気兼ね・遠慮があった。秀康が結城姓より徳川姓に復したのは慶長五年、秀康三十歳の時である。因（ちな）みに、秀康は松平姓をとなえたことは文献にはない。

藩祖秀康の数奇な生涯

越前家には度々不幸があった。二代藩主忠直（ただなお）の不行跡、六代藩主綱昌（つなまさ）の乱心等

国持大名の家格を保持するもの十八家

によって二回減封され、五代藩主昌親（まさちか）の時には二十五万石に低落し、一橋家生れの重昌が十一代藩主相続の時に、加増されて三十二万石となり、明治四年の廃藩まで三十二万石が続いて、辛うじて国持大名の家格だけは保持したのである。因みに幕末（安政五年一月晦日現在）の国持大名十八家は加賀の前田斉泰（なりやす）百二万石、越前の松平慶永（よしなが）三十二万石、薩摩の島津斉彬（なりあきら）七十七万石、長門の毛利慶親（よしちか）三十七万石、仙台の伊達慶邦（よしくに）六十二万石、肥後の細川斉護（なりもり）五十四万石、因幡の池田慶徳（よしのり）三十二万石、佐賀の鍋島斉正（なりまさ）三十六万石、筑前の黒田斉溥（なりひろ）五十二万石、安芸の浅野斉粛（なりたか）四十三万石、備前の池田慶政（よしまさ）三十二万石、秋田の佐竹義堯（よしたか）二十万石、米沢の上杉斉憲（なりのり）十八万石、土佐の山内豊信（とよしげ）二十四万石、出雲の松平定安（さだやす）十八万石、津の藤堂高猷（たかゆき）三十二万石、久留米の有馬慶頼（よしより）二十一万石、阿波の蜂須賀斉裕（なりひろ）二十五万石であった。

春嶽は、義理の祖母寿満（すま）子（貞照院）よりしみじみと、「越前家は初めが盛んで、終りがよろしくない。家運の末広がりとなるよう常に戒慎せねばならぬ」と、少年時代に受けた訓戒は、終世忘れ得ぬところであった。藩庁の所在地は福井であったが、国持大名なるが故に、福井藩といわず、越前藩と称した。

越前家の支流八藩

将軍家と越前家の間には、次のような縁組によっても結ばれていた。越前十四代藩主斉承の夫人浅姫（松栄院）と、越前十五代藩主斉善は、いずれも十一代将軍家斉の子女である。越前家の支流には、美作の津山藩（五万石）・越後の糸魚川藩（一万石）・松江藩（十八万六千石）・出雲の広瀬藩（三万石）・出雲の母里藩（一万石）・武蔵の川越藩（十七万石）・播磨の明石藩（六万石）の分家八藩があった。春嶽のいとこの大名クラスには、紀伊の徳川斉順・尾張の徳川斉荘・津山の松平斉民・阿波の蜂須賀斉裕・川越の松平斉省・明石の松平斉宣らがあった。

江戸幕府の慣例によれば、藩主は十七歳に達するまでは江戸藩邸に住み、領国に帰ることを許さないのであるが、越前家の特殊事情により、春嶽の帰藩の内願は許されて、天保十四年(一八四三)五月、春嶽は十六歳で十ヵ月間の在国が許可された。

斉昭に示教を仰ぐ

春嶽は江戸出発に先だち、五月十三日、当時の大名クラスで声望第一であった水戸藩主徳川斉昭(なりあき)を小石川の水戸藩邸に訪い、初対面の挨拶をなし、藩主としての心得九ヵ条の質問書を提出して、教えを請うた。斉昭は時に四十四歳、春嶽の熱意に感歎して懇切綿密に口頭で指導し、さらに「座右の銘」にもと、十八日の日付で長文の書翰を認めて春嶽のもとに届けている。その末尾に、

さてその節、御持参の箇条書を熟覧致し、愚見相認めしが、只今の御年輩にて、かく国政に心を用いらるゝ段、実に感心致す。この上間断なく御努力になれば、何事も容易に御成し遂げ得らるべく、先々たのもしく存候。(意訳)

水戸学の尊王敬幕思想の影響

と春嶽を激励している。斉昭は春嶽より二十八歳の年長で、始めは師父として指導誘掖(ゆうえき)を受け、中頃は同志として幕政改革と海防に協力し、斉昭の晩年には、その激越した言動に対し苦諌を呈している。安政期以降、二人の風格と思想と政見

は、必ずしも一致しなかったが、人間としては十七ヵ年の長期にわたり、肝胆相照の交誼は変らなかった。尊王敬幕を枢軸とする水戸学の精神は、斉昭の言動を通じて、青年春嶽の心底に浸潤したのである。

青年藩主春嶽の行実

幕末の越前藩は、久しく藩主に恵まれなかった。十四代藩主斉承は二十五歳で逝去し、病弱の十五代藩主斉善は十九歳の短い生涯であった。その間、松平主馬らの家老が藩政を掌握していたのである。春嶽の初入国は、天保十四年六月十一日。久しく藩主不在であった福井城では、新藩主の入城に期待をかけていた。藩臣も領民も春嶽の人柄を聞知していたので、沿道の出迎え人は人垣をなし、歓呼して威風堂々たる行装の大行進を迎えた。草莽の歌人 橘 曙覧は感激して、

橘曙覧の春嶽初入国讃歌

……春花の尊き君は、三栗の中央に立たし、烏玉の黒き御馬に、ゆるやかに騎らし給へば……(『藁屋詠草』の長歌の一節)

春嶽は、翌弘化元年(一八四四)正月十三日まで福井城に在って、「民風を観るため

に」しばしば領内を視察し、初めて農山漁村の庶民生活や、海防の実況を身をもって知り、藩主としての自覚を強め、責任の重大さをしみじみ感じたのである。

宕陰の『春嶽公逸事』

塩谷宕陰（しおのやとういん）の『春嶽公逸事』によると、

公は初入国の節、越前絵図を眺めながら、重臣たちに海防の現状はどうか、度々「公儀よりも、海岸の防備を厳重にせよ」と仰せ出されているので実情を率直に申せとの事に、家老共は恐縮し赤面して、調査に両三日の猶余を願いたいと申し上げると、公は異国船到来の時、防備不充分の故に猶余をと申す訳にはゆくまいと笑われ、翌日から領内の山坂の難所をもいとわず、特に海岸を巡検した。

春嶽の領内僻地行脚

次は『春嶽公逸事』によると、春嶽が南条郡赤萩村巡視の時、路傍に平伏している老婆に対し、日常の食事についてお尋ねがあった。菜ぞうすい・稗（ひえ）団子が常食であると老婆が答えたので、ありあわせの団子を求めて、侍臣らと共に試食したが、咽（のど）を通りかねるしろものであった。……
春嶽のまのあたり視た農山村漁民の耐乏生活は、想像以上にみじめであった。通風・採光のわるい草葺の陋屋（ろうおく）、暗くて湿気の多い土間（どま）、ツギの多い労働着と縄帯、ことに農山漁村民の大多数が文盲（もんもう）であることを初めて知り、春嶽の感傷は深刻なるものがあった。

大名の愚民観

徳川斉昭画像（故徳川圀順氏所蔵）

天保十四年五月十八日、水戸藩主斉昭が春嶽に与えた書翰中の「百姓町人憐愍（れんびん）方心得の事」に、

さて国主始め武士は、百姓の辛苦にて命を保ち候事故、憐愍の儀は勿論に候えば、何分にも膏血（こうけつ）をしぼり申さざるよう致したき事に候。さりながら民の事は緩（ゆる）くし候えば、大切の武士を養い候ことも相成り申さず候えば、年貢米は定法（じょうほう）の通りに必

ず収納申し付けるべき筋に候。百姓は愚なる者に候えば、一度姑息の仁を施し候えば、恩恵になずみ、後には害に相成るものこれあるものかと存じ候。

封建支配者の恩恵と収奪

斉昭は「民は国の本なり」「愛民専一」と提唱しながら、他面には「百姓が学問・手習などするは、……農耕の妨げとなるものなり」と文盲政策を肯定し、ただ「私も無く慾も無く農をはげみ、育児の義も行届き、常に粗服して、貢納に滞りなければ良し。」と言う。これが封建時代の名君の考え方であった。これは斉昭のみならず、封建制度の殻中のすべての専制支配者――将軍にも大名にも共通する倫理綱要であった。しかし、やがて『孟子』を愛読し「民を貴となす、社稷これにつぎ、君を軽となす」の思想を、わが身にひきあて諒得した春嶽は、斉昭の愚民観に抵抗を感じた。支配者の仁慈・恩恵と百姓よりの収奪との矛盾は、遂には幕藩制度の崩壊にまで、必然的に発展せざるを得ないのである。

四　春嶽の人間錬成

阿部正弘と春嶽は親戚

春嶽が先覚者として敬慕し、青年時代に感化を受け、人格形成に強い影響を受けた人物は、徳川斉昭と阿部正弘と島津斉彬であった。友人では山内容堂であった。阿部正弘は天保七年十八歳にして、福山十万石の藩主となり、伊勢守を称し、早くより国政担当の大志をいだき、夙夜修養と研鑽に努め、二十五歳にして老中首席に推された。春嶽より九歳年長、実兄の如く親しく交わった。正弘夫人謹子も後室謐子も共に、越前家で生れ、正弘と春嶽とは近い親戚の間柄であった。

正弘は饒舌を誡しむ

正弘は誠実・寛宏・穏和で頭脳明敏、円熟老練、常に温顔に微笑をうかべていた。交際上手の八方美人であったので、彼の在任中は、たとえ政見を異にしても、幕政に反感を抱く大名はほとんどなかった。対談するも、必要以上に発言せず、受身に立ち常に聴き上手であった。「彼は相手の話を胸中に記憶して、善悪を選びわけ、善を用い悪を捨て施政の参考に供する。饒舌は失言ともなり、言質を取られ、職務の失策ともなる。責任の地位にあるものは、多弁を慎むべきである。」と春嶽に所懐を語っている。

春嶽は斉彬を正弘に紹介す

春嶽(時に一八歳)は、弘化二年(一八四五)春、英俊豪邁の令名のあった薩摩藩主斉興の世子島津斉彬(三七歳)の要望により正弘(二七歳)を紹介するため、江戸常盤橋越前藩邸に両者を招いた。この一夕の歓談が切掛となって、両者は互いに心を許す間柄となった。この頃から、時局収拾のための公武合体論は、徐々に三者の間に成熟して行くのである。両三度の会談によって、二人は秘密裡に開国方針を誓約し、やがて

阿部正弘画像(『懐旧紀事』所載)

斉昭の攘夷論と正弘の避戦論

薩摩藩の琉球貿易を黙許した。また斉昭は「禽獣同様の夷狄（いてき）」と言い、さらに「夷船来って通交を求めば、悉く峻拒（しゅんきょ）すべし」との強硬論を唱えたのに対し、正弘はこれに答えて「勝算なきに妄（みだ）りに開戦するは危し。今日の急務は、軍艦を製造し防備を厳にするにあり」と斉昭に書き送って穏かに反省を促している。

阿部内閣は和親条約を締結す

阿部正弘は、健実な漸進主義者で、よい意味でのオポチュニストであった。内政・外交とも協調政策を堅持した。正弘の老中在任中（一八四三―五七）は、朝廷はもとより、諸大名以下庶民に至るまで、幕政に大なる不平不満はなかった。安政元年（一八五四）締結の米・英・露との和親条約と、安政二年末締結の日蘭和親条約も、孝明天皇には「やむを得ざる義」と思召し、調印を許された。安政四年五月二十六日批准の下田条約も、朝幕間に政略的紛争なく、朝廷においても諒承された。下田条約はハリスと下田奉行井上清直との折衝によって成立したもので、長崎の開港と下田・函館の米人在留を定めたものである。わが鎖国政策を平穏裡に、徐々に開国和親の方向に転換したのは、実に阿部正弘であった。安政四年六月十七日正弘が歿したことは、幕府の大損失であった。これより幕政は大きく動揺するのである。安政五年四月二十六日、大老に就任した井伊直弼（なおすけ）を、開国の元祖とするは錯誤である。ちなみに春嶽が正弘との度々の意見交換によって、攘夷不可能を理解し、中根雪江・橋本左内らの輔佐によって積極的開国論に転向したのは安政三年十月であった。

開国論に転向した春嶽

正弘は、閣老たること実に十五年、内外多難の国事に精魂を傾けた。肝臓病のために就床するや、春嶽は、正弘の回春を切望し、侍医半井（なからい）仲庵を遣わして加療せしめたが、ついに絶望となった。享年三十九歳。当時の春嶽（三〇歳）にとっては半身を削られた思いであった。正弘の死は、徳川幕府衰亡の前兆ともなった。

ハリスは阿部正弘を評価す

米国公使ハリスは、『日本滞在日記』に、「阿部伊勢守は名宰相として、甚だ権勢あり、識見卓越、よく米欧の実力を認識し、日本が鎖国政策を固守することの

正弘の偉大なる業績

不得策を洞察した。今やこの人亡し。日本の開進のために大損失である。」と記している。『阿部正弘伝』によると、正弘は、一筋縄では行かぬ徳川斉昭を、巧みに懐柔し、俊敏なる慶喜の将来を看取嘱望して、一橋家を相続せしめた。また幕府と諸侯との協調にも苦心し、春嶽・伊達宗城らと密議して、島津斉彬の養女篤姫を、近衛忠煕の養女とし、安政三年十一月十一日、家定将軍と婚姻せしめる等、裏面の政治工作にもきめのこまかい手腕をふるった。正弘の在世中は、朝廷も政務委任の久しい慣例に従って、幕府を信頼され、幕政には干渉せず、公武間の反目背離の相は現われなかった。

斉彬は開明的先覚者

島津斉彬（薩摩藩主、七七万石、西日本第一の雄藩）と春嶽との交遊は、弘化二年早春に始まる。当時世子であった斉彬は三十七歳、春嶽は十八歳。斉彬は、文政九年（一八二六）十八歳の時に、早くも江戸においてシーボルトに接して、西洋文明の進歩に驚異を感じ、のち薩州藩に有為の蘭学者を招いて蘭書を講ぜしめ、みずからも横文字を読解し書写することができた。嘉永四年（一八五一）、四十三歳の時に藩主となったのであるが、識見遠大で器宇宏量、大広間づめ大名中最も開明的の先覚者として、令名高く、春嶽・山内容堂・伊達宗城らとの交誼は厚く、憂国の盟友と提携して、力強く雄藩連合運動を推進し、春嶽の主唱による一橋慶喜を将軍継嗣に擁立する運動にも挺身したが、失敗の直前の安政五年七月十六日、忽然病歿した。

斉彬を師父と仰ぐ

春嶽の追憶記によると、「余は斉彬卿を師父と仰ぎ最も懇意なりき。ある時、卿は語る――大金は大事業に必要なり、故に巨万たりとも惜しむべからず、零細の金は節するも害なし、故に小金惜しむべし――と。卿の卓抜なる胆略の片鱗を知るに足らん。」と記している。春嶽は斉彬を追慕して、

照国の神の昔の偲（しの）ばれて　涙にくもる袖の春雨

久光と茂久への斉彬の遺言

斉彬もまた、春嶽を最も信頼したとみえ、久光への遺言には、「青年藩主茂久（もちひさ）（久光の実子、明治元年正月十六日忠義と改名）を輔佐されたいこと、諸侯中穏健誠実の第一の人物は春嶽公で

あるから、国事周旋にはその協力を仰ぐべきこと」等を諭した。時に茂久は十九歳、久光四十二歳、春嶽は三十一歳であった。これより無位無官であった久光は、薩藩の国父として尊重優遇され、やがて藩の実権を掌握し、中央政界にも天馬空を駆る如く、神出鬼没の活躍を試みた。

久光と春嶽の初対面とその後の協力

文久二年（一八六二）六月七日、勅旨により精兵を率い勅使大原重徳を護衛して江戸に着いた島津久光は、翌八日まず第一にみずから春嶽を常磐橋邸に訪い、初対面の挨拶をなし、斉彬の遺志を継承して、公武間周旋の素志を述べ、親しく後援と協力を懇望した。これより七年にわたり両藩は緊密な連絡を保ちつつ、政局収拾に尽瘁した。時に尊王佐幕と尊王排幕と、藩論は必ずしも合致しなかったが、友藩関係を維持しつつ王政復古・明治の新政に至るのである。

「熟友」山内容堂

春嶽の盟友に土佐藩主（二四万石）山内容堂がある。春嶽は容堂を常に、熟友と称していた。容堂（本名は豊信）は春嶽より一歳若く、豪放磊落・光風霽月の襟度は

同志諸侯の講読会は時事に及ぶ

博大で、春嶽とは肝胆相照の間柄であった。安政四年頃は、柳川藩主立花鑑寛・鳥取藩主池田慶徳・川越藩主松平直侯らの会心の諸侯は『大学』『通義』『八大家文』等々の講読会を度々催し、談論風発、常に時事問題に及び、しばしば長座することもあった。陪席して時々講義に参与した橋本左内は、

> 土侯（容堂）従来磊落の見、卒直に吐露致され、談鋒鋭利、わが君公（春嶽）の他、いずれも辟易の勢……君公は、計らずも一知己の御好友を得給いし御心地にて、御喜び斜ならず、……

山内容堂（慶応3年5月、39歳の時）

その磊落剛果は中々列藩侯中第一にこれあるべく……

と評している（安政四年十一月九日、左内より村田氏寿への手紙の一節、『橋本景岳全集』所収）。春嶽と容堂とは、直言の友であり、切磋琢磨の益友であった。共に尊王敬幕の志は篤く、幕府の崩壊まで、公武合体論の主流となり、難局収拾に挺身した。文久三年（一八六三）二月の政令帰一の提唱、慶応四年（一八六八）正月の慶喜救解についての努力等、二者は常に唇歯輔車の関係にあった。

容堂とは唇歯輔車の間柄

容堂は詩酒の興趣を解し、情熱のままに卒直に行動し、親友と会飲せば忽ち春風駘蕩の雰囲気を作った。春嶽の容堂追憶の詠草に、

君まさばいかに嬉しく思ふらん　今日の宴のあかぬ団居を

豪放と恭謹との調和

容堂は不羈であり、時に奔放であり、果断であり、「鯨海酔侯」を雅号とし、居室にはたわむれに「酔擁美人楼」の額を掲げた。春嶽の謹直・誠実・几帳面なる性格とは、対蹠的であるのが却って、調和融合のよすがとなって、終世変らぬ金蘭の契りとなったのである。容堂は明治五年（一八七二）六月二十一日に急逝、享年

四十六。

これらの畏友・師友・熟友が、春嶽の人間形成に役立ったのである。

第二　夙に開国論に転向した春嶽

一　欧米列強極東に迫る

春嶽の青壮年時代は、日本が鎖国より開国に転向する外交苦難時代であった。日本が極東の天地に国を鎖して孤立し、安逸をむさぼり、国際的には昏睡状態に陥っている間に、世界の情勢は、大きく変革を遂げていた。かつて東亜に覇を唱えていたイスパニアとポルトガルは、とくに衰退し、慶長五年（一六〇〇）以来、日本貿易を独占していたオランダも、国運次第に振わず、これに代って英・仏・露等が新しい強国として、東亜にも次第に勢力を扶植し始めた。

欧州諸国の盛衰・興亡

アメリカ大陸を一瞥（いちべつ）すると、一七七六年（安永五）自由を求めた十三州が独立を宣言し、着々太平洋岸

独裁政治に抵抗する庶民の動向

に向って勢力を伸展しつつあった。

欧州諸国では、すでに十七世紀の後半から、専制独裁政治を打破し、国民の自由・平等の権利を確立しようとする民主化の国民運動が年々歳々盛んになっていった。英国では、二度の革命によって、国王の専制政治が改められ十九世紀の中頃、二大政党が対立し、責任内閣制による議会制度が確立した。フランスでは、久しく王や貴族の圧制に抵抗しつづけた庶民の力により、一七八九年（寛政元）ついにフランス共和国が誕生した。ちなみに、米国第十六代大統領リンカンが「人民の、人民による、人民のための政治」（ゲッテスバーグの演説）という民主主義政治の要諦（ようたい）を道破（どうは）したのは、文久三年（一八六三）の十一月であった。

政治上の革命は、また経済・産業上の変革を伴っている。近代科学の進歩と応用技術の開発によって、労働力と器具に依存する幼稚な家内生産は、石炭・水力等の動力と大規模工場による大量生産に圧倒され、産業革命の進行によって、欧米諸国は急速に空前の経済力を蓄積し、軍事力を充実したのである。

産業革命と国家主義の強化

産業革命が英国に起ってから、十九世紀（文化・文政期以降）にはいっては、欧米諸国に波及し、蒸気機関（一七六九年）・汽車（一八一四年）の開発が相つぎ、一八三八年（天保九）には、早くも汽船による大西洋横断に成功している。天保九年は十一歳の春嶽が越前家の養嗣となった年である。天保八年二月には、大阪の幕府直轄領に窮民の蜂起（ほうき）した大塩平八郎の乱があった。六月にはモリソン号が浦賀に渡来し浦賀奉行がこれを砲撃するという事件が起った。その頃、少数の敏感な先覚者たちは、すでに世変の兆候を感じとっていたのである。高野長英・渡辺登（崋山）・

世変の兆候を感じとった先覚者

羽倉簡堂・江川英龍・下曾根金三郎らの蛮社（蘭学者の同志的集団）の同人は、常に英国の発展・欧米の進出・開鎖是非論・日本の国際危機を論議しあっていた。

春嶽の青年時代、天保・弘化・嘉永の頃ともなれば、産業革命を完成した欧州列強は、工場製品を大量に販売し、豊富な原料を購入するために、有望な植民地や有利な海外市場を求めて、艦船の実力を背景とし、従来より一層大規模なアジア進出を強行するに至った。欧米の国際的文化水準に比し、鎖国日本の思想と文明とには、百年の落差があった。

英・露は日本近海に迫る

ロシアは、弘化四年（一八四七、春嶽二〇歳）東部シベリアよりの南下政策を進め、まず黒龍江の流域を調査し、嘉永六年には樺太のアニワ湾を占領し、文久元年二月には露艦が海軍の拠点として対馬を一時占領したが、同じ目的をもつ英国艦隊の示威によって、露艦は八月退去し、辛くも事件は兵火を交えずして落着した。

文久二年の時点に於ける日本では、世界の趨勢に逆行し、既成の通商条約を軽視して仏蘭米英露の五ヵ国に、江戸・大阪両市の開市延期と、兵庫・新潟の二港の開港延期のために、欧米といかに交渉するかについて苦悩中であった。

英国のアジア進出は、オランダより遅れたが、十七世紀の初めから東洋貿易を志し、できるだけ国際的紛争を避けつつインド貿易に専念した。その後清(しん)国に対し通商条約の締結を要望したが、清国は旧法を守って応ぜず、両国の利害衝突は一八四〇年（天保十一）のアヘン戦争の勃発となった。これよりさき英商人は、インド産のアヘンを清国に密輸し、清国の茶を英本国に、英本国の工業製品をインドに輸出する三角貿易に成功し、空前の巨利を収めた。

アヘン戦争は対岸の火災にあらず

清国はアヘン中毒の弊害を恐れ、輸入を禁止したが密貿易は衰えず、清国政府は天保十一年、特使を広東（カントン）に派遣し、英商の保有するアヘンを没収し焼却したので、清英戦争が始まり、英兵の優秀な装備と強烈な砲火は、清兵を降服せしめた。英国は天保十三年（一八四二）南京条約を締結して、香港を割譲せしめ、広東・上海等の五港を開港せしめ、清国は仏・米両国とも同様の条約を締結した。清国の民衆はなおも覚醒せず中華思想に執着し、野郎自大（やろうじだい）、鎖国攘夷の気勢をあげ、条約違反が続出した。安政三年（一八五六）アロー号が清国に抑留されたのが動機となって、英仏両国は遠征軍を送り、一八六〇年（万延元、春嶽三三歳）北京を占領し、ロシアの

敗戦による清国の開港

調停によって、英・仏・露の三国は北京条約を結び、対等の国交・自由貿易・布教の自由を確認させた。これより十年前、清国の大衆の排外思想と民族主義と農民運動は複雑にからみ合って、文宗時代には勤王攘夷論も一時振起したが、嘉永三年（一八五〇）には、太平天国の内乱（長髪賊の興起）が始まり、次第に拡大して国内の統制は崩壊し、十五年にわたり紛乱がつづいたが、元治元年（一八六四）英人ゴルドンの率いる砲兵隊の威力も加わって、太平天国の内乱は鎮圧された。しかし清国は弱体化し、これより欧米列強の半植民地と化するに至ったのである。

清国文宗時代の勤王攘夷論

「前車の覆（くつがえ）るは後車の戒（いましめ）」であるにもかかわらず、朝廷も幕府も諸侯も、国際的には、昏睡状態を脱しきれず、外交処理に定見がなかった。遠く寛永以来、日本貿易を独占し、友好親善の国交を保持してきたオランダは、弘化元年（春嶽一七歳）八月二十八日、国王の親書を奉じた特使コープスを日本に特派した。国王から将軍に捧呈した開国勧告書の要点は、まず世界の情勢の推移を説き、次に、

オランダ国王の開国勧告書

鎖国の孤塁守りがたしと勧告

近時汽船が実用化し、国際間の交通が自由・迅速になったのに、独り日本が列国より孤立し、鎖国の孤塁を守ることは天理に反する。あくまで鎖国攘夷を固執するならば、清のアヘン戦争の実例が示す如く、血戦の憂患を免がれぬであろう。オランダ国王は多年の日本国の寵遇に報いるため、誠実を以て開国を勧告する。

米国が、日本との通商貿易の目的を達成するため、日本へ多数の軍艦を派遣するであろうとの欧州での情報を（嘉永五年五月）幕府に提供したのもオランダ商館長クルチゥスであった。このごろの幕府は「井に座して天を観る」程度の偏狭な国際知識しか持たなかった。

神代の幻想に生きる公卿

また天皇をとりまく公卿の頑迷固陋は度しがたいものがあった。絶海の孤島の日本、しかも海洋より隔った京都には神代の幻想が漂い、目前の開国問題の内容を研究せず、実質を検討せず、感情論と形式論のみが空転し、祈禱と神託によってことを決すべしという議論さえも、真顔で主張されていた。

京都より見れば、開国論者は悉く異端邪説者と見えた。世界の情勢を知り、開国は必然と信じた先覚者も、韜晦して開国を標榜せず、開国路線に踏み切った幕府も、気兼遠慮し、消極的であり偽装的であった。夙に開国論を藩是として打ち出した春嶽の政治活動には常に抵抗があった。誤解があった。批判があった。

二　開国通商か鎖国攘夷か

幕府は祖法変更しがたいとし、鎖国を頑強に固執しつづけた。日本の鎖国の扉を排除し、開国に転向せしめ、日本を国際社会に誘導したのは、米国東印度艦隊司令長官ペリーであった。折しも嘉永元年(一八四八)フランスには二月革命が起って、

欧州諸国の政治変革

王朝が転覆して共和仮政府が成立した。その影響は全ヨーロッパに波及し、自由主義革命運動が展開され、ドイツの独裁政治も崩壊し、立憲政体を採用するに至

った。

安政元年（一八五四）聖地管理権の紛争より、ロシア・トルコ間にクリミア戦争が勃発し、翌年英仏がトルコに味方して、露国の敗北となり、文久三年（一八六三）パリで講和条約が締結され、ロシアの南下政策は挫折した。文久元年（一八六一）の春夏、英・露のわが対馬占領についての対立抗争は、このクリミア戦争（一八五四―五六）さ中の出来事であった。この四年間、英・仏・露はいずれも、クリミア戦争に全力を集中し、極東を顧みる余力がなかったので、米国は列強に先んじて、武力を背景にして日本との和親条約締結調印の宿望を達成することができたのである。時は安政元年（一八五四）三月三日。この頃の春嶽（二七歳）は熱烈な攘夷論者で、国威宣揚・幕政改革の意見書を老中阿部正弘に提出し、日米交渉の真相を発表せよと迫っている。

米国は機先を制す

これよりさき弘化・嘉永の頃、米国の国会においては日本の開国を要求する声は高く、わが国が開国を拒絶すれば、武力行使もやむを得ずという主張もあった。

日本開国のため武力行使も辞せず

弘化三年（一八四六）米墨戦争（一八四六―四八）の結果、米国は太平洋岸のカリフォルニアを領有したので、今までアフリカの喜望岬を迂廻して東亜に航海した米国の汽船が、太平洋を横断して、清国との貿易通路ができたので、ぜひとも日本において石炭積込港を得たいとし、さらに北太平洋西岸に捕鯨船寄港の港湾の必要を生じたのである。米国のリードによる日本貿易の開発も、勿論その重要目的の一つであった。

太平の夢を醒ます黒船四隻

嘉永五年（一八五二）十一月五日、東印度艦隊司令長官ペリーは、修好通商条約締結の使命を負うた。生涯を海軍に託したペリーは時に六十歳、日本に関する文献と地形を綿密に詳細に研究し、翌年五月十五日琉球を訪い通商の希望を述べ、転じて小笠原諸島の港湾を踏査し、二見湾に貯炭所敷地を買い求め、嘉永六年六月三日、四隻の艦隊（汽船二・帆船二隻）をひきいて江戸湾に入り、浦賀沖に投錨（とうびょう）した。

浦賀奉行井戸弘道（ひろみち）は、ひたすら日本の祖法を説いて、長崎廻航を勧めたが、ペリーは国際慣例をたてにして拒絶し、大統領の国書の受領と和親条約締結の交渉とを強硬に要求した。

開鎖の国是確立せず

阿部正弘内閣は、嘉永五年六月オランダのクルチゥスの情報提供によって、米艦渡来のことを予期していたが、閣議は小田原評定を繰り返すのみで国策は確立せず、不慮の衝突を恐れるのみで、とりあえず浦賀附近の久里浜において国書を受理し、明春、回答することを約した。米艦隊の日本滞留は、僅かに十日間であったが、開国を要望するペリーの来航に対し、幕府には成案もなく、今後の対策もなく、人心恟々として、上は将軍より下は町人・百姓に至るまで、風声鶴唳にも周章狼狽し、今にも戦端が開かれるかと人心動揺、武士は俄かに武具の手入れを始め、市民は家財・家具をまとめて僻地に疎開する騒ぎであった。

ペリー来訪の眼目は日本との親善友好

ペリーの著『日本遠航記』(三巻)によると、彼の使命は、鎖国日本を開国日本たらしめ、頑迷攘夷の日本を、国際親善の日本に更生せしめることを主眼とした。さらに米船を日本の港湾に寄港せしめ、必要物資の供給を得んためでもあった。彼は平穏なる交渉を使命とした。しかし万やむをえぬ場合には戦いを辞せない決意を持っていた。大統領は万一の場合の極東における策戦用兵を彼に一任していた。

ペリーは日本人の気風を洞察す

彼は善謀敢為（かんい）、よく日本の国情を研究し、「日本人は自惚（うぬぼれ）強く、頑迷で不遜（ふそん）で油断のならぬ国民であるが、威力の前には恭順である」と看破していたようである。

ペリーは、浦賀を去ってから琉球に到り、石炭貯蔵所設置に同意させ、さらに香港に回航し、太平天国の大乱の渦中にあって、戦々兢々（きょうきょう）たる米国居留民の生命財産の保護に当った。

ペリー再来までの半年間の動揺

嘉永六年（一八五三）六月三日ペリー提督の来訪以降、翌七年（十一月二十七日安政と改元）正月十六日再渡来までの半年間の物議騒然たる国内情勢と、春嶽の政治工作とを摘記すると、次のようになる。

嘉永六年六月六日、幕府は有司（ゆうし）の総登城を命じ、大会議を開いて、米国の国書受理を評決する。病篤き将軍家慶も臨席する。

六月七日、攘夷派の急先鋒である徳川斉昭を懐柔（かいじゅう）し、幕府との激突を避けることの緊急を感じ、春嶽は両者の間を斡旋し、一応は了解の端緒が開ける。

六月八日、老中阿部正弘は斉昭を小石川水戸藩邸に訪い、拝み倒して外交処理についての意見を求め、箇条書の回答を懇望する。

越前藩兵の警備

六月九日、幕府の命によって、戸田氏栄（うじひで）・井戸弘道・林煒（ひかる）の三応接委員は、久里浜の仮応接館においてペリー提督と面接し、大統領の国書を受け、和親貿易の要求に対しては、明年回答することを約束する。この日より、六月十三日まで幕府の指示に従い、越前藩兵は、品川御殿山の警備に当る。

六月十二日、米国艦隊は江戸湾を去り、西航する。

六月十五日、幕府は、米艦渡来の情況を初めて朝廷に奏上する。天皇は七社七寺に外患掃攘の祈禱を行わせらる。

将軍家慶の臨終の憂悶

六月二十二日、将軍家慶（いえよし）は世嗣家定の事と、外患対策とを憂慮しつつ死に臨み、斉昭を幕政に参与せしめるよう阿部正弘に遺言す。享年六十一歳。一ヵ月後に発喪。

六月二十六日、幕政は初めて、米大統領の国書の和訳を、幕吏と三家と溜間詰(たまりのまづめ)大名(譜代大名の有力者)に示し意見を問う。

七月一日、幕府は米国国書の和訳を諸侯に公示して、開鎖・和戦について諮問する。

斉昭の攘夷論は時代遅れ

七月五日、斉昭は幕府の招請により、この日より登城して海防の議に参画する。斉昭の春嶽に与えた書翰の中に、「身に余りありがたき事」と春嶽の斡旋を感謝し、「何ぞ御良策もこれあり候はゞ、御申聞けいたし度候」と、得意の情がにじみ出ているが、時勢のテンポは急速で、その言動は期待はずれであった。

七月十日、斉昭は、さきに阿部老中より要請した海防案件について、不可和十条・防備五事の回答書を提出する。

内外の情勢
は刻々変転

七月十二日、幕府は、京都所司代脇坂安宅（やすおり）をして、米国国書の和訳を朝廷に奉呈する。幕府は委任された政務について奏上の新例を作る。これより幕政に対し朝廷の政治干渉が始まる。

七月十五日、関白鷹司政通（まさみち）（四七歳）は、議奏・伝奏に対し対外意見を求める。開国通商と海防のこと、漸く朝廷の重要問題となる。

七月十八日、ロシア使節プチャーチンは、軍艦四隻をひきいて長崎に来り、国書を呈して、国境の協定と修好条約の締結を要請する。この頃クリミア半島にて、英・露は交戦中。（クリミア戦争一八五三―五六）

七月二十一日、御所の学問所に議奏・伝奏が集合、鷹司関白が主宰して開鎖・和戦について評議。幕府も国策なく、朝臣にも定見がない。武家伝奏の三条実万（さねつむ）の手記によると、「幕府の執政の臣ら、異類（夷狄）の虚偽に沈溺（ちんでき）せらる、嘆ずべし悲しむべし。然し強（しい）て所存を申すと雖も益なきか。言う勿れ、言う勿れ。」と記している。天皇輔弼の重責に任ずる関白・議奏・伝奏の外交意見が、決然たる開国に非ず、毅然たる攘夷にも非ず、幕末に至るまで、曖昧逡巡、低迷して不徹底であったために、無駄な波瀾をまき起すこと、賽の河原の如し。三条実万（五二歳）はなぜに率直に発言しなかったのか。

朝臣の迂闊なる夷狄観

春嶽の答申に開国論の萌芽ほの見ゆ

八月七日、春嶽は、天下の輿論を斟酌し、藩論を統一し、幕府に答申書を提出した。要は「防備を厳重に」、「必戦の覚悟を以てペリーの再来を待つべし」、「実力ある元帥を建て統制ある軍政を布くべし」など、勇猛果敢な拒絶論であるが、その一節に、「なるだけ後患に相成らざる様の御懸合にて、御許容は御座あるべき儀と存じ奉り候」と注目すべき含みのある発言がある。

島津斉彬の開国尚早論

この頃、島津斉彬は、盟友の春嶽に書翰を送り、開国尚早の所信を次の如く述べている。

①武力を以て欧米列強に対抗するは不可能のこと、②軍艦建造が目下第一の

急務であること、③海防の総帥に徳川斉昭を登用すること、④ペリーへの答書は一ヵ年も延期し、その間に国防を充実すること、等である。

諸侯の答申は八月末までに出揃った。異色ある答申を摘出すると、外国通の世評ある佐倉藩主堀田正睦は、年限を定めて通商すべきであると主張し、水戸斉昭のごとき攘夷の本尊も、心底では出貿易ならば可であるとなし、彦根藩主井伊直弼は出張貿易は後難少しと提唱した。答申の大部分は国防強化と通商拒絶の二点に要約し得るが、多くは国際事情の認識不足による独善的観念論であった。

三　和親条約の締結と朝廷の嘉納

春嶽のメモ『合同船入相記』

嘉永七年（一八五四）正月十六日、予想の通り米国使節ペリーは、軍艦七隻を率いて浦賀より本牧（横浜市）沖に進入して碇泊した。春嶽の手記『合同船入相記』（合同船は合衆国船艦の意、入相は相模に侵入の意）の巻頭に、西暦一千八百五十四年第正月第廿九日、北亜美利駕合同国

（すなわち共和国の意）独立建国以来七十九年と記している。

春のはじめによめる

異船（ことふね）の寄せくる春は立ちそめて　心づからやゆたかならざる

異船のよし寄せるとも君がため　真先（まさき）に捨てんわが命かも

水戸前黄門公（徳川斉昭）よりの御返歌に

いざさらば我も波間に漕ぎいでてあめりか船を打ちや払はむ

中根雪江の『昨夢紀事』

幕府は、神奈川の横浜村を応接地とし、林・井戸・伊沢・鵜殿（うどの）らの日本委員は、二月十日ペリーとの交渉を開始した。交渉の経過は、春嶽の侍臣中根雪江（ゆきえ）の手記『昨夢紀事』に几帳面に公正に記録されている。以下、『昨夢紀事』等より要点を摘出して、神奈川条約調印に至るまでの交渉当時の雰囲気を描出してみよう。

Ⓐ全国にみなぎる虚勢を張る矯激（きょうげき）な攘夷論者も、必戦必勝の成算はなく、心底では無謀なる戦争を好まず、言動のみは強硬でも、内心は怯懦（きょうだ）であった。

日米交渉の雰囲気

ペリーの憤懣

Ⓑ新将軍家定は凡庸であり、継世の初めでもあり定見がなかった。やがてロボットであることがわかった。衆議紛々として帰一せず、開国を強行すれば、内乱勃発のおそれあることを口実として、幕閣はひたすら交渉の遷延をはかった。Ⓒ日本の交渉委員は全権を委任されておらず、巨細となく一々江戸の閣老に伺いをたてるので、交渉のもどかしいこと限りがない。Ⓓペリーは容貌雄偉、自信満々、威風堂々たる練達の古豪。林・井戸の敵手でない。二氏は敬屈して、常に押され気味であった。Ⓔペリーは、自尊心強く、オランダ人・清国人と同一の待遇に甘んぜず、長崎を忌避し、せめて一港なりとも、長崎以外の開港を切望した。Ⓕペリーは日本国より全権使節の礼遇を受けず、主権者たる大君（将軍）の謁見をも許されず、首都江戸への参向をも拒絶され、外務大臣（老中）との直接談判を行い得ず、一部の大名や武士より侵略者の如く仇敵視されたことは米国全権ペリーにとっては国際慣例を無視するものと

して大不満であった。Ⓖ交渉を重ねるに従い、日本が鎖国攘夷より、徐々に和親開国の方向に傾斜したことは、ペリーのせめてもの欣快とするところであった。しかし日本政府のいつまでも煮え切らぬ態度と、日本委員の猜疑(さいぎ)心強く用心深さには焦慮を感ぜしめた。

幕府は開国通商に踏み切る

日本の祖法と称する鎖国攘夷は、神奈川条約によって和親開国の方向に転向し、ようやく一歩を踏み出した。日本の鎖国の堅氷(けんぴょう)は、ペリー自身が砕氷船として、一脈の通路を開いたのである。日本委員の慎重と隠忍、米国委員の剛毅と努力。両者の互譲妥協によって、嘉永七年（十一月二十七日安政と改元）三月三日、日米和親条約十二ヵ条（神奈川条約）は辛うじて成立した。この日、日本全権として署名花押(かおう)したのは、林大学頭・井戸対馬守・伊沢美作守・鵜殿民部少輔の四名であった。その要旨は次の通りである。

①下田と箱館の二港を開いて、食料・石炭その他必要の品物を与えること、

②漂流民の救恤、③船中欠乏品の供給、④開港場における外国人の遊歩区域の設定、⑤最恵国約款の設定、⑥十八ヵ月以後に外交官の駐在、を約した。

二百二十年ぶりに開国の方向を辿る

三代将軍家光の時、寛永十二年（一六三五）の鎖国令（蘭清の外国船の入港を長崎に限る。日本人の海外渡航と帰国は厳禁）は、二百二十年ぶりに解除された。日本は、近世における最初の開港条約により、好むと好まざるとにかかわらず、国際社会に一歩を踏みだしたのである。さらに嘉永七年五月、下田の了仙寺において、林全権とペリー全権とは、下田開港に関する十三条の附款貿易章程（下田条約）を調印し、翌安政二年正月五日、下田において米国との和親条約の批准交換を完了した。一にこれをペリー条約ともいう。

次々に英・露・蘭とも和親条約締結

米国の先蹤にならい、嘉永七年八月二十七日には、日英和親条約七ヵ条を締結、安政元年十二月二十一日には、日露和親条約九ヵ条を締結、安政二年十二月十三日には、日蘭和親条約二十八ヵ条を締結した。この間、微妙にして難渋を極めた外交折衝に当った川路聖謨（五四歳）・水野忠徳（四五歳）・竹内保徳（四八歳）・永井尚志（三九歳）らの隠忍と苦心・努力は言語に絶するものがあった。しかし彼ら先覚者の功績は、時運は非にして、暗雲に閉ざされ、ついに日の目をみずに終った。

国論分裂が日本の弱点

幕府は追い詰められて嘉永七・安政二年の二年間に、矢つぎ早に和親条約を結ばざるを得なかった。幕府は常に受身であり、守勢であり追随的であった。わが国論が開鎖に分裂し、幕藩体制により国力は結集せず、国防力が脆弱であったからである。和親条約の締結は、開国の方向に一歩前進したことを明確にしただけで、完備した条約ではなかった。

幕府の開国方針不明確

幕閣内にも開鎖両論が対立していた。京都は攘夷の本場だけに、和親条約締結に対しての、批難は喧々囂々であった。幕府は、嘉永七年四月二十九日、京都所司代脇坂安宅をして、「御備向等国防体制いまだ厳整にもこれ無き折柄、余儀なく寛大の処置を以て云々」と、鎖国とも、開国とも、どっちつかぬ曖昧模糊たる態度で、条約の調印事情を奏聞している。議奏東坊城聡長は、「すべて墨夷（ペリー）の申条の如く承認せられし事、これ神国を汚すもの也、云々」と記している（『聡長卿記』）。天皇側近の朝臣の多くは「夷狄との交際は神国をけがし、侵略の端緒となる」との迷妄を脱却し得なかった。

朝廷は和親条約を嘉納

神奈川和親条約は、安政二年一月、日米間に批准が交換されたが、この七月に幕府は外国事情に精通している都筑峯重を、禁裡附として上洛せしめることに決し、安政二年九月十八日所司代脇坂安宅と共に、関白・議奏・伝奏の朝廷の顕官に対し、英・米・露三ヵ国との和親条約の謄本を呈して、詳細に経過を説明し活潑な質疑も行われ、関白鷹司政通より聖聞に達した。九月二十二日には、関白より所司代に対し、「……殊のほか叡感あらせられ、まず以て御安心遊ばされ候、云々」と、朝旨を伝達した（所司代直書進達留）。天皇は、条約締結の措置を嘉納されたのである。これは外交事情に理解ある鷹司関白の輔弼と、人心収攬に手腕ある老

朝幕は背離せず

巧練達の阿部正弘の努力の結果である。安政二年以前には、条約に関して朝幕の矛盾・対立は表面化しなかった。この時点において、朝廷の幕府に対する庶政委任の原則は、動揺しなかったのである。阿部正弘の老中（天保十四年閏九月より安政四年六月まで）在任中の三大支柱は、徳川斉昭（なりあき）と島津斉彬（なりあきら）と松平春嶽とであった。

斉昭の慷慨激越は、反幕的空気をあおり、朝幕離間の杞憂（きゆう）ありとし、一は懐柔のため、一は親藩協和のため、正弘は斉昭（五六歳）を先輩として礼遇し、安政二年八月、譜代大名の反対を押切って、幕府の顧問に迎えた。家門の諸侯によって構成される大廊下詰諸侯のリーダーは春嶽であり、外様（とざま）の国持大名よりなる大広間詰大名中、人気あるリーダーは島津斉彬であった。

春嶽は斉昭起用を進言

島津斉彬と春嶽は、かねてより斉昭を幕政参与に登用することを主張し、正弘に進言して、それが安政二年に到り実現したわけである。斉彬と春嶽は、協力して側面より阿部閣老の幕政改革を援助・激励し、安政四年より五年にかけては一橋慶喜擁立運動に活躍した。春嶽の協力により思い切った人材登用が行われた。

列藩会議の構想

晩年の正弘は、ドイツ連邦の組織を、日本の幕政改革の参考とする意図を抱懐していた。正弘が夙に幕府の独裁制にかわる列藩会議の構想を堅持していたことは、刮目に価する。幕政改革の余裕なく、安政四年六月十七日、阿部正弘が内憂外患のさ中に、働き盛りの三十九歳で病歿したことは、幕府の衰亡を早める結果となったのである。春嶽の浩歎、思うべしである。大なる波瀾なく神奈川条約（日米和親条約）の締結と批准を完了し、下田条約の調印と朝廷の嘉納を得たことは、阿部老中の偉大なる功績であった。

四　ハリスの使命は通商条約の締結

黒船渡来を契機として公卿は政治に目ざめた。諸大名は国土防衛力の貧弱さを自覚して、長年の惰眠よりさめた。

二大緊急問題に逢着

安政四年（春嶽は三〇歳）を迎えると、内政・外交両問題の板ばさみにより、幕府の震蕩は激甚となる。安政三年以降の不可避の二大緊要政治案件は、①外交面では通商条約締結問題、②内政面では将軍継嗣問題であった。——この二つの難題によって幕府は奔命に困憊し、寿命を縮めるのである。

①和親条約締結の次は、通商条約に発展するのが必然である。米・英・露との和親条約調印によって、国際的に日本の開国路線は確定し不動のものとなった。和親条約がたとえば、未熟児であったとしても、胎内にもどすことは絶対にできぬ。条約の破棄は国際的背信行為であるから、外国の侵攻の原因となり得る。日米和親条約締結後三年にして、日米修好通商条約が締結され、安政五年六月十九日、勅許を待たずして調印された。いわゆる無断調印問題は、政争の具に供せられて、政治界に波瀾万丈を捲き起すのである。

虚弱凡庸の将軍家定

②第十二代将軍家慶の死は、嘉永六年六月二十二日、家定（三〇歳）の将軍宣下

は、十月二十三日。家定は虚弱・凡庸で、政務統裁の能力無く全くのロボットであったので、将軍就任の最初から世嗣（せいし）のことが問題になっていた。時は内憂外患が輻湊（ふくそう）した。空前の危機突破のため、ぜひとも幕政の枢軸となりうる実力者を、将軍世嗣に推さねばならぬ。当時、春嶽は将軍家定の補佐役に斉昭を擬して、阿部老中に折衝したが、譜代大名らは支持せず、却って強く反撥したので、このことは立ち消えとなった。春嶽が、かねてより思い詰めていた意中の人物は一橋慶喜であった。

「二事四勢力」の対立と苟合と錯綜

　春嶽が死力を傾注した慶喜擁立運動は、いかなる経緯を辿り、いかに発展し、いかに紛糾したか。その頃、「安政の二事四勢力」という言葉が使われた。二事は、条約問題と世嗣問題をさす。二事は時に対立し、時に苟合（こうごう）し、時には交錯する四勢力のからみあいがあった。これを調整裁断する最高権力が動揺した。阿部正弘を首班とする幕閣は安政元年三月三日、日米和親条約を締結して後もなお、右顧（うこ）

左眄し、時には「よんどころなく」とか「勝算なく」とか逡巡・退嬰の消極的態度を脱却し得ず、時には「国防充実の後に攘夷を決行」するとか、二股かけた煮え切らぬ態度を持続していたので、開国論者からも攘夷論者からも、厳しい批判を受けつつ、安政三年を迎えた。

二股かけて煮え切らぬ幕閣

米欧諸国は、日本開国の第一段階である和親条約（神奈川条約）には満足する筈もなく、進んで第二段階である通商条約の締結を頻りに要望した。まず米国は、神奈川条約に準拠して、ペリーの推挙により安政二年（一八五五）初代の日本駐箚総領事兼外交代表にハリスを任命した。ハリスの使命は通商条約締結の交渉を行わしめるためである。老練円熟・海千山千のタウンゼント＝ハリスは時に五十三歳。

海千山千の総領事ハリス

安政三年七月二十一日、ハリスは下田に着き、玉泉寺に入り初めて日本に星条旗を掲げた。彼は通商条約の件のみならず、日本を文明開化に誘導する責務と信念を堅持していた。ハリスは、先年ペリーが切望して成功しなかった将軍の謁見、

ハリス熱望容易に実現せず

外国専任の堀田老中（外相）との直接会談を要請したが、当時の俗論は、「外夷は礼儀をわきまえず、利慾にのみ執着して、わが神州を覬覦するものである」として、出府拒否論が大勢を占めていたので、ハリスの参府、将軍謁見のことは、荏苒一年余を経過するも容易に実現しなかった。春嶽はハリスの要請を許容すべしとの意見であった。さて雄藩連合による時局収拾を企図した正弘は、雄図半ばにして安政四年六月十七日病歿。老中首席の堀田正睦は、閣内の幕府独裁派と諸侯連合派の板ばさみの間に立って、持論の開国方針を実現する上にも、苦慮することが多かった。

五　春嶽の積極的開国論

前述の如く、安政三年七月、初代米国総領事ハリスの下田着任により、俄かに日米外交は緊張し、幕府は十月十七日、堀田老中を外国事務専任とした。

堀田は外交に没頭し春嶽は世嗣問題に専念

堀田は世嗣紛争に捲きこまれず

世界情勢について通暁している老中堀田正睦（四七歳）は、断乎として開国方針を採り、ハリスの来朝以来、着々通商条約締結の準備工作を進めていた。春嶽の侍臣中根雪江は『昨夢紀事』に、「堀田備中守は良善無我の人にして、かねて西洋の事情に通じ、先頃（安政三年十月十七日）外国事務専任を命ぜられ……阿部伊勢守殿は、初より外国人は江戸に入れまじとの思召なりけれど（安政四年六月十七日阿部正弘死）、今は堀田備中殿の思いの儘なれば、（安政四年七月二十四日）望みの儘にハリスを江戸に召し、将軍に拝謁を許したまい……将軍家は御病身におわして、御癇癖にて、御瞳も正しからず、御威厳もおわしまさねば、その折には（堀田は）御名代にもなるべきかなどとさゝやき合へり」と記している。老中首座の堀田正睦は、うるさい世継問題等の国内紛争には努めて深入りせず、無関心をよそおって、専ら外交問題処理に全身全霊を打ちこんだのである。

これより先、安政三年十月十七日、老中首座堀田正睦が外国事務取扱に任じた時、すでに通商開始の政策を決定し、本多忠徳(ただのり)・土岐頼旨(よりむね)・松平近直(ちかなお)・川路聖謨(としあきら)・水野忠徳(ただのり)・岩瀬忠震(ただなり)・大久保忠寛(ただひろ)らの幕臣の俊秀を外国貿易取調掛に抜擢した。

春嶽も斉彬も積極的開国論者

当時、島津斉彬(なりあきら)は松平春嶽あての書翰に、「外夷の儀は、堀田受持と相成申候。いづれ交易相開に相成候訳と相見え申候。……交易は盛に相成り、武備も十分に相成候て、世界中より強国と呼ばれ候様に相成り候えば、宜敷候えども、目前当座の御利益のみに相成候ては、これきりの事と存じ奉り候」とある。

春嶽を中心とする盟友の外交談議

諸大名の間では、よりより外国貿易の事が話題に上った。安政四年八月十八日、春嶽は大廊下詰大名の中の肝胆相照(かんたんそうしょう)の間柄である徳島の蜂須賀斉裕(なりひろ)・津山の松平慶倫(よしとも)・鳥取の松平慶徳(よしのり)らを、春嶽邸に招いて時局に対する意見の交換を行った。大勢は「修好通商条約締結を必須(ひっす)とし、ハリスの登城と将軍謁見もやむを得ずとなし、国論を統一し国力を結集して、清国の覆轍(ふくてつ)を踏むおそれのないよう警戒すべきである」との結論に達した。

六日後の八月二十四日には、蜂須賀邸において、再び春嶽を中心とする大廊下詰大名の論議が行われた。安政四年十月十四日、ハリスと通訳ヒュースケンは江戸着、二十一日、ハリスは将軍に謁見、国書を呈する。二十六日、ハリスは堀田邸を往訪、世界の現勢を説き通商貿易の緊要を詳述して、幕府有司（ゆうし）に感銘を与える。十一月六日、ハリスと日本全権との談判開始。十一月十五日、幕府はハリスの演説の筆記を諸侯に示し、意見書の提出を要請した。春嶽を中心にして越前藩議はまとめられ、十一月二十六日、春嶽は堀田老中に長文の建白書を提出した。まことに堂々たる旗幟（きし）鮮明の積極的開国論である。要約すると、

外交折衝は輿論に先行す

越前藩の開国建白書

「方今の形勢、鎖国致すべからざる義は、具眼の者瞭然と存じ奉り候」に始まり、我方より航海を始め、諸州に貿易に出ることを企望する折柄、幸いにも貿易希望の申し出を拒絶する道理はない。強兵の基は富国にあり、富国の道は貿易にある。風習の相違や利害得失にかかわり、紛争を起すべきでない。

前車のくつがえるは後車の戒め

清国のアヘン戦争の惨敗を想起し、前車の覆轍を以て後車の戒めとなすべきである。諸外国人来航する中にも、最も警戒すべきは露・英の二国である。外交のこと、先んずれば人を制すの喩(たとえ)、自主積極を旨とすべく、退縮追随は否である。外国の来責を待たず、無数の軍艦を製し、我より進んで近傍の小邦を兼併(けんぺい)し、貿易繁盛とならば、欧州列国に超越する功業も相立ち、帝国の尊号を久遠に耀かし得るであろう。——と、帝国主義(侵略主義の傾向)の片鱗をのぞかせている。内政改革の要件としては、①かねて申し立の通り、万事に優先して、賢明の継嗣を立てらるべきこと、②譜代大名・旗本に限らず、天下の人材挙用のこと、③兵制を改革し国防充実のこと、④諸侯の疲弊を救うため、陋習(ろうしゅう)を破るべきこと、⑤蝦夷地開拓の急務なること、⑥民業の開発奨励のこと、⑦学術振興のため学校を興すこと。

叡慮を奉じ改革を断行せよ

以上の件々は、容易ならざる重大事ゆえ、米国使節の供述を参考とし、前件断行の含みを以て海外事情を透底究訊し、篤と熟談し、叡慮御伺いの上、鋭意施行せば、強弱・主客の勢いを転ずるの機会は、全く今日にあると信ずる、云々。

春嶽自ら起案の建白書

中根雪江（五一歳）・平本平学（雪江の実弟）らと共に、春嶽の建白書起草に参画した橋本左内（二四歳）は、福井の村田氏寿（三七歳）に対し、次の如く告白している。

春嶽を輔沃した左内の告白

もっとも建白書は、十か九は御自身様（春嶽）にて遊ばされ候ことにて、当日迄には凡そ四－五度も御草稿相替り、色々御推敲御座候故、御当日に到り小生いささか御添削申上げ、今般の運に相成り候。これは執政より御内見なさるべく候。定めて、御地（福井）執政方も、御上書にはちよっと御退避なさるべくと存じ奉り候。君上（春嶽）には、その辺の御勇断は充分あらせられ候え共、天下の奸雄・豪傑をも、籠絡あそばされ候御手段に御乏く、唯々御誠心一片に帰し、仁柔の風勝り、撥乱の御器量に相成らざるかと存じ、その処を不足に存じ奉り候。さて海外の御処置については、君上にも種々御考えあらせられ候え共、近来は小生の所見と御同様にならせられ候故、まず小生の所存申し上げ候を御賢判の上、御可否仰せ下され候、云々。（安政四年十一月二十八日付、橋本左内より福井の村田氏寿あて手紙の一節）

全国的にみれば、当時みずから藩論をまとめ、建白書を自ら起草し得る有識・有能の大名は、暁天の星の如く稀であった。

春嶽再度の建白書

春嶽（三〇歳）は、安政四年十二月二十七日、重ねて通商条約締結について、さきの建白書を補足し、所信を陳述している。時は、日米両全権の第九回の談判の直後である。外交折衝は峠を越え、両全権ともに友好的雰囲気の中で、畢生の努力を傾けて互譲妥協、以て条約の成立を期待していた時であった。

春嶽は、この建白書の中で、「開港場は我より進んで指定すべきであるとし、三港のほか江戸と大阪とを適地と認め、米国初代公使にはハリスが最適任者である」こと、一八五七年のムガール帝国の滅亡、英領印度への併合をとりあげ、

「前事の忘れざるは後事の師なり」とし、速かに富国強兵の構想に基づき、わが国民もまた四方に雄飛すべきことを切言している。「内政を改革し論藩の陋習(ろうしゅう)を透破(とうは)し、貿易を盛大に行えば、十五年後の一八七二年を待たずして、我国も世界の強国になるであろう」と結論している。

幕府に提出した建白・建議・上申は、全国二百六十余藩中、六十五藩に及ぶが、多くは曖昧、姑息(こそく)・不得要領(ふとくようりょう)・不徹底で、確乎たる所信の表明もなく、「存附(ぞんじつき)なければ幕府の思召次第」という腑甲斐(ふがい)ない答申もあった。小藩の多くは大勢に疎(うと)く、灰色の日和見(ひよりみ)主義であった。

断然開国は、春嶽と交誼ある津山の松平慶倫(よしとも)と柳川の立花鑑寛(あきとも)。鮮明秀徹(しゅうてつ)の開国論は、薩州の島津斉彬(なりあきら)と佐倉の堀田正篤(まさひろ)の両人。中でも最も異彩を放ったのは、青竹を割った如く論理透徹した春嶽の建白書であった。但しこの時点における鎖国論者は、徳川斉昭のほかには、川越の松平直侯(なおよし)と、久留米の有馬慶頼(よしより)の二名があった。

調印問題に端を発し朝幕の離背

日本修好通商条約は、俗に「安政仮条約」という。調印の勅許を得るまで、幕府は朝廷を憚って仮の一字を加えたのである。安政五年正月十二日、最終回となった第十三次談判によって、条約草案全部が妥結確定したのであるが、安政五年劈頭の調印勅許奏請より、調印拒否問題に発展し、江戸と京都とが鋭く対立し、不慮の大混乱が捲き起ったのである。

第三　春嶽は政治生命を賭ける

一　通商条約の成立と勅許奏請

ハリスの功績の評価

日本外交史上、異彩を放っている外人は、アメリカ総領事タウンゼント＝ハリス（安政三年七月二十一日着任、文久二年四月まで日本在留六ヵ年）である。彼の日本に捧げた親愛の情と、卓抜にして懇篤なる外交手腕は、高く評価すべきであろう。

春嶽は、堀田正睦・中根雪江・橋本左内らを通じて、ハリスの動静を知り、関心が深かったようである。『ハリス日本滞在日記』、中根雪江の『昨夢紀事』、橋本左内の「ハリスについての聞書」等より摘記すると、一八五六年（安政三年）七月、総領事兼外交代表ハリスは、下田に着き宿舎玉泉寺に入る。それより辛抱強く一年余の折衝をつづけ、ハリス日記によれば安政四年十月十四日、アメリカ代表として江戸に入り、将軍謁見のことを許される。安政四年十月十四日、江戸に出る。十月二十一日将軍家定に謁見、大統領の国書を呈する。十月二十六日、堀田邸に臨み、ヒュースケンの通訳により畢生の所信開陳をした。滔々たる懸河の弁舌は、老中始め列座の幕吏の耳目を聳動せしめ、幕吏の胸襟とみに開拓されるに至った。ハリスは、①日米間の自由貿易を力説し、②日本に対し領土的野心のないこと、③内政干渉をしないこと、④日本国民の幸福と繁栄をはかることを目的とし、米国の利益のみに拘泥しないこと、⑤通商貿易の利益は莫大で、一港の関税収入のみでも将来年五十万両を超えるであろうこと、⑥清国は内乱と攘夷のため外国との紛糾絶えず、国歩艱難の実情をも説明している。前車の覆るは後車の戒めとなることを暗示しているのである。

堀田邸におけるハリスの熱弁

ハリスは東亜を去来した東洋貿易商であったが、ペリー提督らの推挙により、安政二年、わが駐箚（ちゅうさつ）の総領事兼外交代表に任命された。外交官としては領事の前歴があり、シャムとの通商条約締結に成功した経験を持っている。

通商条約の審議開始より妥結まで五十五日

通商条約締結の重大使命を負うたハリス（五四歳）は、安政四年十月十四日以降、九段坂下の蕃書調所（ばんしょしらべどころ）に滞在し、十二月十一日よりわが全権委員井上清直・岩瀬忠震は、米国の通訳官ヒュースケンを介して、ハリスと通商条約の審議を開始した。国情の相違と言語疏通の難渋、わが委員の国際公法・慣例の不案内等々で、折衝は困難をきわめ、時折激論をたたかわせ、真剣な会談と主なる商議のみにても、前後十三回に及び、生命を賭（と）した全権委員の辛労・焦心の結果、安政五年正月十二日、本文十四ヵ条と貿易章程七ヵ条より成る日米修好通商条約の全部を議了・確定した。ハリスも日記に示すごとく、日本全権の責任感の強いことには敬服している。次は全権委員の調印のみである。

通商条約の審議の過程においても、春嶽の関心がいかに深刻であったかは、春嶽の侍臣中根雪江の手記『昨夢紀事』によって知ることができる。

和親条約調印の安政初期と、通商条約調印の安政五年では、朝廷と幕府の関係には、異常の変化があらわれた。外交問題は将軍継嗣問題とからみあい、もつれあい京都は大名の手入れと志士の運動により物情騒然と沸騰し、調印勅許問題はまさに政争の具に供にされた。

勅許を得ずに条約に調印した前例

安政の初期は勅許を奏請せずに、幕府が専決して条約に調印した。前例を一瞥すると、一は神奈川条約であり、二は下田条約である。三以下は英・露・蘭との和親条約である。

幕府の責任において調印した和親条約

①神奈川条約は、一八五四年（嘉永七年）三月三日調印の日米和親条約十二条を指す。日本全権は林煒・井戸覚弘・伊沢政義・鵜殿長鋭の四名。アメリカ全権はペリー。日本全権は花押（かき判）を署し、ペリーはサインをした。下田の即刻開港と箱館の安政二年三月よりの開港を約束し、食糧・薪水の給与を許容したもので

ある。批准はアメリカはピアース大統領がサインし、日本は「大君(たいくん)(将軍)の命を以て」の文字を加えて、老中が連署している。下田において批准交換したのは安政二年正月五日であった。条約文中に「日本君主」とあるは、将軍を指している。

②下田条約は正しくは「下田追加条約」という。下田開港に必要な細則をきめたものである。日本全権は林・井戸・伊沢・都筑・竹内・鵜殿・松崎の七名。アメリカ全権はペリー。正式には日米条約附款(ふかん)十三条と呼ぶ。嘉永七年(一八五四)五月二十五日、調印を完了した。

③日英和親条約七ヵ条は、長崎において、嘉永七年八月二十三日調印。長崎・箱館の開港を約する。

④日露和親条約九ヵ条は、安政元年十二月二十一日、下田において調印。箱館・下田・長崎の開港を約束する。

⑤日蘭和親条約二十八ヵ条は、安政二年十二月二十三日、長崎にて調印。日蘭貿

易の制限はやや緩和された。
以上の和親条約は調印後に朝廷に上奏し、いずれもやむを得ない処置として、天皇は嘉納された。

ハリスは、安政五年正月十二日修好通商条約案の内容が合議により妥結・確定した以上、調印は順調に運ぶものと信じきっていた。ところが意外にも不可思議なことが起った。それは勅許問題であった。条約正文には劈頭に「帝国大日本大君と、アメリカ合衆国大統領と、親睦の意を堅くし……云々」と明記し、末尾の第十四条には、「本条約は、日本よりは大君の御名と奥印を署し、高官の者名を記し、印を調して証とし、合衆国よりは、大統領自ら名を記し……合衆国の印を鈐して証とすべし。……この取きめのため、安政五年午六月十九日、江戸府に於て、前に載せたる両国の役人等、名を記し調印するものなり」と記してある。幕府の公文書中の大君は、将軍を指し、天皇を意味していない。「日本の外交当事者は日本の外交権は大君にはなく天皇にあるか？

幕府であり、条約締結権は幕府にあり、将軍（大君）の署名捺印と全権委員の署名捺印が、条約成立の必要条件である」と、ハリスは条約の文言通りに信じていた。

ハリスは、京都の朝廷と江戸の幕府とが両立し、世界に類例のない特異な政権の二重構造を理解し得なかったのである。政権担当の責任者たる幕府役人の条約調印に先だち、天皇の許可を要することを始めて知ったのである。

条約勅許問題は幕府攻撃の武器となる

これより先、安政二年九月二十二日、禁裏附都筑（つずき）峰重が和親条約締結を奏聞した時は「殊のほか叡感あらせられ、先以て御安心遊ばし候。容易ならざる事情かくまでに折合い候段、千万御苦労の儀とおぼしめされ候」と幕府の措置を嘉納されたにかかわらず、二年後の安政四年末の朝幕の関係は、暗雲低迷して対立抗争のけはいさえ感じられた。そして勅許問題が政界大旋風の眼となったのである。

幕府は開国通商の外交政策を好転せしめ、紛々たる鎖国攘夷論を鎮圧するために、あえて朝旨尊奉の態度を明らかにし、進んで勅許を仰ぐべく決意したのであ

国論一致のためにあえて幕府は進んで勅許を仰いでのち調印せんとす

る。勅許によって、①幕府は朝廷尊奉の実証とし、②庶政御委任の原則を再確認される好機会と考え、③さらに開国反対論を屏息せしめ得ると考えたからである。幕府は松平忠固らの一部閣老の勅許不要論を抑えて、閣議は勅許を得て調印する方針を固めた。しかし幕府の希望的観測は全くはずれて、勅許問題は藪蛇となり、乱麻の如く政局が紛糾しようとは、何人も全く予見し得なかったところである。

ハリスの納得できぬ勅許問題

ハリスは、日本の主権者は大君（将軍）であり、政府は幕府であるとの先入観があったので条約勅許の真意が納得できず、恐らく調印引延のための幕府のブラカシ策謀であろうと、落胆し猜疑し、失望もした。

日本全権はハリスに対し、勅許は朝廷における崇厳な伝統的儀礼である。すべての国民は、ミカドを神として尊敬している。ミカドは九重の中に鎮座し、最高位の方なるが故に疎隔されている。ミカドはスピリチュアル＝エンペラー（精神上の皇帝）であるから、勅許があれば将軍も大名も庶民も悉く「神様の御告げ」

として絶対服従して、もろもろの反対論も即時に解消するのである。ミカドが必ず条約調印を勅許したまうことは、疑うべくもない。堀田老中の京都・江戸間の往復には、二ヵ月の時日を要するので、調印は三月五日に決定したいと提案した。朝廷より政権を委任されているというのに、勅許に二ヵ月を要するとの幕府の苦しい説明には、ハリスも半信半疑で、釈然たらざるものがあった。条約批准交換は、一八六〇年（万延元年）四月、ワシントンにおいて行いたいとの自信満々の日本全権の積極的要望を、ハリスは欣然として快諾し期待していたのに。

調印延引の苦しい弁解

ハリスのライフワークとして、精魂を傾注した通商条約が妥結成立し、形式的な調印だけが残っているものの、日米国交が正常化したことは、史上に不朽の業績を遺したものと考え、ハリスは一応は重責より解放され、ホット一息ついたとたんに、突如調印延期となったので、大統領に対しいかに釈明すべきか、ハリスの失望落胆は言語に絶した。過労のために憔悴したハリスは下田で療養するため、

ハリスの失望落胆

安政五年正月二十一日、江戸を出発、観光丸に乗って下田に向った。ハリスの頭は鉛のように重かった。

条約草案の審議完了し調印のみ残る

通商条約勅許問題と慶喜を世嗣に擁立する問題とは、春嶽の政治生命を賭した緊急案件なので、繁労をいとわず順次に解明するであろう。

この条約によって、①貿易のこと、②貨幣の運用に関する取極め、③公使の江戸駐在、④下田に代うるに神奈川を以てし、また順次に長崎・新潟・兵庫をも開いて、箱館と共に都合五港とし、⑤その上、江戸・大阪にも、米国商人の逗留を許すこととした。⑥関税々率は三五%乃至五%と定め、不利益のない取りきめであった。⑦領事裁判権は、日本委員の国際実情知識の不足のため、不利益となることを知らず、善意を以て不用意の間に承認を与えたもので、当時は何人も不満足ではなかったのである。公正に言えば、条約の実質は、まずまず良好なものと断ずべきである。開港の期限は、安政五年午(うま)三月より起算して、

神奈川　凡そ十五ヵ月後　一八五九年（安政六年）七月四日より
長崎　凡そ十五ヵ月後　一八五九年（安政六年）七月四日より
新潟　凡そ二十ヵ月後　一八六〇年（万延元年）一月一日より
兵庫　凡そ五十六ヵ月後　一八六三年（文久三年）一月一日より
江戸　凡そ四十四ヵ月後　一八六二年（文久二年）一月一日より
大阪　凡そ五十六ヵ月後　一八六三年（文久三年）一月一日より

第十四条には、調印の日を安政五年六月十九日ときめている。条約文は日本語・英語・蘭語にて写本と共に四通を書し、蘭語訳文を証拠とする、と記載してある。然るに肝腎の調印だけが残って、やがて天下を動揺せしめる政治問題となった。

条約調印のこと天下を震盪す

条約第十四条によれば、調印は将軍（大君）と大統領の責任であって天皇ではなかった。天皇は信仰的元首である。政権は天皇の委任によって将軍にある、というのが両国全権の諒解事項であった。

勅許を得た上で調印する幕府の方針は確定し、ハリスの諒承を得た。堀田老中は在京十日ぐらいで勅許を得ることができようと考えた。画竜点睛という言葉がある。堀田の上京は生涯の大事業の仕あげである。画龍の点睛である。

自信満々の堀田正睦は、外交通の川路聖謨・岩瀬忠震らを同伴し安政五年正月二十一日江戸を出発して上京し、二月五日に入京、九日参内して天機を奉伺した。堀田らはこれより度々、九条関白・三公（左大臣・右大臣・内大臣）・議奏・伝奏らと勅許の折衝を行ったが、多くは世界の動向に理解なく、外交の実情には認識不足であった。その一例を示そう。安政五年三月七日の中山忠能・正親町三条実愛・橋本実麗・野宮定功ら錚々たる七人の朝臣の封事三ヵ条には、①蛮夷との交際は神国を穢すおそれあること、②勅許を得ずして事を専断するは、人心融和を破る基であること、③諸蛮の来集は、日本を併呑するの企謀あること、が指摘されてある。三月十二日、大原重徳・岩倉具視ら朝臣八十八人が列参して、幕府に政権

蛮夷の企謀は日本の併呑

七人の公卿の封事三ヵ条

松陰の攘夷論と左内の和親論

を委任する勅答案の不可を論じたるが如き、三月十七日、地下官人九十七人の上申書の如き、いずれも幕府の外交処置反対の政治運動であった。要は朝威宣揚と開国反対である。憂国の志士・浪人も、多く京都に潜入し、群集し、同志相はげまし盛んに攘夷熱を鼓吹していたのである。幕権の抑圧は幕府いじめに発展するのである。例えば、長州の脱藩の志士吉田松陰は意気軒昂、「幕府は墨夷に降参」、「六十四国は墨になり候とも、二国（防長）にてもり返し候様仕らでは、日頃の慷慨も水の泡と存じ候」（僧月性あて手紙の一節『吉田松陰全集』）と認めているのである。たとえ日本六十四国が墨夷に屈服しても、防長二国は反撃するであろうというのである。

ただ春嶽の信臣橋本左内は、憂国の志士中異彩を放つ存在であった。外国貿易は天理に適う道であり、物資の有無を通ずるのみならず、「智恵の交易も肝要」なりとし、「只今と相成り候て鎖国独立いたすべからざるは、固より識者に於ては、瞭然にこれあるべく候へば、固より拒絶相成らざるは論を待たず候」と信念

叡慮は幕府の外交措置否認

再応衆議せよと条約調印を許可されず

を吐露しているが、京都の外交認識は、開国論をすなおに受け容れるには、余りに懸隔があった。

天皇輔沃の朝臣の大部分は、固陋なる鎖国思想の持主であった。安政五年三月二十日降下の勅諚の要点は、列国との通商航海の儀は「永世安全はかり難く、深く叡慮を悩ませられ」、今度の「仮条約の趣にては、御国威立ち難く」、「なお三家以下諸大名へも、台命を下され、再応衆議の上、言上あるべく仰せ出され候事」とあるのは、幕府の開国方針の外交措置否認の叡慮である。堀田らは朝廷の重臣に国際社会の現状を説明し、通商条約の内容を解明し、日本の政治・外交・経済に及ぼす影響を詳述するつもりであった。しかし京都の論議は、内容・実質を閑却した形式論・感情論であり、幕府いじめの攻め道具に利用された。

堀田・川路・岩瀬らは、幕府外交のベスト＝スタッフであり、外交事情の解明については『亜夷事情書』の作製等万全の準備を整えていたが、関白・両奏（伝奏議奏）

らとの接触は形式的で、堀田らは終始受身の立場に立たされ、二ヵ月間の夙夜の努力も水泡となり、予測は全く裏切られ、三月二十日不許可の勅諚降下の夜は、進退きわまって、堀田ら潸然として泣いたという。在京十日ぐらいで勅許を得るだろうと勇躍して江戸をたった堀田正睦らは、失望の中に四月五日離京。四月二十日、悄然として、空しく江戸に帰った。これが一生を通商条約締結にかけた堀田正睦の最大の悲劇であった。やがて罷免され、譴責を受けるのである。

二　二事・四勢力の錯綜

天皇は古来、日本人の精神的帰一統合の中心であり、政治的よりもむしろ信仰的に日本民族の心のよりどころとして崇敬された。天皇に帰依することによって、国民が統合されてきたのである。

孝明天皇は、安政五年には御年二十八歳。徹底的の攘夷思想の持主で、外患に

天皇は神秘的の存在として

京都のミカド、江戸の大君

対しては「弘安役における亀山上皇の如く、御身を以て国難に代ろう」と七社七寺に祈禱されたほどである。天皇は、九重（ここのえ）の奥の御簾（ぎょれん）の中にこもられ、皇居外へは一歩も出でたまわず、咫尺（しせき）し輔沃（ほよく）するは、関白・三公・議奏・伝奏らの十数名と官女のみ。神国日本のシンボルとして万民崇敬の的ではあったが、御料は僅かに二万石。朝廷には財政権なく統帥権も持たれず、統治権の一切は、鎌倉幕府成立後、政権委任の姿であったので、外国公使や領事らの間では、京都にいます天皇の尊厳を知らず、幕府のみを相手にしていたので、日本国の主権者は、京都のミカド（天皇）か、江戸の大君（たいくん）（将軍）かについて疑惑が持たれなかった。幕府が、時勢の要請に従って、国土防衛や外国条約について、叡慮（天皇の御意志）を伺うようになったのは、安政五年一月以降のことである。尊攘雄藩のバックアップにより、幕府に対して、朝廷をめぐる公卿の発言権が著しく増大したのもこの頃からである。天皇輔弼（ほひつ）の重責にある格式の高い公卿の多くは、進展してやまぬ世界の情勢に暗く、俗世間を離れているので国内の政情にも疎(うと)く、頑迷固陋(ころう)、現実逃避的の一群であった。公卿たちは尊王論に刺戟されて、ようやく天皇輔翼の重責を自覚し、幕府に対し憤怨(ふんえん)を洩すものも多かった。御三家の逸物斉昭始め外様大名・尊王の志士はこれをあおりたてた。京都に潜行した春嶽の侍臣橋本左内（二五歳）をして、次の如く浩嘆せしめている（安政五年二月二十九日発、京都の形勢を報告する密書の一節）。

長袖者の迂遠寛慢たのむに足らず

> 三条実万(さねつむ)公へ拝謁の節は極力、西洋の事情等を説き尽し候得共、長袖(ちょうしゅう)故か殆んど充分の御理解相成らず……公家の迂遠寛漫、恃(たの)むに足らざることを熟察、鎌倉（幕府）へ政権の移りしも致方なしと、心中に嘆き居り候。

また、公卿の集団による突上げ運動もこの頃強盛となった。安政五年三月十一日、通商条約勅許反対の朝臣八十八人の列参、三月十七日の地下官人九十七人の勅許反対の上申等は、幕政容喙(ようかい)の政治運動のはしりである。いわゆる長袖者とは、公家・儒者・神官を指し、武士に対置していうのである。

じり貧の幕府の政治力

次に安政・文久期におけるじり貧の江戸幕府の政治的惰力を一瞥しよう。

幕府は封建制度の権勢の頂点にあって、組織に立脚する将軍の権力と八百万石の領地とは、断然、諸侯上に冠絶し、将軍が大名に対しては、君臣・主従の関係を保ち、大名の家臣を陪臣とみなした。しかし江戸幕政二百数十年にわたる惰性は、社会秩序を旧格・慣例の殻に固く封じこめ、施政は生彩なく弾力を失い、末期動脈硬化症に陥っていた。政治担当者は譜代大名の一部と旗本（幕臣）のわく内に限定され、枠外よりの人材登用はほとんど行われず、幕府はやがて朝廷と外様雄藩との板ばさみの中に呻吟しつつ、攘夷不可能を知悉しても、毅然たる開国方針を宣揚し得ず、逡巡低迷、自らの寿命を縮めていったのである。しかし腐っても鯛であって、二百数十年の惰性には底力があった。嘉永・安政期となると老朽化した幕藩体制の欠陥が随所に暴露されてきた。幕藩体制は、将軍の統制下にある一

幕藩体制は連邦組織の変態

種の不完全な連邦組織でもあった。大名は、幕府の直接支配より独立して、領土

雄藩の幕政批判

・領民を支配し、領民に対し収奪を行った。世に三百諸侯といったが、慶応元年調べで二百六十六藩、最大は加賀藩百二万石。最小は糸魚川藩・出雲母里藩等の一万石。大名は、将軍の代替り毎に誓約書を提出し、忠誠を誓い、将軍は、大名の代替り毎に大名の藩領を保障（安堵）して、主従関係を更新した。大名の将軍に対する義務の主要なるものは、参覲交代と定時登城とによって恭順の実を示し、幕命を受けて国土警備の任に当ることであった。大名は幕府に対し納税の義務はなかった。安政・文久以降ともなれば、実力を蓄積した大藩は、幕府の失政を率直に批判し、時には口実を設けて、参覲を怠り、出兵を拒否し、幕府何するものぞと白眼視するのである。第二回長州征伐には出兵拒否の藩が多かった。薩摩藩は七十七万石、藩主島津家は鎌倉時代からの独立領主で、長州藩は三十六万石、藩主毛利氏は戦国時代からの領主で、曾てはいずれも徳川将軍家とは同列・同格の武家であった。慶応年間ともなれば、将軍は諸侯より鼎の軽重を問われ、幕府の

群羊を駆りて猛虎を攻む

大名統制力が弛緩するのである。幕末には奔放不羈・玉石混淆の尊攘志士の目にあまる活躍があった。憂国の志士と称する浪士と処士（民間について仕官せぬ人）の群起である。群羊を駆りて、猛虎を攻むる比喩もある。統制のない志士も、幕府の敵国と化した。国学者あり儒者あり武術家あり、いずれも主家を去って封禄を失い、浪々の身上の憂憤・慷慨の士も多く、脱藩をよそおった大名の紐つきスパイも混淆していた。偽名の義人もあれば、無名の草賊も潜入し、独断専行するもの、類を以て徒党を組むもの、玉石混淆し、慷慨悲憤して天下国家を論じ、手蔓を求めて公家に入説し志を達成せんとするものも多かった。勤王まげをゆい、一刀を腰にし、悲歌乱舞することによって米塩の資をかせぐ、えせ浪士も珍しくなかった。勤王攘夷にことよせて、開国論者や外国人や開明的政治家を襲撃する暴挙もあり、殺害・放火・脅迫等のテロ行為が頻発した。「勤王まげ」は当時の流行の尖端ともなった。京都は、これらの志士・浪士・処士の恰好の巣窟となり、やがて天下の政治を、下より動かそうとする一勢力ともなった。

からみもつれる四勢力

以上の四勢力が、条約勅許問題と世嗣問題にからみあい、時には対立抗争し、時には妥協苟合し、時には交錯紛更して、いかに政局を複雑怪奇ならしめたかは、別項において分析・解明するであろう。尊王・佐幕・開国・攘夷の単純・素朴な観念論・形式論では、維新史を解明することは不可能である。春嶽は、この四勢力の錯雑・混乱にいかに対処したか。

三　将軍継嗣問題の紛糾

春嶽の眼識にかなう将軍継嗣の候補者・適格者は誰か。

さて幕末の多難の時にあたり、憂国の士が最も強く期待したのは、英明・果断の将軍世嗣を立てて、朝幕の融和協力をはかり、以て諸有司と諸大名を統轄し、時代即応の幕政改革を断行し、国力を集結し外交問題を正常化するにあった。

将軍世嗣擁立運動の表面化

十三代将軍家定は、虚弱で凡庸で疳癖（かんぺき）が強く、容姿・言動が正常でない。政務統裁の能力もなく、内憂外患輻湊（ふくそう）の時の政権担当者としての資格を欠いた。さきに家定は関白鷹司政凞（まさひろ）の女をめとったが死別し、次に内大臣一条忠香の女を迎えて夫人としたが、短命であった。この時代の名門・要職・顕官の結婚は、いずれも意味深長の政略結婚でもあった。のち阿部正弘や松平春嶽の周旋によって、実は島津家の魂胆によって、島津斉彬（なりあきら）の養女篤姫（敬子）が安政三年十一月十一日入輿（にゅうよ）したが、子供は生れなかった。これより先、嘉永六年六月、家定が将軍となるや、早くも世継選定の議が幕府の内外に起り、一橋慶喜（よしのぶ）を推戴しようとする春嶽らの一橋派と、紀州藩主慶福（よしとみ）を擁立しようとする井伊直弼らの紀伊派とが、暗撃抗争、安政四年秋冬の頃となると、条約調印問題とからみあい、空前の大波瀾が捲き起った。

一橋派の総帥は雄藩連合の春嶽

紀州派の元締は幕権擁護の直弼

一橋派は雄藩連合勢力による幕政革新を志向し、紀伊派は譜代大名中心の幕府独裁権の擁護・強化を意図した。継嗣問題の根は深いのである。

世嗣候補者・適格者の点検

将軍家定の継嗣は、当然御三家・御三卿の中に求めねばならぬ。安政四年の時点で点検すると、①尾張家十三代慶臧（春嶽の実弟）の死後、尾張家の支藩高須家生れの慶恕（三四歳）が入って藩主となったが、将軍家とは血脈遠く、家定と同年であるから世子としては適格でない。②紀伊藩主の慶福は、将軍家定といとこで血縁は最も近いが、年齢は八歳である。さしあたり将軍の名代も勤まらず、将軍を輔佐し得ぬ点に憾みがある。③水戸藩主慶篤（斉昭の長男）は人格・才幹についてとかくの批判があった。④田安家の当主慶頼（春嶽の弟、春嶽は謙虚な態度で、俗中の最も俗物と率直に評している）にも政治家としては問題があった。⑤清水家には当主がなく、⑥ひとり一橋慶喜のみは適格者として人望があった。斉昭の第七男で、十一歳にして一橋家を相続していた。英明俊敏、大いに将来を嘱目されていた。安政四年には二十一歳。慶喜の父斉昭は、口外を憚ったが、生涯の願望は慶喜を将軍に就かせることであったと推量できる。

春嶽はなぜに慶喜を属目したか

春嶽は、一橋慶喜を将軍世嗣に擁立しようとする一橋派の驍将である。春嶽はなぜに政治的生命を賭して慶喜を推挽したか。全力を傾けて狂奔したか。

慶喜の人相は光圀にそっくり

春嶽は青少年時代最も斉昭に親炙し、その学識に傾倒した。慶喜の父斉昭は慶喜（幼名は七郎麿）の幼時を評して、「七郎麿は、あっぱれ名将となろう。しかし善くしないと手に余るであろう」、また「七郎麿は、養子には出さず、世嗣のひかえとして水戸家に残して置きたい」と大きい希望をかけていた。少年期の慶喜の容貌には異状があった。斉昭は七郎麿の額をなでて、日角（貴人の相）があるのは、義公（徳川光圀）にそっくりであると満悦であった。家慶の希望に従い慶喜を一橋家の養子としたのも、実は将軍に登龍の機会を僥倖したからだという。水戸藩主には、すでに慶喜の兄慶篤が就いていていた。

一橋家を訪問した春嶽が、始めて慶喜と対談したのは、嘉永元年一月十六日。慶喜と春嶽の因縁は深い。時に慶喜は十二歳、春嶽は二十一歳。この年、島津斉彬（四〇歳）が駒込邸に斉昭を訪問した時、偶然出会った慶喜の言動には、天才的のひらめきがあると春嶽に語った。

世嗣候補について斉彬と春嶽の合意

越前家は、藩祖秀康の遺訓により、事あれば徳川将軍家の支持・擁護に全力を尽すにあった。春嶽の生家田安家と一橋家との間には、数代にかけて血縁的にも緊密な関係があった。春嶽は主家を思い夙に将軍継嗣問題に心を傾けた。動揺する幕府の基礎を固めようとの一念は凝結して、敢然慶喜擁立に踏み切ったのは安政三年九月である。御三家・御三卿の当主は、将軍世嗣の候補者たり得る血脈の圏内にあるから、擁立工作に参画することは妥当ではない。従って三家・三卿を除いて将軍家に最も近い家門第一の名流越前家の当主春嶽は、世嗣問題を誰憚らず公然解決すべき使命ありと自覚し、自認していたのである。

将軍家に対する春嶽の使命感

将軍継嗣は本来よりすれば将軍自らの意志により選定すべきであるが、不幸にも、家定にはその判断力がない。将軍の助言者は、①幕閣であり側近の有司であ

叡慮による継嗣決定に望みをかける

る。次は②将軍の生母本寿院と夫人敬子（すみこ）、それを繞（めぐ）る大奥の女房たちである。③親藩諸侯の意向も一要因であり得る。④特例として、将軍継嗣を叡慮に仰いで決定しようというのが春嶽の最終的策謀であった。天皇よりの大政委任の公事として、将軍の代替り毎に将軍宣下の恒例（こうれい）があるが、これは幕府の内奏によるもので、朝廷より将軍世嗣御指名の前例はいまだ曾てない。春嶽はひそかに非常時の例外として、一橋慶喜を叡慮によって将軍継嗣に据えようと企図したのである。

徳川将軍家の直系は六度絶えている。四代家綱の次は弟の綱吉がつぎ、六代には綱吉の甥家宣が継ぎ、七代家継の嗣子には、家康三世の孫吉宗が継ぎ、十代家治の次は家康六世の孫の家斉が将軍となっている。その間、天皇の御指名によって将軍継嗣を決定した前例はなかった。将軍継嗣を天皇の指名によって決定しようとする運動は空前絶後の大問題であった。予測不能の難関が横たわっていた。一橋慶喜擁立の総帥は、松平春嶽である。阿部正弘・島津斉彬・山内容堂・伊達宗城ら、幕府の独裁を修正せんとする雄藩連合派の実力者が春嶽に同調し協力した。徳川斉昭は、世間の体面を憚って一橋派の陽動作戦には加担せず、表面では常に傍観的であったが、心底では最も強く将軍慶喜の実現を期待した証跡がある。後年に至り春嶽は述懐して、「慶喜を将軍継嗣に推すことは、斉昭の私心と慾とに起れり。我等も斉昭のために売られたり。欺かれたり」と記している（『逸事史補』）。

先見の明ある幕臣は一橋派

幕府の有能な有司では、川路聖謨・土岐頼旨・永井尚志・鵜殿長鋭・岩瀬忠震・堀利熙・水野忠篤ら開明的俊秀の多くが慶喜擁立に加担している。外様では、徳島の蜂須賀斉裕のみが率直に協力的態度を示し、尾張の徳川慶恕は消極的で傍観的で熱意を欠いた。

春嶽の慶喜擁立運動は、まず阿部正弘に対し、家定が将軍に就いて間もない嘉永六年八月に極秘裡に口火を切った。阿部は事は重大で極秘を要するので、くれぐれも慎重であれと要望した。かねて雄藩連合の力を以て幕政改革を念

春嶽を枢軸とする一橋派の策動

閣老松平忠固と堀田正睦とを打診

願していた島津斉彬は、この件についても春嶽と同声呼応の間柄であった。斉彬の養女篤子（のち敬子）が家定夫人として輿入れの時、すでに慶喜擁立の企図が腹蔵されていた。外様大名なるが故に表面に立つことを避け、専ら篤子（敬子）をして江戸城大奥の地下工作にのみ要心深く策動せしめた。春嶽の活動は、安政四年初秋より次第に表面化し旺盛となり、老中久世広周・堀田正睦・松平忠固を歴訪して所信を述べて協力を求め、また安政四年十月十六日には、蜂須賀斉裕と連署して慶喜擁立の建議書を提出している。斉裕は阿波二十五万石の藩主、前将軍家斉の実子であり、春嶽とはいとこである。安政三年十月、春嶽は斉裕に対し世継決定の急務なることを説いている。

老中松平忠固は、かねてより慶喜の父斉昭と政見・政策相容れず、性格をも異にし、久しく犬猿の間であるので、慶喜擁立反対と推量されるが、春嶽は幕閣内の情報偵察のため「橋公略行状」等の資料を提供して、ことさらに進んでその心境を打診したのであるが、同調のけはいは無かった。老中堀田は通商条約問題に没頭し、政争の渦中にまきこまれないよう警戒し、「世嗣は台慮（将軍の意志）にて決する。叡慮によった前例は無い」ことを明言したのみで、平然として、つとめてこの問題には無頓着の態度をよそおった。戦機は刻々熟した。

慶喜擁立運動に橋本左内を起用

ここで春嶽が生命をかけた世嗣問題を好転せしめるため、謀臣橋本左内の才幹と胆略に期待したので安政四年七月、中根雪江らの推挙により藩邸で熟議の上、左内を越前より早急に出府せしめることとなった。左内は時に二十四歳で、藩校明道館の御用掛学監心得を勤めて精励中であった。左内は頭脳明敏、相手の胸中を見抜く眼識は鋭く、その雄弁と熱誠による説得力は強靱（きょうじん）であり、政治家としての洞察力と機動性には恐るべきものがあった。

建儲運動に橋本左内奮励

左内は、安政四年八月七日、学監心得の要務を村田氏寿（うじひさ）（三七歳）に譲り、五人の書生堤五市郎（のち堤正誼（まさよし））・三岡（みつおか）友蔵（由利公正の弟）・溝口辰五郎（のち加藤斌（あきら））・横山猶蔵・斎藤喜作を同伴して福井を出発し、八月二十日江戸着、藩主の侍読兼御用掛を命ぜられて、春嶽の側近に侍することになり、各方面への入説、機密文書の案文作製等の機務に、渾身（こんしん）の力を傾注するのである。

左内の縦横の政治策動

越前藩においては、すでに安政二年頃より将軍継嗣問題が内々話題に上り、左内も一橋慶喜の人物を評し「英明特絶と申す事」と記しているのであるが、彼は主君より晴れて慶喜推挙の重責を課せられ、「今般こそ副儲（ふくちょ）の義、申し立つべき機会」であると信じ、春嶽の意図に悦服随順し、その忠実なる股肱（ここう）として、畢生（ひっせい）の努力を傾けるのである。身分・格式のみを偏重した封建社会において、二十五石五人扶持、二十四歳の

橋本左内肖像画（佐々木長淳筆）

このこと万一失敗せば主君に申訳なし

軽輩が主君の運命をかけた将軍候補者擁立の重大政治問題にとりくむのである。その任は富岳よりなお重いのである。左内は「種々術計を尽し置き、実に寝食を忘れ、平常大好物の読書も等閑に致し、工夫致し居り候。唯々短才怯胆、この上にも不行届の事万々これあるべく、万世の後まで、有司の誹譏をわが君に負わせ申すべきやと、こればかり痛苦罷り在り候。」（安政四年九月十二日、江戸の橋本左内より村田氏寿あて手紙の一節）という。

左内は藩主春嶽の命をうけて、東奔西走して策動を逞しくしている。島津斉彬の謀臣西郷隆盛（三〇歳）が、その主君の命を受けて、安政四年十二月八日には越前邸に左内を往訪している。十二月十三日には左内が西郷を訪問して慶喜擁立問題を極秘裏に協議している。この間やりとりした二人の書翰は、もっぱら継嗣の件であった。

将軍家定は、自主的意見を持たず、大奥の婦人（女房）に動かされることが多いので、西郷は斉彬の命により将軍夫人篤子（敬子）の手によって、故なく慶喜を嫌

江戸城大奥の空気は好転せず

畏する空気を排除する策謀をねった。春嶽は、手を尽くして本立院（先代斉善の侍女）を動かし、その妹の本寿院（家定の生母おみつ）に働きかけたが、大奥の水戸（斉昭）嫌忌は年久しく痼疾となり、これが一橋派の運動に対するねばり強い障害となり抵抗となった。将軍夫人とはいえ、新参の敬子の手腕と貫禄では逆効果となるおそれがあった。水戸きらいの江戸城内では紀伊派が断然優勢であった。一橋派がくさびを打込むすきがなかった。

紀伊派は血統論一本槍

紀伊藩主慶福（時に一二歳）擁立派は、幕府の独裁を強化し、他勢力の容喙・干渉に反撥する有力なる譜代大名の一群で、彦根藩主井伊直弼が枢軸であった。紀伊派の策謀家には紀伊藩の附家老の安藤直裕・水野忠央らがあった。京都には海千山千の直弼の謀臣長野主膳（義言）がいて凄い裏面工作にうき身をやつした。井伊直弼は斉昭とは、かねてより犬猿の間柄であったから、慶喜に対しても初めより好意を抱かず、一橋派の主張を真向から反撃して、「徳川家二百数十年の治世は、全く東照宮このかた将軍家の御威徳による」となし、

世継擁立と条約勅許といずれが先か

「決して将軍の賢愚の故ではない。人間のはからいを容れず、血縁の近親・正統に従うは、皇国伝統の美俗・良風である。下者が上者を品評し取捨するは外国の弊俗で、不信・不忠の至りである」と正面より血統論一本槍で押切ろうと考えた。将軍相続については、血統第一主義が大義名分であると理解されていたので、幕府内部では紀伊派が圧倒的優勢を保持し、江戸城内・大奥では、一橋派は屏息(へいそく)の状態であった。譜代や旗本の多くは一橋派の人物評定論を異端邪説と批難した。

春嶽は、安政五年一月、堀田正睦が条約調印の勅許を得る目的で上京する前に継嗣問題を江戸において解決したいと苦心し焦慮したが、予測は全く裏切られた。国際信義にかかわる条約調印は焦眉の急務である。万一勅許を仰ぐことに失敗して、条約調印がさらに延引すれば国際的背信行為となる。外交の危機は猶予なく急迫する。安政五年正月二十四日、春嶽が謀臣橋本左内を上京せしめた真意は、継嗣問題の入説のためのみではなかった。むしろ堀田正睦の使命である条約調印の勅許をとりつけるために、裏面工作によって応援し、勅許を得ることによって、堀田老中の帰府を早め、しかる後に慶喜擁立を促進しようと企図した。春嶽の策戦は単純素朴であった。京都の情勢判断はいささか甘かった。俊敏鬼才とはいえ、青年橋本左内が、練達・老獪・因循の摂関家を説得する大任は、荷があまりに過重であった。

条約勅許促進のための左内の策動は失敗

左内は春嶽の意図を奉じて、朝臣の鎖国排外思想を打破するため全力を尽したが、朝廷の鎖国攘夷思想は、上は天皇輔弼の重臣より、下は公家の末端に至るまで骨髄にまで深く浸潤し、開国論に強く反撥した。反幕的な険悪なる空気がみなぎっていた。春嶽の親書を携えた橋本左内は、山内容堂の紹介により、二月九日その親戚の内大臣三条実万に謁見している。三条実万は時に五十七歳、才識兼備。菅原道真の再生と称讃され、君徳の啓沃に尽瘁したが、残念ながら世界の情勢に疎い実万には、通商条約の件は諒解甚だ困難であった。左内は鋭鋒を転じて将軍

実万は条約には迂濶、世嗣には共感

継嗣の件に論及し、一橋慶喜擁立の経緯を述べると、「三条は掌(たなごころ)を拍(う)ってその人を得たりと仰せられ」、「その義は内実、この表にも沙汰これあり候間、尚また周旋致すべし」(安政五年二月二十九日付、左内より江戸藩邸への密書)と記している。「沙汰」は島津斉彬の入説をさしたものである。左内は引続き二月十四日・十六日・二十二日・三十日としきりに三条邸に参候して、真剣に世嗣の件を陳情しているのである。またそれとなく京都の情報を巧みに詳細に探知している。

京都における将軍継嗣問題の波瀾曲折

左内は梁川星巌(やながわせいがん)・青蓮院宮(しょうれんいんのみや)(朝彦親王・中川宮・賀陽宮)・春日潜庵(せんあん)・三国大学(幽民・鷹司家儒官)・小林良典(よしのり)と個々に面接し、盛んに時事問題を論じている。たまたま二月二十三日、条約問題に対しては、「三家以下諸大名の群議を徴して奏上せよ」との勅命が下ったので、条約調印勅許は挫折した。これ以降、左内は専ら継嗣問題にのみ没頭することとなった。

左内は「賢明な継嗣を立てて将軍を輔佐せしめ、開国通商の国策を遂行するは、真の公武融和・国論帰一の基礎を確立する所以(ゆえん)である」ことを確信し、精魂を傾

宮・公卿・志士と論戦展開

け、席の暖まるいとまのない程、東奔西走している。左内は二月九日、三条邸に初参殿、その後四回も伺候している。二月十四日は尊王の詩人梁川星巌（七〇歳）を訪い、青蓮院宮（三五歳）家に出入し、三月十三日には三国幽民（四九歳、鷹司家の儒官）の紹介で、鷹司家の諸大夫小林良典と会談している。久我家の侍臣春日潜庵（四八歳、陽明学者）とも外交問題を論じている。潜庵は左内を評して、

橋本左内は越前の木村重成か

橋本左内初めて来り訪う。年わずかに二十位。眉目清秀、進退応接、綽然として見る可し。去るにのぞみ目送して曰く、好男子これ越前の木村長門守（重成）なり。

因に木村重成は、豊臣秀頼の侍臣、豪勇にして胆略あり、冬の陣に善戦し、家康の血判受取の使者となる。時に二十一歳。好漢左内の来訪は、木村長門守の再来を想わせたのである。左内が、その識見と才学と弁舌とによって、人触るれば人を斬り、馬触れば馬を斬る底の大活躍を試み、面接・対談では、何人をも説得

し屈服し得たと自負したが、その結果はどうであったか。

京都摂関家ら重臣の多くは勅許反対

朝臣の動向は複雑多端であった。関白九条尚忠は、かねてより井伊家との縁故があり、幕府の施政と立場に理解があり、条約勅許に賛成であり、世嗣血統論を支持した。初め勅許に賛成であった太閤鷹司政通は、青蓮院宮・三条実万の入説と側近の諫争により、条約勅許反対に豹変した。継嗣については内勅降下の前例のないことを述べている。二条斉敬（なりゆき）は「条約勅許は国辱となり、天変地妖（ちよう）も起りかねぬ」とし、一条忠香は、勅許はかえって人心不和を招くと考えた。左大臣近衛忠熈（ただひろ）は島津斉彬の連絡により、内大臣三条実万は山内容堂の手紙により、慶喜擁立を支持したが、条約勅許には反対であった。

幕府の京都対策は、対米交渉よりも手を焼いた

左内は全力を挙げて、獅子奮迅（ふんじん）の政治活動をしたが、条約勅許問題も、慶喜擁立運動も二つながら惨敗に終った。京都は反幕的空気が濃厚で、尊攘論が各階・各層に浸透し席巻（せっけん）していた。開国論に対する抵抗は徹底的であった。京都における

政界の裏面工作に金は流れる

通商条約調印勅許運動は、まず林韑・津田正路が失敗し、外交専任老中堀田正睦が失敗し、のちには老中間部詮勝（あきかつ）が失敗している。いずれも幕府きっての外交問題のベテランの決死の努力を以てしても失敗している。幕府は因循姑息（いんじゅんこそく）、封建の臭気が濃厚であるが、京都はさらにさらに階級的であり、因襲が強く、いかなる実力者であっても、格式のない無位無官の青年が赤手空拳（せきしゅくうけん）でことをなし得るところではない。堀田老中の京都の政治工作のため、幕府は三万両の運動資金を用意したと噂され、左内は機密費五十両を費し、さらにそれ以上の運動費の追加を中根雪江に依頼している。堀田正睦は十一万石の大名であり、今を時めく現職外務大臣に相当する。その堀田すら、六十日を費して京都の鎖国論を開国論に転換せしめ得なかった。条約調印の勅許に惨敗した。ましてや素姓の知れぬ白面の書生輩が（左内は二五歳、二五石五人扶持（ぶち）の微禄であった）桃井伊織の匿名で、孤軍奮闘して天下の二重大問題を周旋しようとするのである。春嶽の企画に無理があった。左内の奇智・鬼才をもってしてもなお、荷が過重であった。蟷螂が車轍にあたる如く、冒険でもあった。

弁論のみで政局を動かすことは無謀

　左内が面談し、説得に成功し、開国論に転向したかと思われた三条実万も三国幽民・小林良典・春日潜庵・梁川星巌も、旧の如く鎖国攘夷論であった。一席の弁論にも限界があった。左内のあてははずれたのである。京都では、開国論者は幕臭ありとか西洋沈酔者とかそしられ、公卿や志士の一部では開国論者なるが故に春嶽の評判はわるく、左内は幕府のまわしものの如く疑われ、左内の熱烈な論議をうわのそらで聞きすてにして顧みぬ向きもあった。

京都では開国論者は不評

　安政五年三月二十四日、堀田老中の首席随員（海防掛）岩瀬忠震が京都を出発する前日、岩瀬の旅館に左内の来訪を求め、平山謙二郎も同席して夜を徹して鼎談した。左内の手記に、

　日本はもはや淪没の時いたりたるか。朝廷は固陋蒙昧、諸侯は固執、将軍因

循（じゅん）、強大の外寇はさし迫りつゝあり。実に如何ともすべからざる情勢なり。さて術計つきはてたれば、何分帰東の上、一手段いたすつもり、……何分、春嶽公の御尽力にて諸侯を御説倒（ときふせ）致されずば、神州の御為に甚だ恐懼のことゝならん。……要するところ、将軍継嗣を固め、諸家の陋習を破るより他なし。鶏鳴を過ぎ邸に帰る。

忠震と左内は一夜を語りあかす

三月二十四日、岩瀬は直ちに江戸に向って出発し、左内は四月三日京都を出発した。四月十一日、江戸についた左内は一切の情況報告を終り、四月十三日、岩瀬忠震邸で要談している。いまだ井伊直弼は大老にならず（大老就任はこれより十日後の四月二十三日）、堀田正睦は帰府の道中であった。岩瀬の要談の主旨は、

政局の中心に春嶽を据える企図

①同志一統の建議は、時局の要請に応じ、慶喜を継嗣に、春嶽を宰輔（さいほ）に推戴したいこと、②宰輔は大老以上のもので、老中を統轄し、将軍を輔佐し、重大政務のみを決裁する非常勤の要職であること、③政令悉く英明の世嗣と賢

徳の宰輔より出ずれば、必ず行われるであろう。④外交問題も京都対策も条理に従い解決されるであろう。傾覆(けいふく)せんとする徳川家の維持挽回の大機会は今である。春嶽公出でて政務を担当せねば、継嗣を擁立するも、何の詮もあるまい。⑤永井尚志・鵜殿長鋭らも同意見であること。

岩瀬の率直・真剣な熱弁に、さすがの左内もついに圧倒されたのである。これは井伊直弼大老就任の十日前のことである。

四　大老井伊直弼と春嶽の対決

安政五年の時点における春嶽の最強の政敵は、井伊直弼であった。共に開国論者ではあったが、政治姿勢は対蹠(たいしょ)的であった。

春嶽は幕政を修正し改革して、雄藩連合・朝幕融和を志向し、直弼は譜代大名（殊に溜間詰(たまりのまづめ)を）中心に、幕権伸張を意図した。両者は、たまたま将軍継嗣問題によって激突し、喰うか、喰われるか——政治的両立不可能の境地にまで到達した。条約の無断調印問題は継嗣問題より派生した政争である。大義名分論にからませた井伊大老排撃の具に供せられた。やがて条約無断調印は、違勅調印と解釈され、日本の主権が、幕府の将軍に無くして、朝廷の天皇に在ることの実証ともなるのである。幕府の権力は委任によるものであって、最高でなく、絶対でもない。これより十ヵ年にわたり、複雑微妙な紆余曲折の政争を経て、慶応三年の大政奉還・王政復古となり、名実ともにわが国の最高絶対の統治権が天皇に帰するのである。この意味で春嶽対直弼の対立拮抗は、維新史上に重要な意義をもつのである。

井伊家は三十五万石の彦根の城主、譜代大名の筆頭であり、尊王敬幕を家憲とし、非常難局に際し幾人かの大老を出している家柄である。四代直興・十一代直幸・十三代直亮らはいずれも大老に任じた。譜代大名・大奥の婦人連は、幕権擁護のため、危機突破のため、井伊直弼の進出に期待をかけていた。直弼は、紀伊慶福擁立派の盟主として、更に一橋派との決戦の持駒として、幕府本位の保守派より刮目されていたのである。直弼もまた虎視眈々として政局の推移を見守っていた。

幕権回復論者の巨頭井伊直弼の大老就任

さて日米通商条約は、安政五年三月五日に調印する約定であった。条約調印の勅許を奏請するため、幕府の外交専任の老中堀田正睦は、周到な準備を整え、正月二十一日江戸を立ち二月五日入京し、二月九日参内、調印の勅許を奏請した。堀田正睦・川路聖謨・岩瀬忠震らの奮迅の努力も効なく、三月二十日、朝廷は堀田を召し、「条約の件は、さらに三家以下大名の意を尽し、再び奏上し、勅裁を請うべし」とのことであった。一方ではハリスの強硬な催促を受け、幕府は進退両難に陥り、困惑・窮迫のきわみであったので、保守派の溜間詰譜代大名に推されて井伊直弼は安政五年四月二十三日、大老に就任した。直弼は時に四十四歳。譜代大名の重鎮として、牛耳を執っていた。大老は、将軍を輔佐する最上位の職名で、非常時にのみ置かれるのである。その頃は、条約勅許問題をめぐって朝廷と幕府の対立背離は頂点に達していた。

これよりさき一橋派の幕臣と大名らは、迫りくる内外の危機を緩和し、人心を繋ぐために国政担当能力ある慶喜を推して時局を収拾せしめ、それと同時に、穏健・誠実の定評ある春嶽を挙げて幕政に参与せしめんとし、特に非常時の大老職として適格者であるとの定評もあり、堀田正睦のごときは、四月二十一日、将軍に面謁して、「春嶽を大老」にと進言したが失敗した。一橋派に対立する紀伊派の策動と、水戸忌避の大奥の思惑に動かされ、安政五年四月二十三日、井伊掃部頭（かもんのかみ）直弼に大老の台命が下ったのである。宇津木六之丞の『公用方秘録』によると、

春嶽と直弼の対峙は宿命的

> 松平越前守様へ御大老仰せ付らるること然るべき旨、伺いに相成候処、上様（将軍家定）御驚き、家柄と申し人物といひ、彦根を差し置き、越前（春嶽）へ仰せ付けるべき筋これ無きに付、掃部頭へ仰せ付けるべしとの上意にて、俄に御取極りに相成候。

井伊直弼は溜間詰大名のリーダーとして、夙に幕権の回復を企図し、水戸藩が越前藩と声息を通じて幕政に容喙すると猜疑し、薩摩藩・土佐藩の如き一橋派の外様大名が、京都の朝臣と結託して幕政に容喙・干渉するを不快とした。ことに水戸斉昭と井伊直弼とは久しく仇敵の如く、感情的にも氷炭融和せぬものがあった。

斉昭と直弼の反目嫉視

井伊家の『公用方秘録』によると、「水府老公（斉昭）は、当将軍様（家定）を押込め、一橋様（慶喜）を立て、御自身御権威を振いなさるべき御隠謀これあり」と誤解し、「疑心は暗鬼を生ずる」たとえ、斉昭と直弼の間には政見・政策も感情的となり、生涯いざこざが絶えず、安政期の政局収拾にも悪影響を及ぼした。

疑心は暗鬼を生じ政争は激甚となる

新任の井伊大老に課せられた二つの難題は、将軍継嗣の決定と条約調印問題の処理であった。処置を誤れば、国論分裂し人心解離して外患を誘致し、重大危機を招く可能性があった。

さて、ここで眼を転じ、安政五年の外交問題を一瞥しよう。ハリスは約束の通り、三月五日に江戸の蕃書調所に入り、堀田正睦の帰着を待ちわびていたのである。四月二十日に帰府した堀田らは、四月二十四日ハリスに会見し、勅許延引の政情を説明し、今直ちに調印せば国内に紛乱が起るから、人心が平穏に帰するまで六ヵ月の調印延期を懇請した。ハリスは、東亜の風雲が急なることを説き、英仏の大艦隊が印度・清国方面に遊弋(ゆうよく)警戒中であるから、一刻も早く条約に調印して、英仏艦隊の来航に備うべきであると警告しようやく三ヵ月延期を容認して、七月二十七日を調印日と決定した。ハリスの『日本滞在日記』の一節に、

調印延期の論争

外国使臣は朝廷に調印を要請するであろうとハリスは幕府の急所を突く

幕府に条約締結権がないならば、直ちに京都の朝廷に至り調印を要請するであろう。以降、通商を請う各国は、必ず京都に赴いて、江戸を相手とせず、やがて江戸幕府は衰亡するであろう。

と、外交問題でよろめく幕府の急所を鋭く突いたので幕府は狼狽(ろうばい)した。

あたかも一八五六年(安政三年)四月、清国では第二次アヘン戦争(アロー号事件)

ハリスは殷鑑遠からずと清国の惨敗を例証す

が勃発した。英仏軍は再び天津・北京を攻略し、一八五八年の天津条約によって、一八四二年の南京条約を強化し、償金四百万両を収め、北京に公使館設置、揚子江の航行権、キリスト教布教の自由、アヘン貿易の公認、牛荘(ニュウチャン)・漢口(ハンカオ)など七港の開港等、列強は多年の懸案を最も有利に解決した。天津条約締結の情報は、安政五年六月ごろ日本に伝えられ、朝野に衝撃を与えた。ハリスは好機逸すべからずとして、速かに日米修好通商条約に調印し、後難に備えるべきであると、幕府に強硬に勧告した。条約調印問題が俄かに逼迫したので、井伊大老は一橋派の反撃と人心の動揺を怖(おそ)れ、すでに五月一日に極秘中に内定していた慶福(よしとみ)を将軍継嗣とすることの発表を中止した。幕府は下田奉行井上清直と目付岩瀬忠震に命じ、通商条約調印問題につき、ハリスと折衝せしめた。ハリスは、東亜の危急存亡の時は今日である、むしろ内憂をさしおいて、外患に当るべきであると勧告した。

忠震は苦衷を春嶽に訴える

六月十八日ハリスと交渉中の岩瀬は春嶽に書翰を送って、真意を打ちあけている。

その一節に、

米使の調印を懇願するは幸の事なり。その願意に基ずき四十隻余の艦隊来航以前に調印するは最も好機会と申すべし。この場合に臨み優柔不断に失し、遂に英仏の鋒先（ほこさき）に屈するは、屈辱の甚しきもの、然るになお娓々（びび）（くどくどしい）の論あり。我等応接者も殆ど困頓（こんとん）、万々諒察を希う所に候。

忠徳は無断調印の可否を春嶽に質す

海防掛の水野忠徳（ただのり）は、春嶽に書を送って、調印は勅許を得べしと訴えている。その一節に、

条約を只今調印いたす様にハリス中立候由、「右は幸いの事。京地の云々にかまわず、当地限りの御英断の好機会と、海防掛一同評決」の趣を伝聞仕り候。尊慮如何、歎息の至りと存じ奉り候。

春嶽は所信を斉昭に訴える

内政外交に精通していた春嶽は、第二次アヘン戦争勃発前には条約勅許問題についていかに考えていたか、これは五月二十五日（井伊の大老就任は四月二十三日、将軍

継嗣が慶福に内定したのは五月一日。井伊大老は五月二日、春嶽を自邸に招いて、紀伊藩主慶福を将軍世嗣にきめたい旨をほのめかした。春嶽は、なおも慶喜擁立に没頭していた)、春嶽より斉昭に送った極秘の書翰の一節である。

無断調印は違勅の罪免れがたし

廟堂(幕府)に於ては、七月二十七日の約束を以て、アメリカ使節へ調印のこと御許し御座候由、既に過日来の諸大名の上申も「大概は条約御締結然るべし」と申すことに候へば、遠からず京師へも御答もあらせらるべくと推察奉り候。併し前文のていたらくにては、中々叡慮を安んぜられ候処にてはこれ無きのみならず、列侯も一同失望仕るべく、さすればまたぞろ叡慮をも労せられ、速に伺いずみにも運び難く存じ奉り候。自然右様京師相紛(もつ)れ候内、調印期限さし迫り候はゞ、廟堂にては是非、勅許を待たず、仮条約調印御執行なさるべく候。その節に至りて外藩などより、違勅の廉(かど)せめつけ候はゞ、以ての外なる御大事と存じ奉り候。これを程よく鎮定候には、第一賢明の建儲(けんちょ)これあ

人心の動揺を防ぐには賢明の建儲が前提となる

幕府に先見の明あれば適宜の外交処置も可

り、関東の威権を厳にし、続いて京師の警衛を壮(さかん)にし、衆望を達せられ候事等、種々施設これ無く候わでは叶わざる事に御座候。この策行われ候上ならば、京師よりは従来、大政御委任の征夷府(幕府)故、或は一時の権宜(けんぎ)を以て、一々叡慮に応ぜずとも、行末の見詰(みつめ)に基ずき、外国御処置などこれ有り候ても、苦しからざる儀かと愚考奉り候。さりながら、万一たゞ今の姿のみにて、御違勅と相成り候ては、臣子の者の痛憤限りなきは申すに及ばず、御同様に親藩にありながら、これを座視・傍観仕り候ては全く閣老と同罪と存じ奉り候。

春嶽は幕閣改造の本音を吐く

春嶽は、大胆率直に所信を吐露(とろ)している。賢明の継嗣によって、幕府の権威を高め、朝廷の警護と国防の安全を期し、聖慮を安んじ奉り得るならば、従前より大政を委任されている幕府である故、一々叡慮に応ぜずとも、国家の前途を見抜いて条約調印もやむを得ぬが、因循姑息(いんじゅんこそく)の現状で違勅と批難されることは、お互いに親藩たるものの座視・傍観できぬ事であると切言している。条約調印は国際

奸凶を排除し将軍家の威権を高めよ

信義の問題である。条約調印による開国の急務と、名実共に大政を担当し得る世嗣擁立とは、春嶽の切実なる悲願であった。また「奸凶が権を握り、忠直の士が擯斥に逢い候は切歯憤懣堪え難き次第」と烈しい義憤をもらし、「方今の急務は、まず奸凶を除き、威権を宗家に帰し、宇内渇望の国是を定める事が肝要」と記している。現在の将軍は全くロボットであるから実力ある世嗣を立て、権謀術策を逞うする邪曲の閣老を排除すべきであると、春嶽は思い詰めていたのである。邪曲の閣老とは恐らく井伊大老と松平忠固を指しているのであろう。政争は刻々白熱化したのである。

条約調印について安政五年六月十九日の閣老・有司会議の論議は沸騰した。堀田正睦・松平忠固は「即時調印やむを得ず」となし、久世(広周)・内藤(信親)・脇坂(安宅)らの老中は、「勅許あるまで調印を延期すべしとの説」を唱え、井伊大老は「天朝へ御伺済に相成らざる内は、いか程御迷惑に相成り候とも、仮条約調印は相成り難し」と主張（井伊家『公用方秘録』）したが、大老に賛成したのは若年寄本多忠徳のみで、諸有司は、英仏艦隊が渡来し示威強要した後になって、条約に調印したのでは、国威を失墜したことになり、「叡慮も、御国体を汚さざる様にとの御趣意」であるから、この際は無断即時調印もやむを得ないと論じた。

紛糾した条約調印に関する幕議

井伊大老は、全権の井上清直・岩瀬忠震の両人を招いて、「勅許を得るまでは、力めて調印を延期せよ」と命じた。究極において、両全権は「もし万策尽きた場合には、調印してもよいか」と重ねて端的に駄目を押したので、井伊大老は峻拒（しゅんきょ）の言葉なく、遂に「やむを得ぬ」と内諾を与えた。

違勅調印か屈辱調印かの岐路

井伊大老は、進退両難に陥った。朝許を待たず調印せば、政敵一橋派は、必ず違勅の罪を鳴らし猛攻撃するであろうことを予見し、また京都の政情は、早急に勅許されることは至難であろうことも予知していたが、国際信義に反し紛争を捲き起し、屈辱的調印をするよりも、勅許を待たずして調印し、国権を保全すべきであると、大局的見地に立ち決意したのである。

日米通商条約の調印

ハリスの強硬意見に押し切られた日本全権井上清直・岩瀬忠震は、国際慣例に従い安政五年六月十九日、神奈川沖に碇泊せるポーハタン艦において、遂に日米修好通商条約十四ヵ条と貿易章程七則の条約書に調印を完了した。全権ハリスは、ボーリングあての書翰の一節に、「英仏艦隊は、まさに日本に渡来せんとするに当り、彼らの目的は私の努力によって貫徹せられた。英仏には、直ちに日本と通商条約を締結し得る素地ができた。示威のため率いる英仏の大艦隊はすでに無用となったのである」云々と、得意満面であった。通商条約の第十四条によると、たとえ批准交換しなくとも、調印によって国際的には効力を発生し、一八五九年太陽暦七月四日（安政六年六月五日）より通商条約は自動的に効力を発生する事となっている。

日米通商条約の発効

法律的に言えば、勅許問題は主権の所在にかかわる国内政治問題である。条約調印は国際法上の国家権力行使問題である。

論難攻撃の的となった宿次奉書

幕府は条約調印を朝廷へ奏聞のため、六月二十一日、五老中が連署加判した本文には、調印の顚末を記し、別書には「もし機宜を謬れば、国際的信用を失い、英仏艦隊の脅威をうけ、清国の覆轍をふむ危険があるから勅許をまたないで、緊急臨機の処置に出た」旨を弁疏した。この老中連署の奉書は、道中不慮の炎禍を避けるため、翌六月二十二日、大事をとって東海道と中仙道の両道から宿次飛脚をもって、京都の武家伝奏に送られたのである。国家重大問題を勅旨に反して調印し、さらに文書によって奏聞した幕府の態度は、不臣不遜、朝廷を蔑視するものとして、論難攻撃の的ともなった。幕府攻撃の武器ともなった。幕府の目付岩瀬忠震は、畏敬する春嶽にあてた六月二十日付書翰の一節に、

忠震は春嶽に所見を開陳

　条約調印済の事を宿次奉書にて、淡泊に朝廷に仰せ遣わさるべきや否やの議論にこれあり候。……最初より暴断に候はゞ却つて辞もこれあり候えども、

一旦堀田老中上京御伺の儀を、勅旨通りの御取扱を致さずして、今更、一紙の上申にては、先般の事（堀田上京失敗）に懲りて、紙片に托し事を済ます事に相成るべく、これはいかにも京師を御軽蔑する姿にも存ぜられ、甚だ然るべからざる事と愚考仕り候。

朝廷軽視の所業

と、いっている。この言葉から、井伊大老に対する岩瀬の不信感が感じとられるのである。この条約調印奏聞書に大老が加判していないのは、幕府の旧例・慣行に従ったまでで、調印の最高責任者は、名実ともに井伊直弼であることは否定できぬ。宿次奉書による奏聞は、いかにも軽卒であり不遜であり失態であった。無断調印は、正に違勅であり、底流をなす将軍継嗣擁立にからむ政争に纏綿し、井伊一派を排撃し追咎する反対勢力の恰好の攻撃材料となった。

幕府は調印後、速かに諸大名に公示し、善後の処理意見を聴取するために、六月二十二日をもって在府諸大名に総登城を命じた。

政敵の追究緩和の策略

井伊大老は、これに先だって幕閣を改造して、井伊の色彩を濃厚にした。六月二十一日、堀田正睦と松平忠固の出仕を停止し、ついで罷免した。正睦には無断調印の責任を負わせ、忠固には宿次奉書の責任を負わせた。両名は幕閣の責任回避と政敵の追究緩和の策略の犠牲となった。新任の老中は、前掛川藩主太田資始(すけとも)・鯖江藩主間部詮勝(あきかつ)・西尾藩主松平乗全(のりやす)であった。いずれも老中経験者ではあるが、守旧・固陋、一徹な幕権擁護者ぞろいで、急変する時勢の進運に順応する能力に乏しかった。

慶喜・春嶽と井伊大老との対決

安政条約が無断調印された事を知って、一橋慶喜の興奮と大老に対する憤激はかくし切れぬものがあった。慶喜は「勃然として顔色変りて、事こゝに及びては、小生等黙視・傍観の時に非ず」声色ともに激しく、側近たちはけわしい剣幕に恐れをなし、恐惶・逡巡したほどであると、中根雪江は『昨夢紀事』に記している。慶喜の憤激の原因は、他にもあった。

慶喜も春嶽も、井伊が大老就任以来、幕権回復に没頭し、他を顧みざる独断専決の政治姿勢に強く反撥していたのである。将軍継嗣問題と違勅調印問題が切掛となって、井伊直弼排斥の気勢が俄然強化されたのである。春嶽は譜代大名本位の封建政治を「幕私」と称して、鋭く批判している。長崎奉行（のち外国奉行）水野忠徳は、慶喜に勧説して、

一橋派の井伊排斥の気勢昂揚

明日（六月二十三日）は幸いにも御登城、またとなき好機会に候へば、おついでに井伊大老を御挫折・御黜斥あらせられなば、天下第一等の幸甚なるべし。

といい、さらに春嶽に内報して、「明日、刑部卿様（慶喜の大老追究）御決断の御沙汰に御座候」と書き送っている。六月二十三日、騎虎の勢いの慶喜（二二歳）は、井伊大老（四四歳）に対して、無断調印と宿次奉書の二件をきびしく追究した。老獪なる大老は柔軟な態度で「恐れ入りました」の繰り返しで、慶喜の舌鋒を巧みに軽くはずした。次に将軍継嗣は紀伊の慶福（のち家茂）に内定したとの言葉に、

はやる慶喜と老巧な直弼との応酬

慶喜はフフンとすげない返答をしたのみで初会見は終った。

斉昭は春嶽の押しかけ登城を勧誘

安政五年六月二十四日は、春嶽（三一歳）の生涯においても、維新史においても、最も肝銘すべき日であった。思想的にも政策的にも対立し、さらに感情的にも背離した一橋派と紀伊派とが、偶然にも正面衝突した日である。この日の朝、茅根（ちのね）寒緑（弘道館舎長より斉昭の側役に進み、のち安政大獄に連座、斬罪）が、水戸藩の使者として越前邸を訪問し、「老公（斉昭）が午前九時頃登城するから、徳川家のため御協力を願いたい」と、春嶽は押しかけ登城の勧誘を受けた。春嶽は、井伊邸往訪の先約があるから、要談すみ次第登城すると答えて、井伊邸を訪問した。

井伊邸における春嶽の激論

春嶽は直弼に対し、まず「条約は諸大名と十分の評議を遂げ上奏すべしとの叡慮に背いて調印したのは、正に違勅である。さらに宿次奉書で奏上したのは不遜・僭越である。幕府が違勅を敢てせば、諸大名も幕命を奉行しなくなるであろう」と詰問すれば、直弼は「いずれ私自身が上京して、朝廷に対し弁疏するつもりであるが、その日時は只今のところ即答いたしかねる」と答え、春嶽は、上京は緊急を要する旨を力説し、時局の要請に応ずる将軍継嗣問題について激論を闘わしたが、平行線を辿ったのみであった。

朝廷より将軍世嗣御指名の前例なし

直弼は、将軍継嗣のことはすでに朝廷には御伺済で、明二十五日発表の予定である。朝廷より御指名の前例はなく、朝廷よりはただ「芽出たく御思召さる」との事のみである。『昨夢紀事』（春嶽の侍臣中根雪江筆録）によると、

春嶽の将軍世嗣発表延期説

公（春嶽）それにつき申上げたき事の候が、明日の仰せ出されは、定めて紀州殿（慶福）にてこれ有るべき処、京都にてはもっぱら刑部卿殿（慶喜）御ひいきの由にも沙汰致し候。御名指（なざし）の御伺にてもなく、紀伊殿立たせられ候はゞ、京都にては、御案外に御召（おぼしめ）され間敷や。その上養君の御事は、御家（徳川家）の御祝事に候えば、さしあたり条約無断調印の一条、逆鱗（げきりん）もはかり難き御時節にのぞみ、御家の御祝事も、御一緒に御発表あらば、いよいよ天意に逆（さから）い、条約の事など、済むべき事も、済み難きようにも相成るべきか。されば御養君の御事は、

暫く御発表にならず、まず条約一条を、御聞済に相成り御懸念なき処にて、
　御祝事の御取行いあらん事、事理共に然るべくもや候はんと仰せありき。
春嶽は、切羽つまった今となっては、世継の発表を何としてでも延期せしめ、もし機会があれば、何かの秘策によって一橋慶喜を擁立しようと、はかなくも公表延期に一縷の望みをかけていたのである。春嶽にとって慶喜擁立は、政治生命を賭けた緊要問題であった。宿願の雄藩連合による幕政革新の突破口でもあった。

慶喜擁立に一縷の希望をかける

ここで京都の情勢はどうであったかを考えてみよう。孝明天皇は、国難回避と国体護持のために、条約調印のことに叡慮を悩まされていたのである。将軍世嗣に対する天皇の御思召は大政委任のたてまえから、幼少の慶福（一三歳）よりも、年輩・賢明・人望ある慶喜を希望されたと推察することができよう。中根雪江の「直弼と春嶽の対談」の模様の筆録はつづく。

紀州殿の立嗣に支障なし

　掃部頭殿（直弼）甚だ不服にて、既に明日発表と決したることの、いかにして変

更せらるべき。紀州殿(慶福)立たせられ候とて、京都に於て、何の支障かあるべきと強弁せらるゝ程に、時は移りてすでに登城の刻限になれる由、近習の者より申し出でたりければ、掃部頭殿は、今日はこれきりにて、御断りに及び候と申され、座を立ちて、引き入らんとせらるゝ故、公(春嶽)は掃部頭殿の袴の裾を、むづとつかんで押し据(す)えたまひ、よし御登城の刻限になりたりとも、只今申し出たる事は、明日に急迫せる事に候えば、今日を過しては、何の甲斐も候はず、こゝにて聞届けたまうまじきならば、余も登城して、営中に於て討論に及び申すべしと申させたまふに、それは御勝手次第なるべし。今は叶うべからずと言いさま、振り払つて引入られたり。

(『昨夢紀事』第四、二五八ページ―二七〇ページ)

春嶽一生の憤激

険悪・緊張の会談

井伊家『公用方秘録』によると、「越前守(春嶽)様には、ことのほか御立腹の体(てい)にて御帰り」とあり、登城面会については、「登城決して相成り難し」と拒否している。但し、両方の記録を対照すると、緊張・興奮の雰囲気の中に、鋭い言葉の応酬があったことが想像できる。

五　押掛け登城の策戦は失敗

斉昭・慶篤・慶恕・春嶽の不時登城

斉昭・春嶽らの不時登城は、井伊大老に反対派弾圧の契機を与えることとなった。安政五年六月二十四日、徳川慶恕（よしくみ）（尾張藩主）は、約束のとおりまず水戸邸に斉昭を訪うて談合し、斉昭・慶篤（水戸藩主）と共に押掛け登城した。井伊大老らに面会を求めたが、閣老らは奥まりたる部屋に、屏風を引き廻し、戦術会議のま最中で、五時間の長い間、待惚（まちぼけ）を食わされ、昼食さえ提供しなかった。この日は、御三家や御家門春嶽の定例登城日ではなかったので幕府の慣行を無視した軽挙として、「時ならぬ押掛け登城」は後日、報復的厳戒に逆用されることになるのである。

春嶽は少し遅れて登城した。『昨夢紀事』によると、公（春嶽）は、直に大廊下の上の御部屋（御三家の控室）へ御出あって、老公（斉昭）等に御対面にて、今日の御計画を問わせらるゝに、先ず第一に違勅調印の罪を責められ、ついで薦賢（春嶽を推して幕政を輔佐せしめること）の議を建てられ、それより将軍継嗣の事にも及ばるべく、時宜によって、大老をも御擯斥あるべく、もしその席にて、御議論決しかねなば、御前に御願出で、台前（将軍の面前）に於て御論議に及ぶとの御計画なる由、ことの外なる御勢焔にて、なお種々御論判もあらせられしとぞ。

斉昭らの大老追究の策戦

井伊家『公用方秘録』は、押しかけ登城の形勢を、左の如く記している。

斉昭らの押しかけ登城の形勢

御三家方は御廊下（上の部屋は御三家、下の部屋は家門の控室）にて「この度、仮条約に調印致し候儀は御違勅に付、今日は掃部頭（弼直）に腹切らせ申さずては、退出いたさず」とて、大音に御罵りなされ、御役方追々聞きつけ御用部屋へ御注進なされ候。間部下総守様（勝詮）仰せられ候は、私ども罷出で、いかようにも御なだめ申すべく候間、掃部頭殿（弼直）には、御逢いこれなきよう致したき旨申され候えば、御同列にもいかにも左様相成候方然るべき旨、同音に仰せられ候。

大老はあえて面談す

斉昭らと井伊大老が面談すれば、激突のおそれがあり、却って事態を紛糾・昏迷せしめる危険を予知し、老中一同が大老に代って斉昭らに面接・弁疏しようとしたが、直弼は、大老の重責にあるものが責任を回避することは、幕府の権威を失墜するものとし、大老は老中一同と共に自ら進んで面接・対談した。

天下わけ目の論判

斉昭らと直弼との一騎討的論議は、緊迫した空気の中で行われた。斉昭らの慷慨悲憤調の詰問と、直弼・詮勝らの老獪練達にして準備周到なる応答とは、天下わけ目の論議と噂された。井伊大老は「朝廷に対しては、まことに以て恐れ入るが、条約調印を拒絶して、開戦ともなれば、わが国は清国の轍を履まねばならぬ。叡慮は国体の汚損を憂慮遊ばされてのことであるから、理由を詳細に奏上せば、調印は御嘉納になるであろうと熟慮して調印したのである。違勅を敢てする所存は毛頭なかった。」と直弼は弁疏した。斉昭は、なお春嶽をこの場に同席させたい

斉昭の策戦は逐次失敗

と申し出たが、直弼は越前家の格式をたてに御三家との同席を拒絶した。江戸城内における大名の控室は、家格によって区別され、自由の参入を許さぬ慣例であった。斉昭は、信頼する春嶽を同席せしめ、大老詰責の先陣としようとしたが、この企謀は全く失敗に終った。斉昭はさらに非常事態故に、春嶽を大老にと推薦したが、大老二名併置の前例はないと、老中太田資始(すけとも)より一蹴された。

将軍の面謁拒否

春嶽は、斉昭とは別個に単独で老中久世広周(ひろちか)に会い、違勅調印を追究し、条約奏聞を第一に、世嗣発表は延期すべきことを建言した。この日は一橋・田安の三卿の定例登城日であって、慶喜もまた登城して大老に会い春嶽とほぼ同様の問責をなし、将軍に直諌しようとしたが、家定は病床にあるとして、直弼は強いてこれを阻止した。

斉昭・春嶽らの不時登城による幕閣問責は、初め騎虎(きこ)のごとく、終り脱兎(だっと)の如き不首尾に終った。時局担当の責任者である大老・閣老の弁疏の準備は周到緻密であった。閣老の各個撃破の戦術によって、一橋派の陣容は乱れ、追究作戦は完敗した。春嶽の失望落胆は目に余るものがあった。中根は次の如く記している。

押掛け登城の翌日に継嗣発表

日の没する頃（中根は）御城へ参りて、伺候の間へ伺いしに、程なく公（春嶽）は御下城なり。進みまいりて、いかにやいかにやと、ひそめき問ひ奉りしに、何事も帰りての上、申し聞かすべし。天下もこれきりになりたるわと仰せあり。……公の御微運のみならず、徳川の御家運も、併せて拙なくおわす事を御嘆息にて、殆ど御落涙に及ばせられたり。

水泡に帰した春嶽の宿願

春嶽の念願は、「英傑の名声高き一橋慶喜を将軍継嗣に擁立することによって、幕府の枢軸・柱石を牢固にし、旧来の譜代大名中心の専断政治を改革し、列藩連合の協力体制を樹立し、天朝の御委任に価する内治外交を断行すべきである」としたのであるが、粒々（りゅうりゅう）皆辛苦の六ヵ年の春嶽の継嗣擁立運動は水泡に帰した。九仞（きゅうじん）の功を一簣（いっき）に虧（か）いたのである。この翌日の六月二十五日、将軍家定は、十三歳の少年紀伊藩主徳川慶福（のち第十四代将軍家茂）を登城せしめ、将軍継嗣に決定したことを発表した。

第四　霊岸島邸の幽居五ヵ年

一　春嶽の隠居謹慎

いつの世にも、政権の座にある者は強く、政争の勝者は敗者に対し常套的に報復的処罰を慣用する。不時登城は政敵排除の恰好の名目となった。さきに井伊大老が勅許を得ずして、安政五年六月十九日、井上清直・岩瀬忠震の両委員をして、日米通商条約に調印せしめたいわゆる無断調印は、将軍継嗣問題と絡みあって、著しく輿論を沸騰せしめ、一橋派の井伊内閣攻撃の武器に利用された。安政五年六月二十三日、慶喜は登城して大老を詰責し、翌二十四日、親藩の有力者斉昭・慶篤・慶恕・春嶽らは、不時に押しかけて登城し、違勅の罪を追究したことは、

押掛け登城の目的は井伊排撃

すでに前節で述べた。実は井伊大老を排除し、慶喜を将軍継嗣とする策謀が斉昭らの脳裡に潜在していたので、言動は倉皇にして矯激であった。

井伊直弼の述懐と決意

この翌日、井伊大老が知友伊達宗紀（宇和島藩主宗城の父）に送った手紙の一節に、

水戸・尾張・越前の目的は小生の排撃にあり、昨日の不時登城の節にも、小生を取って落し候企謀が顕れ居り候。将軍様の御為とあれば、身命惜しからず候も、右等の人々の為に、政治的生命を落さるゝは心外の至りに候、只今、小生退き候ては、天下の事如何になり申すべきや。……

と述懐している。背水の陣の心構えは、直弼の胸底すでにできていたのであろう。朝廷に対し弁疏する方案も、政敵の巨魁掃蕩のことも、将軍継嗣公表の手段も成算があった。ただ断行の好機到来を狙っていたのである。

孝明天皇は、かねてより幕府の態度に疑惑を抱かれ、安政五年五月二十五日（無断調印の二十日前）九条関白（尚忠）に対し、右の如き宸翰が降った。

この度の一件（通商条約調印のこと）京都へ申し出で候ては、所詮成就致し難しと存じ、ふと関東に於て調印決定の上、届け計りに成り候様の事にては、実に以て致方なく、誠に誠に歎かわ敷、かつ大変に候。（九条家所蔵宸翰写）

条約調印に対する孝明天皇の洞察

天皇が、第六感で事前に感じ取られた無断調印のことは、不幸にも適中した。六月十九日、日米通商条約調印の宿次の老中奉書が京都に着いたのは、安政五年六月二十六日。公卿たちの驚愕は一方ならず、九条関白は「披露に及び候処、関東より法外不義理の返報、何とも御逆鱗の叡慮」と日記に書いている。六月二十五日紀伊藩主慶福（一三歳）世嗣に決定。翌二十七日より両日にわたり、無断調印について、朝廷では御前会議が開催された。この時、御譲位の勅書が降った。

御譲位の勅書の文言

その一節に、墨夷（アメリカ）の目的は「表には親睦の情を述べ、実は後年併呑の志顕れり」として、条約の「許容致し難し」。然るに国内は「人気怠慢、武備整はず、敵し難き旨、誠に絶対絶命の期と痛心」甚しく、「皇祖皇宗に対し、実に申訳なし」と慨歎され、「身体こゝに極まり」として、譲位の決意を示されたが、事の重大を憂慮し、側近の公卿たちの諫争により、辛うじて翻意したもうた。翌六月二十九日、左記の御沙汰書が幕府に下された。

三家か大老かの中、早々上京すべしとの御沙汰下る

六月二十一日附、老中奉書を以て言上の儀（日米通商条約調印の件）に付、三家並びに大老の内、早々上京これ有るべく候様遊ばされ度、この旨を大樹公（将軍）へ仰せ進ぜられ候事。

（『九条尚忠公記』）

大広間諸侯の井伊排斥ムード

右の御沙汰書は、従前よりのいきさつから見れば、青天の霹靂では無かったとしても、老中間部詮勝の上京を公表した直後であっただけに、幕府は衝撃を受けた。井伊大老らは、御沙汰書降下には斉昭の容易ならざる裏面工作ありと邪推し臆測した。六月下旬春嶽と、その盟友土佐の山内容堂・宇和島の伊達宗城・備前の池田慶政・久留米の有馬慶頼・津の藤堂高猷・弘前の津軽順承・二本松の丹羽長富・久保田の佐竹義就ら大広間（外様）諸侯との間に意見の交換が行われた。主

題は、違勅調印の善後策であったが、さらに専断剛愎の井伊大老排斥問題も、極秘の中に論議され、幕府抑制のため京都の権威に依頼すべしとの傾向が強まった。七月一日提出の大広間大名八人の連署による幕府に対する建言は、氷山の頂角であった。春嶽は親藩なるが故に、表面に立つことを避け、建白書に署名することを遠慮したのである。

違勅調印は政争の具となる

この頃、盛んに論議された違勅調印問題は、京都の権威をふりかざし、幕府いじめの政争の具に供せられ、時には開国の国策是非の本質を離脱していた。やがて違勅調印問題は、井伊政権を攻撃窮追する恰好の題目となった。これに対立し、幕権の回復と伸張に専念する溜間諸侯と旗本の総帥は、権勢の頂点に立つ井伊大老であった。政策の基調はことごとく幕府本位で親藩の干渉を好まず、外藩の容喙を嫌った。これに対立する一橋派は、親藩と外様大名との雄藩連合により時局を収拾しようとした。幕政の改革を目指し専横独断の井伊政権を排斥せんとする

心底では開国に転向した斉昭

勢力の枢軸は、実に松平春嶽であった。大広間諸侯（外様）も、安政五年の時点においては、ほとんど開国通商方針に転向していた。最後まで攘夷の本山と見做されていた水戸斉昭のごときも、腹中は開国であった。斉昭は従来の経緯から、ついに攘夷の看板をおろす機会を失し、意地を張りつつ、これより二年を経て万延元年八月十五日病歿したのである。享年六十一歳。歿後八月二十七日に至り斉昭の蟄居は許された。

朝廷の権威を笠に着、時には衮竜の御衣にかくれて、幕政を批判する反井伊勢力の抬頭に脅威を感じた井伊大老は、まず反対党を退治してのち、対外問題に善処せんとした。直弼は一橋派を目して「容易ならざる密計を包蔵」しているが故に、「長蛇は毒禍を恣にし、群害まさに到る」と猜疑し、「大乱の根基」を一掃するのチャンスを狙っていたのである。「疑心暗鬼を生ず」とは、まさにこの事である。

一橋派排撃の名目は不時登城

井伊大老は、反対派の機先を制して、押掛け登城を名目として、将軍の羽翼である水戸と尾張、家門の筆頭である越前家に対し抜打的に一大弾圧を加えた。時は安政五年七月五日、押掛け登城より十一日後である。幕府は突如として、水戸藩・尾張藩・越前藩の親戚を指名し、登城せしめた。

慶喜擁立派大名の処罰

越前藩の親戚では、熊本藩主細川斉護（春嶽夫人勇子の父）・福山藩主阿部正教、越前藩の分家では、糸魚川藩主松平直廉（のち茂昭）・出雲広瀬藩主松平直諒を登城せしめた上、七月六日の早朝に至り、将軍の命を以て、尾張の慶恕には隠居を命じ、斉昭には江戸駒込屋敷に謹慎せしめ、附家臣一同を交替せしめ、一切の書信往復を禁止した。水戸藩主徳川慶篤と一橋慶喜には当分登城を禁止し、松平春嶽に対しては「隠居急度慎」を命じ、越前家の支流糸魚川藩主（二万石）松平直廉を越前藩主に任命した。

春嶽の隠居謹慎は何故の罪科であるか

松平越前守（春嶽）

思召す御旨もあらせられ候に付、隠居を仰付らる。急度慎み罷在るべく候。

松平日向守（直廉）
家来共へ

松平越前守隠居仰付られ、慎み罷在るべき旨、仰出され候に付、松平日向守へ、家督相続の儀、仰出され候処、日向守未だ年若の事にもこれ有り、家柄の儀に候へば、家老共申合せ、万端相慎み、諸事入念申付らるべく候事。

越前邸の驚魂動魄

『昨夢紀事』によると、この日「江戸城内ことのほか騒々しき趣」、「不時登城の御方々の御用」ならんと人心色を失う。夕方に到り「杞憂が事実」となったのに驚愕し、越前藩邸は「蕭索として針の筵に座する心地」であった。早暁二時、藩公処分さるとの悲報を知り満邸は愕然。早朝四時頃、細川・阿部の両侯と、大目付山口直信が来邸。中根雪江を呼出し内話があり、万一を慮って春嶽に代り家老狛山城が、藩公（春嶽）の隠居謹慎の申渡書を受領した。——と記している。

中根雪江の筆録『昨夢紀事』

因みに『昨夢紀事』（十五巻）は、春嶽の側近の親臣中根雪江の執筆した克明・

隠居は切腹に次ぐ重刑

周到な筆録である。嘉永六年六月三日、ペリーの渡来に始まり、安政五年七月五日、春嶽の隠居まで「満六年間の春嶽の政治生活の全貌」を、日々の座右のメモと往復文書とを資料とし、正確・綿密に描写している。一は春嶽の行実を詳かにし、一は春嶽の無実の罪を贖うための鑑証にもと念願しつつ、つとめて明鏡止水の心境を保ちつつ執筆したもので、全巻は六十五万四千字の厖大な文献である。公正・厳格・素純な筆致と良心的表現は、読者の襟を正さしむるものがある。嘉永・安政期における権威ある史料として、不朽の価値があるので、本書においてもしばしば引用もし傍証としている。大名に隠居を命ずることは、藩主の位置の追放である。大名にとっては切腹につぐ重い刑罰である。時に春嶽三十一歳。この頃は山内容堂・伊達宗城らの盟友と相図って、「繁雑・困難な外交問題処理のために、幕府に外国事務総裁を創設する件」を立案計画中の春嶽は、はからずも重大処分を受けて藩主の地位を剝奪され、閉門幽居、一切の政治活動を封殺されたことは、九泉の下、奈落の底に墜落した思いであった。

親藩処分に対し世論沸く

この処分を知って、越前藩はもとより、世論は沸騰した。将軍が「思召す御旨」により隠居を仰せ付けたるは、何故の罪状によるか。幕府は「不束の事ども」があって親藩を処分したと上奏したが、何の政治犯罪があったかと、疑惑の念を深める者が多かった。新任の老中太田資始さえ、「罪証なくして有為の親藩を幽閉す。……後患恐るべし」と憂慮した。

薄命の将軍の生涯三十五年

これより前の安政五年六月二十八日、朝廷より幕府に対し条約調印事情を弁疏のため、三家か大老の内一名を上京せしめよとの勅書は、七月四日幕府に到着した。その頃、将軍家定は瀕死の病床に呻吟していたが、幕府の紛糾・混乱をよそに、七月六日薄命の生涯を終った。享年三十五歳。幕府は八月八日喪を発し、八月十八日東叡山寛永寺に葬った。井伊大老は、家定将軍の存命中に、政敵一橋派の尾・水・越を処分し、「後顧の憂」を掃蕩する決意であった。井伊大老は、先んじて一橋派を制圧せねば、やがて彼らによって死命を制せられるものと覚悟していたのである。

朝廷への答書は、混雑さ中の七月九日の幕議により、かねてより井伊大老の腹案どおり次の如く決定した。親藩が上京弁疏せば却って逆効果となろうと思詰めていた。「三家の内、尾張は隠居急度慎、水戸も謹慎、紀伊は若輩（茂承は一五歳）、大老は当節の要務引請御用多端故、老中間部詮勝・所司代酒井忠義急ぎ上京、委細の事柄御垂問あらせられ候様」にと奏上した。

間部老中を上京弁疏せしめる魂胆

三条実万の手録によると、「尾張・一橋・越前等何れも英才にて人望の由、かねて天皇きこしめさる。徳川家の人材にして皇国の国宝たる者、不束の義ありて、厳重の沙汰ありしを聞召され、宸襟を悩ませらる」と記している。孝明天皇の信頼厚かった三条は、一橋派大名のよき理解者・協力者であったが、この年三月二十一日内大臣を辞任してからも、一橋派のために絶えず尽力していた。三条は、

「家茂（一三歳）の成人まで慶喜を将軍に、斉昭を副将軍に、春嶽を大老に」――という構想を抱懐していたのである。安政五年七月五日の尾・水・越の親藩処分によって、幕府は自ら徳川家の羽翼を殺(そ)ぎ、将軍は支柱を失った。幕府の威圧によって却って幕府への不信感を濃厚にし、天網恢々(てんもうかいかい)疎にして漏らさず、井伊大老はやがて自ら墓穴を掘る因果ともなった。

三条実万の人事構想

二　人間万事塞翁が馬

霊岸島はもと隅田川河口京橋地先の島であったが、埋立てと土地の隆起によって陸続きとなり、越前家の別邸が建てられた。風光明媚(めいび)・閑寂の地であった。安政五年七月六日早暁、幕府より隠居謹慎の沙汰を蒙った春嶽の憤激と興奮も、ようやく沈静するや、春嶽は自筆の悲痛なる訣別の諭書(ゆしょ)を認(したた)めて、藩臣一同に申し渡した。

声涙ともに下る春嶽の訣別書

動揺なき春嶽の心境

今般の一件に就き、定めて一統不服の向もこれ有るべく候へ共、我等儀、従来丹誠相尽し候は、畢竟(ひっきょう)御家門の身故、ひたすら公辺(将軍)御為筋存じ詰め候儀にて、一身の吉凶禍福を厭(いと)ひ候所存いさゝか以てこれ無き事に候。殊更今般家督の儀相違なく日向守(茂昭)へ下し置かれ候上は、益々御国内の御治平は申すに及ばず、公辺永久の御栄誉、神明に誓つて、専祈(せんき)致すべく存居候儀に候間、家来共に於ても心得違ひ致さず、各その職分相守り、我等同様、日向守へも忠勤相励み候事肝要に候。万一感憤に堪えかね、不平の所存等これ有り候はゞ、その心たとえ忠義に候とも、われ等の存意に相叶(かな)ひ申さず候間、何分我等従来の趣意柄、篤(とく)と相心得、公辺の御儀、粗略に存ずべからざるものなり。

藩臣一同は、春嶽の悲痛な訣別書の読み渡しを聞いて、落涙し頭をあげえなかったという。春嶽は特に、中根雪江・平本平学・天方五郎左衛門・石原甚十郎・

橋本左内を御前に召し、「その方共、我等が腹心として、これ迄の精励満足せり。わが生涯は、今日にて終れり。もとより覚悟せし事なれば、また何をか言はん。

わが政治生涯これにて終る

これはわが勤め中の遣はし物の最後なるぞ」と、それぞれに手沢品を与えた。この日の午後、越前家の養嗣日向守(二三歳)は常磐橋越前藩邸に引移り、春嶽に面会の上、政務の引継ぎ・歴代の公文書類・給帳・惣列帳の引渡しを受けた(この時、春嶽にはまだ子供が生れていなかった)。

霊岸島幽栖中に禅機を悟る

藩主の地位を退くため残務整理を完了した春嶽は、安政五年十月十四日より、本名の慶永を用いず、専ら雅号の春嶽を通称とし、十一月十一日世塵をよそに、霊岸島別邸に閉門幽居することとなった。謹慎幽居中の日記を名づけて『霊岸島筆叢』と題し、蓄積九十五巻の多きに及び、一読せばその明鏡止水の心境に襟を正さしむるものがある。安政大獄に連坐し、安政六年十月七日、伝馬町獄舎で処刑された信臣橋本左内の消息を、聞くがままに筆録し感想を記した文集を『霊岸掌記』という。君臣水魚の親愛とはかくの如きものか。春嶽の温情の深さに、胸を打たれるのである。

幽棲中の人生諦観

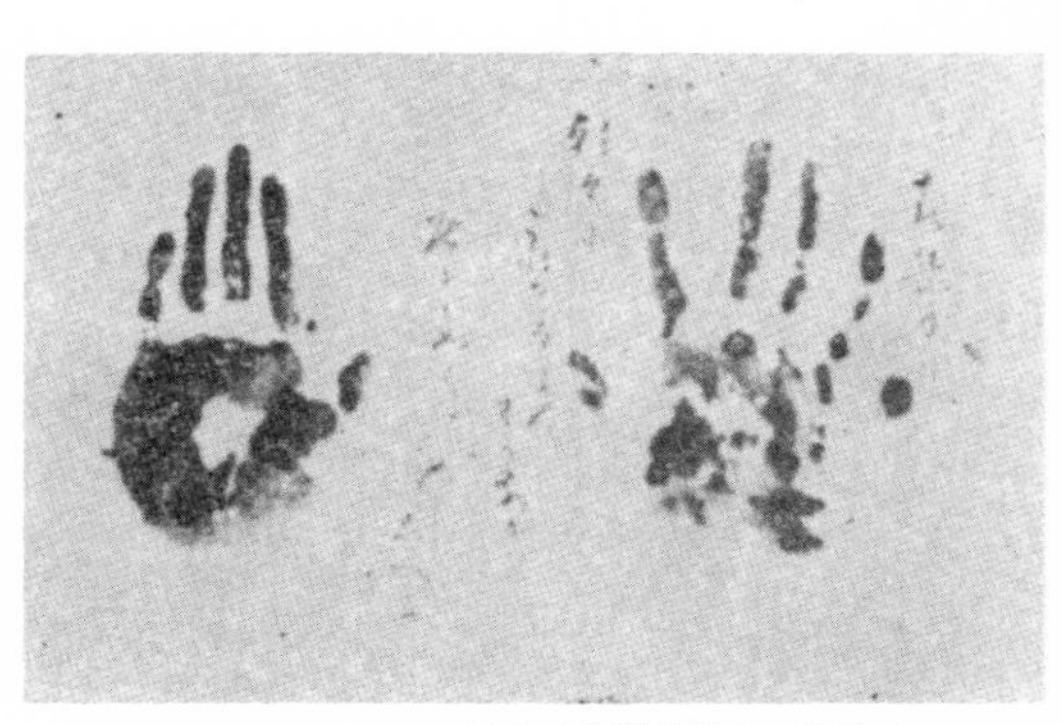

朝夕に　これをながめて　わが前に
居るが如くに　汝し　思へよ

松平春嶽の手形（安政6年10月10日，離別の時，中根雪江に与えたもの）

精力汪溢で憂国の至情たぎる壮年期五ヵ年間の春嶽の閉門幽居の生活は、余りに長かった。しかし初期の憤悶の激情も、年と共に薄らぎ、修養の深まると共に、人生静観の禅味を知る好機ともなった。読書・作詩・作歌・揮毫の趣味はいよいよ深まり、悠々の閑日月の別天地はやがて人間修練の禅道場と変った。春嶽の心境は広く深く開拓されていった。

寵恩三世　名門を辱しむ　方寸かつ慙ず

虚誉喧すしきを　説くを休めよ　乃公罪責無しと　投簪命あり　固より寃に非ず

人間万事塞翁が馬

三世の寵恩は、将軍家斉・家慶・家定の恩恵を指す。投簪は冠をぬぐ意味で、隠居退任をいう。無実の罪ではなく、運命であると諦観するのである。世塵を遠ざかった春嶽を慰安し興趣をわきたたせてくれるのは、四季それぞれの大自然の千変万化の景観であった。

海霧　新たに晴れ　気快なるかな　窓前　波を破りて　布帆来る　紅曦忽ち出ず　疎林の上　混沌　始めて分れ　天地開く

筆は意に随う文筆生活

田安家に育った春嶽は、少年の頃、谷文晁の指導を受けて、画筆に親しんだこともあるが、藩主になってからは、政務匆忙のため画筆を忘れていた。霊岸島の閑居では、画趣が涌けば墨絵を描くこともあった。富士の自画讃に、

樹影上窓　秋色晴る　午甌芳茗　手親ら烹る　童を呼び　墨を磨らしめ

筆は意に随(したが)う　芙蓉の雲外に出でゝ清きを写す

春嶽の側近に侍するは、頑是(がんぜ)なき小童二人。勇子(いさ)夫人は時折つつましく、機嫌を伺うのみ。幽閑は春夏秋冬、時々の吟詠をも醸成せしめる。

世の中はさもあらばあれ樫の実の　独り隅田の川つらの宿

錦とも見るべき紅葉散りはてゝ梢に残るこがらしの風

墨田川春は来にけりうららうらと　霞にくもる小筑波の山

世はなべて長閑(のど)けき春の風さへも　身にしみじみと昔をぞ思ふ

禍福はあざなえる縄の如きか

謹慎中の春嶽は、越前に帰ることは勿論、江戸町内の散歩も禁じられ、親戚・知友との文通も遠慮させられた。霊岸島の閑居は、世俗から隔離された別天地ではあったが、政界のとりざたは、風のたよりに、春嶽の耳にも聞えて来た。春嶽謹慎中の重大ニュースは、

春嶽の霊岸島謹慎中の出来事

安政五年七月十日、幕府はオランダと通商条約締結、ついでロシア・イギリ

ス・フランスとも、アメリカ合衆国と大同小異の通商条約を結んだ。これが即ち安政五年の五ヵ国通商条約である。その結果、他の西洋諸国からの通商要求を拒絶する理由はなくなり、万延元年(一八六〇)から慶応二年(一八六七)に至る八年間に、ポルトガル・プロシア・スイス・ベルギー・イタリア・デンマークとの通商条約も、江戸において締結され、合計十一ヵ国の締盟国ができたのである。この間に起伏し消長する鎖国攘夷論は、幕府いじめの政略と手段に利用され、やがて幕府打倒の旗印ともなるのである。

通商航海は既成事実

安政五年七月十六日、春嶽の畏友島津斉彬(なりあきら)五十歳で病死、悲歎限り無し。八月八日密勅が水戸藩に降り、越前藩等十三藩に回示。これは朝廷の幕府不信任を意味する。幕府は驚愕し、重大なる決意をする。この頃、井伊大老排撃の風説あり。

春嶽幽居中の重大ニュース

安政五年九月七日、安政大獄始まり、逮捕第一号は梅田雲浜。

十月四日、安政条約調印弁疏のため、滞京中の老中間部詮勝参内。
十月十五日、家茂に内大臣・征夷大将軍宣下。家茂の地位は安定した。

一網打尽政敵一掃の安政大獄

間部詮勝は、朝廷に対して安政条約調印の弁疏を名目とし、井伊政権反対の公卿を朝廷より一掃する手段を講ずると共に、一橋派に加担した志士・浪士は、開国論者であると、攘夷論者であるとを問わず、身分を論ぜず、男女を問わず、ことごとく、逮捕し投獄し処刑した。橋本左内は開国論者であり、梅田雲浜・吉田松陰・頼三樹三郎らは尊攘論者であった。さらに山内容堂は隠居、伊達宗城は致仕、岩瀬忠震・川路聖謨らの一橋派有司も処罰された。井伊大老の弾圧の手は、三条実万らの公卿にも及んだ。その連累は百人を超え、幕末維新史上最も悲惨、最も不幸なる事件であった。この安政大獄によって一時は幕府の専制独裁が強化されたかのようにみえたが、井伊大老を枢軸とする譜代大名グループに対する世論の批判はきびしいものがあった。幕府改造を目指す親藩・外様の連合勢力との

国論分裂と桜田門外の変

抗争・反目・嫉視はますます拡大し、勢いの激するところ、遂に水戸・薩摩両藩の志士らを首謀者とする井伊大老の襲撃計画となった。かくて安政七年（万延元、一八六〇）三月三日、直弼は桃の節句に登城の途中を桜田門外に邀撃（ようげき）・刺殺され、時局は急旋回を見るに到った。

井伊邀撃の斬奸状

水戸浪士の目的は討幕ではなく、政治を正道に復すにあった。斬奸（ざんかん）趣意書の一節に、「公辺（幕府）へ御敵対申上げ候儀には毛頭これ無く、何卒この上は聖明の勅意に御基づき、公辺の御政事正道に御復し、尊王攘夷、正誼明道、天下万民をして、富嶽の安きに処せしめ給はんことを希（ねが）ふのみ」と、政治の正道復帰と尊王攘夷とを眼目とし、殉国報恩の誠をあらわしている。

開国通商を要望した先覚者は寥々

思うに安政五年六月十九日、日米通商条約調印の時点において、世界の趨勢を知り、真に開国通商と欧米との文化交流の必要を認めた経世家（けいせいか）は、わが松平春嶽・薩摩の島津斉彬（なりあきら）・佐倉の堀田正睦（まさよし）、幕臣では岩瀬忠震（ただなり）・永井尚志（なおむね）、志士では橋

幕府は開鎖いずれも不徹底

本左内・佐久間象山らの先覚者は寥々(りょうりょう)たるものであった。その他の多くは鎖国的避戦論であった。調印当時の幕府の最高責任者井伊大老の如きも、「交易の儀は国禁なれど、時世に古今の差あり。有無相通ずるは天地の道なり」と鎖国の祖法を墨守(ぼくしゅ)し得ないとし、祖法の改変には「第一に朝廷に奏聞し、伊勢神宮以下諸社に勅使を、日光東照宮には台使(たいし)（将軍の使）を立てゝ神慮を伺」うべきであるとし、「たとい一旦条約に調印して国を開くも、他日兵備充実せば、外夷を斥(しりぞ)けて、国を鎖(とざ)すに何かあらん」とも記している。要するに牢固たる開国の信念もなく、果敢なる攘夷の方策も無かった。朝廷と世論の激昂を鎮静せんがために、鎖国攘夷の語気を利用して衆目を瞞着し、また「他日兵備充実せば、攘夷して原(もと)の鎖国に復すべし」と朝廷を欺罔(ぎもう)していたのである。幕府は首鼠両端(しゅそりょうたん)を持し、両舌を使った。外国に対しては開国通商、朝廷に対しては鎖国攘夷。ついに自ら朝野の攻撃を受ける間隙をつくり、みずから衰亡の墓穴を掘ったというべきである。

開国通商による日本経済の混乱

井伊直弼が暗殺されて後、数年間にわたり国内の経済界は動揺し混乱した。外国貿易に対処する国内準備が皆無のままで、世界の資本主義経済の渦中に捲き込まれたからである。さらに通貨の恐慌が襲来した。物価の騰貴は乱脈となった。素朴なる武士も民衆も、物価暴騰による生活の窮迫を、外国貿易に由来すると考えた。外国貿易は日本経済の動揺にかかわりなく、万延・文久・慶応と逐年盛況に赴いた。文久三年の輸出総額は、四百七十五万両と推算され、生糸・茶・油・銅等は、大量に海外に流出した。

物価暴騰による生活の窮迫

外国貿易を許容した幕府は、庶民の怨嗟の的となり、貿易商は白眼視され、特に外国人は迫害を蒙り、排外運動は尊王思想と結合し、尊王攘夷の直接行動は大衆化するおそれがあった。

開国以来、慶応三年末に至る八年間に、外国人殺傷事件は、米四、英十二、フランス九、ロシア四、オランダ一、プロシア二、合計三十二件にも及び、国際紛争を起している。虎尾を踏み、春氷を渉る如き、国際危機は幾度も襲来したのである。ともあれ開国を転機として、幕府の権力は、紆余起伏を繰り返しながらも、徐々にあるいは急激に、低落の一路をたどったのである。かくて幕藩制度は必然的に解体の方向に進行せざるを得なかったのである。因みに最初わが国に有利であった関税税率も、外人殺傷その他の事件が続出したので、慶応二年各国に迫られ、五％に軽減したことは、永くわが国の不利となった。

幕藩制度解体の運命

第五　政事総裁職時代の憂悶

一　総裁職就任のいきさつ

春嶽の幽居謹慎中に幕閣の顔ぶれは更新し、幕府本位の弾圧政治は融和政策に転じ、公武合体気運が急速に高まるのである。この間、国民経済の混乱と尊攘運動の激化のさ中、安藤信正（平藩主、四十二歳、就任は安政七年正月十五日）が中心となって井伊大老横死後の難局収拾に当った。信正は、激化の一途をたどる尊攘運動の攻勢を緩和するため、列強と交渉してすでに安政条約で確立した両都（江戸・大阪）・両港（新潟・兵庫）の開市・開港の延期を企謀すると共に、尊王攘夷論の中枢である朝廷との融和妥協方針を立て、政治組織をも改革して、低姿勢で挙国一致の態勢をつくり、政局の危機

安藤老中の妥協政策

幕府主導の公武合体論

を収拾しようとした。これが公武合体運動である。これより七年前の嘉永六年六月、ペリー来航のころ、関白鷹司政通は対外策として公武合体論を主唱したことがあった。反対勢力を抑えるため井伊大老も朝廷の権威をかりて幕権を更張し、政局を安定しようと考えた。幕府主導のこの公武合体論を政策として初めて実行に移したのは久世広周・安藤信正の幕閣であった。まず万延元年九月四日には公武合体推進の第一着として、安政五年に謹慎を命じた徳川慶恕・一橋慶喜・松平春嶽・山内容堂の急度慎を解除したが、面会・文通は遠慮せしめた。井伊直弼の遺策に従い、久世広周と安藤信正は、朝廷内部の保守派（関白九条尚忠・侍従岩倉具視等々）に働きかけ、文久元年四月一日、孝明天皇の妹である和宮親子内親王（時に一六歳）を、将軍家茂（時に一六歳）の夫人として降嫁せられんことを奏請した。金甌無欠の国体護持を使命とされた孝明天皇は徹底した攘夷論者であられたが、倒幕の叡慮なく天皇親政の考慮なく、あくまでも幕府を庇護し、政務委任の原則に立ち、幕府との協調によって、未曾有の国難を収拾しようと努力された。

和宮の降嫁と攘夷の公約

和宮は、心ならずも国難に殉ずる悲壮なる決意のもと、文久元年十月東下、十二月、将軍家に入輿した。幕府は和宮降嫁の条件として、七－八年乃至十年の内に攘夷を敢行すると公約したことは、自縄自縛、禍根を将来に残した。尊攘派の公卿や志士は、和宮の降嫁を、幕府の企んだ大それた政略結婚と見做して、幕府攻撃の火の手に油を注ぐ結果となり、遂に文久二年正月、安藤信正は、大橋訥庵を指導者と仰ぐ水戸浪士らに坂下門外において襲撃された。安藤信正の一生は公武合体論を唱えつつも、幕権擁護以上に出ることはなかった。

坂下門外の変は討幕運動の先駆

水戸浪士らが懐中した斬奸趣意書（大橋訥庵の執筆という）には、「幕府に対し奉り候て異心を挾み候儀にてはこれ無く」、幕府を改心せしめ、将軍の攘夷の職責を完うせしめるためであると記している。しかし訥庵の政治思想は、公武合体を姑息なりとし、明らかに討幕による天皇親政を志向していた。この義挙は討幕運動の先駆として、注目に価する。各地の尊攘志士の連絡は、次第に組織的となり、民族意識の裏付けによって、天皇中心の統一国家の実現を志向しつつ、やがて全国的規模に展開して行くのである。かくて幕府が主導に立って公武合体を推進し、幕府の崩壊を喰い止めようとした企図は、みじめにも挫折した。これについで、実力ある大藩が主導的位置に立つ雄藩連合による公武合体運動（幕政改革）が、政治の前面に押出して来た。松平春嶽・山内容堂・島津久光・伊達宗城（むねなり）らは、この公武合体運動の中心人物である。この運動は大政奉還までつづくのである。これは独裁的幕政を修正改革して、雄藩の発言権を増大強化する要請であって、必ずしも討幕を意図するものではなかった。幕府の崩壊は、やがて藩自身の解体にも進展するものであることを、ほのかに理解している藩主もあった。

雄藩連合による公武合体運動

春嶽の熟友山内容堂（豊信（とよしげ））は、朝幕の融和政策を、公武合体路線に求めていた。容堂が三条実美（さねとみ）に送った書翰の一節に、

> 開国は重大の儀故、何れ公武御合体、朝廷よりは幕府へ御委任、幕府よりは朝廷を推戴、至誠を以て、宸襟を安んじ奉り候と存じ奉り候。

容堂の公武合体思想

容堂は、①開国主義と、②幕府への政務御委（ゆだね）と、③公武合体、の三原則を明瞭にうち出している。春嶽の政治思想とほぼ一致していた。

島津久光の公武合体運動

既述の如く公武合体論の一方の旗頭に薩摩の島津久光（四五歳）があった。長兄斉彬（なりあきら）の遺志を継ぎ、雄心満々、天下に号令せんとする気慨があった。薩摩藩内には久光を藩主に擁立する運動があり、幕府に申請したが、故あって幕府は拒否した。久光は青年藩主茂久（もちひさ）（久光の実子）を後見し、「国父」の尊称を以て優遇せられ、藩主を凌ぐ権勢を振った。「春嶽を信頼し協力せよ」との兄斉彬の遺言は久光の肝に銘じていたのである。久光は文久元年十月、腹心の伊地知貞馨（さだか）（堀仲左衛門）を江戸に送り、ひそかに公武合体の準備工作に当らしめた。機熟するや、まず慶喜と春嶽の無実の罪の赦免を要請し、幕府の要職に任用するよう建言した。

久光の改革趣旨九ヵ条

寺田屋の変の影響

文久二年三月十六日、久光は公武合体運動の時機到来とし、側近の小松帯刀・大久保利通らを従え、一千余名の兵を率いて入京した。幕府は兵をひきいて入京するを禁じていたが、久光は意気軒昂、幕府の制肘を受けず、傍若無人、幕府の諒解なく朝廷に建言し、勅諚を拝する等、幕府は眼中になかった。かくて久光は、昵懇である近衛忠房・議奏の中山忠能・正親町三条実愛に対し政事改革趣旨書九ヵ条の執奏を請うた。その要は、①安政大獄に罪をえた青蓮院宮・近衛忠凞・鷹司政通・同輔凞の謹慎を解免のこと、②一橋慶喜・徳川慶勝・松平春嶽の謹慎を解き、慶喜を将軍後見職に任じ、春嶽を大老に補任すること、③妄言虚説をほしいままにする志士・浪人の不軌放奔、無責任なる政治活動を厳重に取締ること等であった。久光の趣意に、叡感ことのほか深く、久光に対し浪士鎮撫の勅諚が降った。この頃有馬新七・田中謙介・真木保臣ら八十数名の矯激なる尊攘の志士が、関白九条忠尚・所司代酒井忠義を暗殺せんとする計画あることを探知し、久光の輩下は文久二年四月二十三日、伏見の寺田屋を急襲し、凄惨なる格闘の上、テロを企図する志士を鎮圧した。これによって尊攘派の気勢は一時挫折し、久光は浪士鎮撫その功績により令名は高く、所司代の無能は暴露され、薩州に対する長州の反感嫉視は顕著となった。ちなみに島津久光が薩摩藩主となったことはない。終戦後の文部省著作の教科書に藩主とあるのは誤りである。

春嶽らの不興の筋悉皆許容

声望隆々たる久光が朝廷に対し大赦執行を建議したことを探知した幕府は、外様大名に追従することを好まず、これに先行して、朝令を待たず自主的に慶喜・春嶽らの大物を宥免することを決意し、文久二年四月二十五日、「不興(ふきょう)の筋、悉(しっ)皆有免(かいゆうめん)」されることになり、一橋慶喜・徳川慶恕(よしくみ)・松平春嶽・山内容堂の他人面会・書信往復の禁は一切解除された。雄藩との妥協・融和に踏み切った幕府は、ついで文久二年五月三日には、会津藩主松平容保(かたもり)(二七歳)を幕政に参与せしめ、五月七日には春嶽(三五歳)を幕政参与とし、折々の登城を命じた。五月九日には将軍家茂が十七歳に達したのを理由として田安慶頼（春嶽の実弟）の将軍後見職を解免した。これは、久光の建言により後見職に擬せられている慶喜の採用を忌避する姑息なる事前工作であった。徳川斉昭・慶喜父子に対する幕府側の猜忌・疑惑は、年久しく根深いものがあった。

文久二年四月の寺田屋事件以降、討幕をめざす矯激なる尊攘志士は、公武合体をめざす薩藩を見捨てて、尊攘一本の長州藩にたよらんとし、やがて薩長の軋轢の端緒となった。

幕政改革のために勅使東下

朝廷は、幕政改革を実施

島津久光（慶応3年5月，51歳の時）

させるために、文久二年六月、頑強・剛直の定評ある大原重徳（六二歳）を勅使に任じた。雄心欝勃たる島津久光（四七歳）は、大兵を率いて勅使に随従し、威風堂々として沿道を圧した。勅使の幕府に対する改革要請はいわゆる「朝旨三事の策」であった。六月十日、将軍家茂は勅使を江戸城に招見して勅命を拝受した。

朝旨三事策の目的と内容

さて中山忠能・正親町三条実愛・岩倉具視の参画した「朝旨三事の策」の要点は、①将軍上洛して国是を議するの件。これは朝廷尊崇の具体化で、長州藩のかねての要望と一致する。②薩摩・長州・土佐・仙台・佐賀の有力藩主を五大老として国政に参画せしめる件である。衆議を容れ幕府の専断を抑制する案で、これは岩倉具視の建策である。③慶喜を将軍後見職に、春嶽を大老とする策で、譜代大名と幕臣によって凝結した幕府に、新風を吹き込むためである。久光がかねて内奏したところと一致する。孝明天皇は、慶喜も春嶽もともに、その人物は直接には御承知なかったが、衆望ある由をきこしめされ御指名になったという。この

叡慮により春嶽は政事総裁職に就任

朝旨「三事の策」は、朝廷主体・幕府随従の公武合体論の具体化であり、譜代大名中心の幕権が、親藩と外様の雄藩連合政権に移行する過程でもあった。

これより先、久世広周(ひろちか)・安藤信正(のぶまさ)の両閣老は、すでに意を得ず、安藤は文久二年四月十一日、久世は六月二日職を辞し、老中板倉勝静(かつきよ)(備中松山藩主)が全権を掌握していたが、もはや朝旨に背(そむ)き得ず、文久二年七月九日、春嶽は政事総裁職に任ぜられた。これよりさき春嶽を幕府の要職に迎え清新の空気を流入せしめようという考えは安政五年頃からあった。安政五年四月、水戸斉昭は井伊直弼挙用前に、春嶽を大老にと幕府に推薦している。これは成功しなかった。この時、幕府は特にこの補職が「叡慮による旨」を天下に公表した。従前国家非常の難局には、譜代大名から抜擢した「大老」を置く前例があった。家門の筆頭である春嶽にとっては、大老は格下げともなるとの理由から、越前藩の異論を斟酌して、政事総裁職の職名が案出されたのである。因(ちな)みに政事総裁職は春嶽のほかには、のちに川越藩主松平直克が任ぜられた特例がある。

なお慶喜と春嶽の起用については、次の如き経緯（けいい）があった。両者とも安政五年嫌疑を受けて五ヵ年間も閑地にあったので、激変しつつある政情に疎（うと）いという理由により、進んで難局を担当する気慨も自信もなく、また閣老も気乗りうすで、譜代大名に非ざる大老相当以上の政事総裁職を迎えることには、思い切って擁立推挽（すいばん）に努力を払おうとしなかった。春嶽も不才不敏と健康すぐれぬ事を口実として、総裁職はおろか、折々の登城さえ御免蒙りたしという謙虚な心境であった。

久光は万難を排し春嶽に協力を誓う

勅使大原と共に、幕閣改造に重大責任を負う久光は、文久二年六月七日江戸に着き、翌朝まず春嶽を訪問し会談している。勅使は六月十日将軍に謁見、十八日再登城して勅旨奉承を督促した。久光は、六月二十三日にも、春嶽の出馬を強く懇請している。その書翰の一節に、

久光は春嶽の出馬を懇請す

当時容易ならざる時節、縦令（たとい）勅令これ無くとも、尊公は御家門の御家筋故、

春嶽の進退により天下の動静定まる

徳川家と興亡を共になさるべきは勿論の御事、殊に御依頼の勅諚もあらせらるゝ御事に御座候えば、天下の大政万端御尽力これ有り度事と存じ奉り候。

更に、「当時諸国の人心、漸く乖戻（かいれい）の模様にて、尊公（春嶽）御出職の儀を偏（ひとえ）に渇望」し、「尊公の御進退は、天下の動静に関係すること」を切言し、「尊公が天下の大事を傍観」するが如きことあらば、「公辺の御為、別して然るべからず」と痛棒を与え、「尊公の御誠心により、ぜひ天下を挽回遊ばされたし」とも要望し、万一「誠心の御邪魔を致し候者あらば、閣老なれ、諸有司なれ、いかにもして、速かに取除き申すべく、この辺が田舎者（久光自らを指す）の御手伝にて、きつと思召通りに仕るべく候」と、久光の春嶽推挽と援助決意は牢固不動のものがあった。

岩倉に対し大原の情勢報告

文久二年六月二十八日、大原重徳（しげとみ）が岩倉具視に送った「江戸の秘密情報」の一節に、幕府が慶喜を忌避する理由として、一橋慶喜が幕府の枢要の地位にあれば、「一橋に権力つき申し、大樹（たいじゅ）（将軍）が尻に敷かれる。さすれば譜代の者共無念がり、

勅使は決死の覚悟を以て使命を貫徹す

外様大名が一橋に帰依し居る故に、譜代と外藩との紛争が起ることを案じる。また一橋に権力つきたる所で、外藩（薩？）より朝廷に奏聞して、将軍に据える様なことでも出来ようかと案じる」云々と報じている。さらに大原は、「慶喜・春嶽御挙用の儀は天下の為。天下の為は則ち徳川の為。徳川安泰なれば、朝廷御安心」なりとし、「この筋故に、異例出格の勅使東下となった」ことを、幕閣に対し、大原はしつこく繰り返し説得し、もし勅旨に聴従しなければ、大原は生還を期せず、非常手段に訴える決意であった。六月二十九日、大原は四度目江戸城に臨んだので、老中は朝旨三条の遵奉を奉答した。七月一日、五度目の登城に将軍と再び会見、将軍の奉答書を受領し、ようやく勅使の役目を貫徹し得たのである。

文久二年七月六日、幕府は徳川慶喜（時に二六歳）に一橋家を相続せしめ、将軍後見職を命じた。この日、越前藩邸においては、藩公春嶽の進退問題について藩の重役会議が開かれ、顧問横井小楠の進言もあって、ついに春嶽（三五歳）は政事総裁職受諾を決意し、前述の如く、七月九日の発令となった。春嶽は叡慮に感激しつつ、畢生の努力を誓うのである。

徳涼く　才浅く　余の愚を恥ず
皇上　誤って　天下の枢に充てたまう
自ら反て　胸中一物無し
寸誠聊　宸謨を賛したてまつらんと欲す

明鏡止水の澄み切った胸中には、一片の私心もない。「幕府の秕政を天朝に謝罪し、朝権崇敬の実を天下に示し、公武合体の成果を収める」ことが春嶽の信念である。しかし明鏡も裏を照さず、前途には千苦万難が横たわっているのである。

二　攘夷勅使の東下

慶喜・春嶽の連立政権の前途

江戸幕府創設以来二百六十年、ここに譜代大名と旗本のみの手中にあった政権は、慶喜・春嶽の連立政権に代った。安政五年以降の反動政治家井伊直弼を先陣とした溜間諸大名の幕権回復政策は、波瀾曲折の四ヵ年を経て、完全に顚覆したのである。文久二年後半は波瀾万丈であった。京都における尊攘派の跳梁跋扈、薩摩藩と長州藩の主導権を争う軋轢、公武合体勢力の退縮のさ中にあって、慶喜・春嶽連立政権は、いかに幕政を改革せんとし、いかに紛淆する内政と外交に対処し、難局を収拾せんとしたか。

長州藩の政界進出

　幕政内部の破綻が次第に表面化し、内外政情の微妙なる動揺に乗じて、政界に抬頭して来たのは、まず長州藩である。長州藩は慶長五年(一六〇〇)の関ヶ原の役以降、本州の西端に雌伏していた三十六万石の外様大名であった。安政末期において周布政之助らの藩政改革によって、夙に富国強兵策を強行した。文久元年十二月、長井雅楽は、中央政界進出の時節到来と看破し、公武合体策を提げて時局を収拾しようとし、「公武の対立と開鎖の両論の分裂は、外国干渉の機を作る」ものとして、「航海遠略策」を以て藩論をまとめ、藩主慶親の命を受けて、朝廷に建白し、さらに幕府に建議し、東西に奔走して公武合体の周旋に専念した。

長井雅楽は越藩の協力を要請す

文久二年五月十五日、長井雅楽は越前藩邸に中根雪江を訪い、三時間の長きにわたり懸河の弁をもって国事を談論している。「約る所は天下の衰頽も、老公(春嶽)に非ずしては、扶植の道これ無き故、長防二州を挙げて春嶽に依頼し奉る旨を反覆縷説し、赤心を吐露」し中根を感歎せしめたのである。木戸孝允・長井雅楽の越邸訪問によって明らかであるが、この頃、長州藩が越前藩に対し、協力の姿勢を示していたのは、一は春嶽の篤実なる風格を信頼し、一は政敵薩州に対抗し公武周旋をリードするためであった。また薩長ともに越前藩にとり入り、味方に引入れることに力めた。

長州藩論は破約攘夷に改変す

長井雅楽の声望は、一時飛ぶ鳥を落とす勢いであったが、やがて藩老周布政之助と阻隔し、藩論も動揺・激化して、反幕の路線に向ったので、航海遠略を目指す公武周旋は完全に失敗した。文久二年七月、周布政之助・木戸

土佐藩の中央政界進出

孝允らの策動により、長州藩は開国遠略策を改め、新たに破約攘夷論を提唱して、公卿の間に活潑に運動し、藩主慶親（四四歳）・世子定広（二四歳）が、国事周旋の勅諚を拝したのは、春嶽が政事総裁職に任命された七日後の文久二年七月十六日であった。長藩は、早くも公武合体論をのりこえ、討幕の手段として尊王攘夷論を標榜したのである。討幕派の志士・浪人は挙って長藩の傘下に蝟集し、尊攘活動の拠点となった。そこで調停役を買って出た土佐藩が中央に進出してくるのである。朝廷では、薩長両藩の暗闘・軋轢の激化を憂慮し、両勢力調和のため一雄藩を招致することとなり、文久二年八月十五日、土佐藩主山内豊範（容堂の子、のち毛利慶親の娘喜久姫を娶る）は、朝命を奉じて上京し、山内容堂は九月四日、朝廷より国事周旋の御沙汰を受けた。

山内容堂の尊王敬幕論

豊範の父容堂（豊信）は、春嶽の盟友であって、肝胆相照の間で、国策についても共鳴する所が多かった。容堂は攘夷を排して開国主義を提唱し、「開国は重大の儀、何れ公武合体、朝廷よりは幕府へ政権を御委任、幕府よりは朝廷を推戴」すべきであるとし、豊範の招命に感激しつつも、幕府を差置いて、直接に内勅を下さるるは、公武合体の障害となることを憂慮した。青年藩主に随行した武市瑞山（三四歳）らは、尊攘派の頭目であったので、長州藩の志士と盛んに往来談論し、両藩の協調連絡は緊密となり、三条実美（二六歳）・姉小路公知（二三歳）らの尊攘派公卿も、一味同心してその勢いは燎原の火の如く、穏健なる公武合体派の勢力を凌駕した。

土佐藩論は尊攘論に転向

一方、江戸において使命を貫徹した島津久光は、文久二年八月二十一日江戸を出発し、この日、久光の従士が英人三人を殺傷したいわゆる生麦事件が起った。時は攘夷運動の最盛期で、幕府は周章狼狽なす所を知らず、久光は冷然として事を顧みずして悠々西上し、閏八月七日、凱旋将軍の如く意気揚々入京し、九日参内、天皇の簾前に咫尺して、関東の事情を詳かに言上し、さらに改革意見十二

島津久光の改革意見十二ヵ条の奏上

ヵ条を、関白近衛忠煕を経て奏上した。要は、①朝廷において確乎不動の国是を定められ、②志士・浪人の無責任かつ過激なる尊攘論を採用せられず、③青蓮院宮の朝政参与を希望し、④公卿・堂上の忠誠心の発奮を促し、⑤宮廷の警護を厳重にし、⑥在京の諸侯を帰藩せしめ、⑦今暫らく幕政改革の実行を注視し、⑧専ら全国の武備充実し、⑨然る後に、攘夷の事に及ばれんことを切望した。久光はかねて春嶽に所信を開陳した如く、開国論者であったが、人心の動揺を顧慮し、あからさまには開国論を打ち出さず、士気の鼓舞と防備の充実を当面の目標とし、こと成就したる後に開鎖の論に及ぶべきことを言明したのである。また先に幕府への建白と同様に、参覲交代を緩めて諸藩の財政的疲弊を救うべきであると述べている。久光は独往邁進、眼中に幕府なきものの如くふるまい、極力「朝主幕従の公武合体を推進」しようと、無謀なる攘夷の不可を主張したが、滔々たる尊攘

京都は尊攘論の独壇場

勢力の昂騰には抗し難く、京都は矯激なる尊攘論者の独擅場と化し、久光の企図

した公武合体策は挫折した。文久二年閏八月二十三日、久光は不平満々、冷然として帰国の途に就いた。

これより一ヵ月前の八月二十一日に起った生麦事件は、日英の国際紛争に発展する危険があった。久光は、大名行列を侵犯する者を討ち果すは国風であるとし、昂然として犯人処刑の要求に応じなかったのは、幕府の姑息と軟弱に対する腹癒であり、反抗でもあった。

対薩処置について慶喜と春嶽の意見対立

政事総裁職の春嶽は、幕臣一色直温をして英人殺傷の現地調査を行わしめた結果、「国憲を紊る薩藩の凶行者を放置すれば、内外に対する幕府の威信は地に墜ちるであろう」とし、逡巡遅疑する閣老を督励し、法を正すべきであるとした。慶喜は「薩藩に対し幕府が強硬態度をとれば、薩州の抵抗をきっかけに全国の騒乱をも醸すであろう」と杞憂を抱いた。慶喜の生麦事件処理意見とも対立したので、生麦事件をきっかけとして春嶽は一時辞職を決意したこともあった。これは

信念を貫徹し得ぬ春嶽の苦衷

春嶽の就任以来一ヵ月半、閣老も有司の多くも春嶽の発言を馬耳東風に附し、心底より支持協力せず、従ってその経綸は行われ難く、病膏肓(こうこう)に入った幕政の沈滞を粛正することは至難と考えたからである。中根雪江・横井小楠の慰励と、慶喜の懇請により翻意した春嶽は九月六日より登城、心機一転、勇猛心を振起して幕政改革に専念するのである。

三　慶喜・春嶽の幕政改革

慶喜と春嶽は空前の改革断行

政治生命を賭した慶喜と春嶽の連立政権は、万難を排して、溜間詰(たまりのま)(譜代大名)出身閣老のなし得ない空前の改革をつぎつぎに断行した。Ⓐ朝廷に関することでは、武家伝奏の任用に際し、誓詞を幕府に呈出する前例を廃した。伝奏は幕府の拘束を離脱し得たわけである。Ⓑ関白・大臣等の任命前に、幕府の同意を求める先規をも廃絶した。Ⓒ初めて山陵奉行を設け、荒廃した皇陵を壮厳にし、尊王の実をあげた。Ⓓ大名に対しては、参覲交代制をゆるめて、三年に一度の出府と定め、江戸滞在は百日、妻子の帰藩を許した。Ⓔ軍制を改めて歩・騎・砲の洋式を採用した。Ⓕ会津藩主松平容保（かたもり）を京都守護職に任じて、所司代の上に位せしめて、

京都守護職の創設と新撰組

京都の治安と警備を厳にし、矯激・無謀なる攘夷討幕運動を抑圧した。春嶽は、容保を適任者と認め、再三の勧請によって、就任を決意せしめたのである。新撰組は容保の守護職に附属することを希望した。志士・浪士のテロ行為の弾圧を買って出たのが、近藤勇（いさみ）らの率いる新撰組（壬生（みぶ）浪人）である。Ⓖ職制を改めて冗員（じょういん）を淘汰し、大名らの幕府重役に対する進献を自制せしめる等、思い切った改革を行った。

これらは、封建紀綱の弛緩を緊粛し、幕府の統制力を補強する起死回生の政策のあらわれであった。しかし滔々たる朝権の拡充伸張と雄藩の跋扈跳梁の趨勢の中に於て、幕府の衰頽を以てしては雄藩を拘制（こうせい）する実力がなかった。春嶽の幕政

改革にも批判があり、春嶽の政治顧問横井小楠の風あたりはきびしかった。

春嶽に対する批判

旧来の封建の陋習を打破するには乾坤一擲の勇猛心を必要とする。適切な改革にも必ず抵抗を伴う。剴切な施政をも、一部の不平分子は非議し攻撃する。巷間に流言蜚語が横溢した文久期には、誠実・恭謙な春嶽に対しても、いわれない誤解にもとづく誹謗と中傷が多かった。文久二年九月四日には、長州の木戸孝允（三〇歳）が越前藩邸に春嶽を訪い、「横井

徳川慶喜

小楠の世評は甚だよくない。かかる人物が総裁職の参謀であっては、天下の不為めとなろう。少壮気鋭の志士が、小楠の暗殺を計画しているから、当分小楠の外出を差止められたい。」と忠告している。

開国論者春嶽の気受け宜しからず

文久二年九月二十三日には、長州の周布政之助らが越前邸を訪問し、攘夷の勅旨奉行を力説し、開国論の小楠の言動を批難攻撃している。概して春嶽に対する尊攘派の気受けはよからず、碩儒安井息軒の如きも、小楠の開国論を喜ばず、ひいて開鎖論議にからみ、春嶽と慶喜の離間を策するものもあった。小楠排撃は、春嶽に対する間接攻撃でもあった。

春嶽は将軍の上京を主唱す

春嶽は、かねてより「将軍自ら上京して、朝廷に対し積年の秕政を陳謝し、公武合体の実が挙るまでは幾年なりとも滞京し、時勢即応の国是を確立すべきである」とし、「経費の如きは、たとい百万両かかるとも、朝幕間の不信感を一掃し、国家の危機を突破し得るならば、重からぬ代償である」と主張した。春嶽は、紛々たる群議を排し、幕議を誘導して、将軍上洛に踏み切り、幕府は翌文久三年三月、将軍入朝の計画を確定。諸侯に布告したのは、文久二年九月七日であった。吉田松陰の門人久坂玄瑞ら少壮気鋭の尊攘志士の突上げによって、文久二年閏八月二十七日、長州藩論は攘夷に決定した。ついで、長州・土佐両藩主の会見によって合意に達し、朝議もこれを容認・支持し、いよいよ攘夷決行の日時決定の段階に入ったのである。数ヵ月の間に、京都の政情は激変した。

京都政情の激変

薩藩の公武合体論は退縮し、長藩の急進攘夷論がこれに代って、朝廷を動かすこととなった。志士のテロは次第に頻繁となり、公武合体論者は危険にさらされた。いわゆる四奸二嬪（久我建通・岩倉具視・千種有文・富小路敬直・今城重子・堀河紀子）らが、和宮降嫁に尽力したことをとりあげ、「佐幕の奸物」と見做して排撃する等々、京都における尊攘激徒の跋扈は、無警察状態を思わせるものがあった。かかる背景のもと、薩・長・土三藩の尊攘激派は、攘夷実行を朝廷に迫り、その結果、文久二年九月二十一日、薩長土志士の推挙により、朝廷は急進派公卿の首領三条

攘夷別勅使の差遣

実美（二六歳）を勅使、姉小路公共（二四歳）を副使とし、土佐藩主山内豊範を随えて東下、十月二十八日江戸に着いた。攘夷勅使一行は、文久二年十一月二十七日江戸城に入り、将軍に対し、攘夷の布告と親兵設置の勅命をおごそかに伝宣した。勿論、尊攘派の狙いは、攘夷を討幕の方便と考え、親兵の設置は兵権を、幕府より朝廷に回収する手段としての企謀であったと推量される。

朝野を風靡した破約攘夷論

これより先、文久二年九月頃には京都において独走する攘夷論が朝野を風靡し、孝明天皇も堅く破約攘夷論を固執されていた。幕府は、攘夷別勅使の対応について苦慮し、困窮し切羽詰ったのである。慶喜も春嶽も、「開国は公共の天理であり、既成の事実であり、破約攘夷は国際信義を破り、無謀の攘夷は自ら戦禍を招くものである」とし、慶喜は「自ら上京して開国の趣旨を率直に奏上すべきである」とし、春嶽は「開国主義が朝廷に容れられないときは、断然政権を返上すべきである」と主張した。

叡慮遵奉が先決

守護職松平容保は、「まず攘夷の叡慮を遵奉し、大阪湾沿

攘夷の別勅使対応の幕議紛々

春嶽の信念を表明した辞表

岸の開港は拒否し、外夷に無礼・暴戻の儀があれば直ちに打払うべく、公武一和が先決問題である」と考えた。剛直の町奉行小栗忠順は、「政権を幕府に委任されているのは、鎌倉幕府以来の恒例である。近時は京都よりの差綺あり、諸侯よりの容喙があり、ために右顧左眄して幕政が動揺するは失態である。政権担当者として権威を失えば、やがて幕府はかえって諸大名に使役されることとなろう」と反駁した。春嶽はさらに、「大局に立ち、公共の天理に基づいて時局を収拾すべきで、ひたすら幕府の権威のみに拘泥するは、一己の私である」と説き、慶喜の体面論と対立し、幕閣の相変らずの因循姑息なる態度に慊らず、十月十三日政事総裁職の辞表を提出した。その要所を摘録すると、「君臣の大義を明らかにし、諸事悉く叡慮を遵奉し、大小諸侯へも議を下し、以て天下一致、万人一心の政治を行うべきである。これが幕政の根本方針なりと信ずる。然るに、幕府の政治は、二百年来昇平になれ、因循姑息に陥り、朝廷を度外に置き、諸侯を軽んじ、覇府の私意を以て取計いたる如き旧弊あり。かくては誠に相済まざる儀故、只々幕府の私を除却し、天下公共の道理に基づかねばならぬ。……畢竟、只今と相成っては、開鎖の論判では無く、ひたすら叡慮御遵奉の一途あるのみ。今般勅使御参向の上は、これ迄の罪過を謝し奉り、勅命の趣を速かに御遵奉する誠意を表明するは君臣の分において、義理の至当と存ずる」（村田氏寿の筆録『続再夢紀事』『松平春嶽全集』第二巻）。

山内容堂は春嶽の辞表撤回に努力

これは、文久二年十月十三日に提出した春嶽の政事総裁職辞職願の一節であるが、内容は時局収拾の建白書でもあった。この事を知るや盟友山内容堂は、事の重大に驚愕し、直ちに単騎にて暗夜をついて、途中の落馬負傷をものともせず、霊岸島の越前藩邸を叩いて、春嶽を寝所より起し、密談・激論は夜を徹し、黎明に及んだ。容堂の所論は、「叡慮を奉承せず、開国論を固執せば関西は大乱となる形勢であること、攘夷というも無謀の外国排撃ではない事、勅旨に恭順でなければ、攘夷は攘将軍に転ずるであろう事」を切言して、幕府の最大の危機に瀕していることを縷説して、春嶽の辞任を諫止した。攘夷が転じて攘将軍となるとは、即今は攘夷でなければ、将軍討伐となるであろうとの意味である。

進退両難打開の道

この頃、開国か鎖国について、幕議は大きく動揺し低迷した。条約を守り開国通商せば、万国の時勢に応ずるも叡慮に叶わず、鎖国攘夷は、叡慮に叶うも世界の趨勢に適応せず。進退両難に活路を求むるには、一旦は時勢に適せずとも、一応は叡慮に随順し、追って他日、百諫千争の道を尽し、徐ろに処すべきである。春嶽も容堂も一進一退して、熟慮の末ついに、攘夷の勅諚を拝承することに決意したが、慶喜は反対し、良心に反した「権詐の術策」を弄するものとして、春嶽らの懇請を却け、十月二十二日、後見職の辞表を提出した。春嶽は、十月二十二日から二十五日にかけ、連日慶喜を訪問して、「鎖国攘夷は見込みが立たぬ故に辞職すると言うならば、それ迄である。国家存亡に瀕し、自らの保身に跼蹐するは大不忠となる故、辞職は思い止まるべきである。」と声涙ともに下る諫止を行

慶喜も困窮して辞表提出

った。

一旦は攘夷の勅諚を奉ぜよ

京都町奉行の永井尚志(なおむね)・滝川具知(ともさと)は幕府に進言して、「綸言を尊び、一旦は攘夷の勅諚を奉ぜよ。将軍上洛して世界の情勢の推移と、攘夷の不可能を詳細に奏上すべきである」と進言した。閣老は、これより先、万延元年五月和宮降嫁奏請の際に、「天皇は攘夷を好ませらるるに乗じ、幕府は七－八ヵ年乃至十ヵ年の中に、外夷を拒絶すべし。されどこれを行うには、公武合体して国内を整えざるべからず。公武合体のためには、是非とも和宮の御降嫁を仰がざるべからずと奏請せしかば、天皇も国家のためとあらば余儀なしとて、遂に宮の御東下を許させられしなり。されば、今に至りて忽ち前言を食(は)みて、攘夷の命を拝承せざれば、宮を取り戻すべしとの勅あること必定(ひつじょう)にして、その時和宮をお返し申すとは、如何にしても申し難し。かかる内情あれば、是非一度攘夷の勅を拝して、別に京都に周旋するの外なし。」(『慶喜公伝』第五・『尚忠公記』)との、幕府の攘夷誓約の事実を述べて、閣老は、

攘夷は和宮降嫁の条件

慶喜・春嶽に出勤せよとの勅旨

慶喜の翻意を懇請した。朝廷においても慶喜・春嶽の辞任は、幕政改革の挫折を意味するものとして憂慮せられ、関白近衛忠凞の命をうけた武家伝奏坊城俊克は、慶喜と春嶽あての「出勤執務すべし」と左の如き勅旨を伝えた。

（攘夷別勅使三条実美・姉小路公共と）専ら対談すべき折柄、出仕せずば事件因循して日を延ばすに至るべきや。かつ事々差縺れ、稍ともすれば異端を開き候次第に及び候も計りがたし。日夜宸襟を悩まされ候。（『国事関係書類』）

慶喜・春嶽は勅旨により辞職を翻意

これが勅旨の要点である。幕府の枢要人物である慶喜と春嶽が、勅旨により翻意して登城し辞表を撤回したのは十月二十六日、攘夷別勅使三条実美・副使姉小路公共および随従の山内豊範の江戸到着の前日であった。

開鎖の基本国策について低迷し、国政調理に自信を失った幕閣の論議は、紛糾に紛糾を重ねたが、文久二年十一月二日に至り、幕議はようやく攘夷の勅旨遵奉に決定した。その主たる理由は、攘夷と開国とは、その目的相反するものゝ如くなれど、戦を開くには、彼を知り己を知るが肝要なれば、到底開国して世界の情勢を知らざれば、攘夷の実行し得べからざるは勿論なり。故に目下強て開国説を主張せずとも、おのずから其説の行わるゝ時機あるべし。（春嶽の侍臣村田氏寿の筆録『続再夢紀事』）

攘夷の勅諚遵奉の理由

窮地に追い詰められた幕府の苦しまぎれの遁辞ともいうべき奉勅の経緯の釈明を読むだに、脂汗が流れるのである。

文久二年十一月二十七日、三条勅使らは、江戸城に臨み、攘夷督促の勅書と、親兵設置の御沙汰書を家茂に授けた。十二月三日には、両勅使が慶喜・春嶽に会見を申し込んだが、慶喜は病と称し、春嶽のみが伝奏屋敷で柔軟なる態度で会見した。この日、横井小楠が春嶽に建議した妥協的な急務三策なるものがある。

小楠が春嶽に建策した急務三策

①条約締結の責任者を処罰し、速かに将軍は上京し、攘夷実行の措置に着手すること。②条約国の使臣に対し、国内の特殊事情を説明して、鎖国の已む

を得ぬことを納得せしめること。③諸外国に鎖港談判使節を派遣し、その間に沿岸防備を充実すること。

凄まじい攘夷の急潮に押し流されて、小楠の如き開国の先覚者も、激突回避の妥協案捻出(ねんしゅつ)に、苦慮せざるを得なかった。

勅使は幕府の奉答を催促す

文久二年十二月四日、三条勅使らは再び登城、勅諚に対する幕府の奉答を促し、「精々とり急ぎ衆議を尽し、明年早々にも言上するよう」にと伝達した。十二月五日、三度勅使が入城した際、将軍家茂より提出した奉答書は、

攘夷の勅諚の趣、畏り奉り候。策略等の儀は御委任なし下され候条、衆議を尽し、上京の上、委細申上げ奉るべく候。

親兵設置は拒否

なお親兵設置は、統帥権が朝廷に復帰することを意味するものとして、措辞婉曲(そじえんきょく)に拒否した。

文久二年十二月六日、山内豊範は江戸出発、三条勅使は翌七日出発。毛利定広

は九日出発。一難去って、江戸の緊張は一時的には解けたが、次に来る難関は、将軍上京後、京都の諸勢力に対し、いかに善処するかにあった。

国事御用掛を創設し朝威振興

朝廷では朝威振興の気運に乗じて、文久二年十二月九日には、朝臣をして国政を討議せしめるために、朝廷に国事御用掛を創設した。時は尊攘運動の最盛期に対処して、公卿の政治的発言の機会をつくるためである。関白近衛忠熙・左大臣一条忠香・右大臣二条斉敬・内大臣徳大寺公純・前右大臣鷹司輔熙ら五摂家を始め、親王・議奏・伝奏・堂上二十九人を任用した。久しく儀礼の府であった朝廷が、初めて政治運用の機構を備えたわけである。宮中の小御所を会議場とし、毎月十日間、国政を討議したが、門閥家の上級公卿は穏健なる公武合体論者であり、

言論洞開の機会としての御用掛

下級公卿の多くは急進的尊攘論を主張し、その対立は激化した。はじめは三条実美・姉小路公知らの飛躍的急進論が支配的であった。この頃、「三条実美らはクーデターにより一挙に王政に復古するの暴論を主張していた」と春嶽は日記に書

いている。政治総裁職松平春嶽（三六歳）は、文久三年二月四日、初めて入京、聞きしにまさる尊攘論の沸騰に驚いたのである。

文久三年二月十三日、別に国事参政（四人）と国事寄人（十人）が設置されてからは、急進派の多くは参政と寄人に任命されたので、その後の国事御用掛は公武合体に傾斜し、次第に有名無実の存在となり、王政復古により廃官となるのである。

朝議を左右する過激十三卿

二月十三日創設の国事参政は橋本実麗・東久世通禧らの四人、中心人物の姉小路公知が最も活躍した。国事寄人は十人、中山忠光・沢宣嘉らが侃諤の論陣を張った。ここにおいて、朝廷の要職であった関白・議奏・武家伝奏はあれども無きが如く、朝廷の御意志もまた、三条実美・姉小路公知らの過激十三卿によって代表されることが多かった。その上に、盛んに勅旨を諸大名に伝えて、その上京を命じた。佐賀の鍋島斉正・豊後岡の中川久昭・肥後の長岡護美・岡山の池田慶政・宇和島の伊達宗城・尾張の徳川慶恕と茂徳・米沢の上杉斉憲・松江の松平定

公然と諸侯の朝覲行わる

安・久保田（秋田）の佐竹義堯・肥後の細川慶順等々前後して続々入京。風雲に乗ぜんとする大名あり、時勢に取残されまいと焦慮する大名あり、洞ヶ峠に立って日和見する大名もあり、開国否か、攘夷可能か、佐幕か、討幕か。風雲急なる政機は端倪すべからざるものがあった。この間、志士・浪人は跋扈し、処士横議はいよいよ盛行し、斬奸の名目でテロが行われ、収拾すべからざるものがあった。

長州藩主毛利慶親（四五歳）と世子定広を始め、気鋭の藩臣も多く京都に集中し、攘夷思想の宣揚と士気の振作に寄与した。

これよりさき、後見職一橋慶喜（二七歳）は、文久三年一月五日に入京。旅宿東本願寺に入った。総裁職春嶽は、藩臣八十数名を従えて、一月二十三日幕艦順動丸（艦長は勝海舟）にて品川出帆、一月二十九日大阪着、二月四日初めて入京、二条堀川の越前藩邸に入った。

慶喜・春嶽は将軍入京の準備工作に専念

春嶽は、底知れぬ政情惑乱の禍中に突入したわけである。薩州の公武合体論と長州の尊王攘夷論との対立抗争は表面化し、反目嫉視は政局を動揺せしめた。朝廷においては、三条実美・姉小路公知らをリーダーとする過激派の言動は、日に月に矯激となって来て、青蓮院宮や近衛忠凞父子などの穏健派との融和は至難となっていた。

守護職松平容保の初入京

これより一足先、文久二年十二月二十四日初入京した松平容保は、京都守護職として、秩序保持の重責にあたり、新撰組の協力によって、志士・浪人共の制圧に努力したが、そのテロ行為は、ますます狂暴化し、目に余るものがあり、京都はしばしば無警察状態に陥った。春嶽は連日誠意を尽して慶喜と共に難局収拾に挺身した。二月五日には、守護職松平容保（二八歳）が来訪し、春嶽と浪人処分方案について意見を交換し、二月七日には鷹司関白に対し、即時攘夷は甚だ不可である旨の書翰を認めている。

四　政令帰一の挫折

政局の中心京都に移る

文久三年（一八六三）尊攘論の沸騰する中に、政治の中心地京都の新春は慌しいものがあった。これよりさき文久二年十一月、京都町奉行永井尚志は、幕府に対して情報を送り警告を発している。「関東の勢力は逐日退縮し、朝廷と所司代とは疎隔し、外様大名は朝廷に慇懃を尽し、その勢威は日ごとに隆盛となりつつある。幕府の重職一同が速かに上京して、行実ともに、朝廷尊敬に徹せずば、遂に天下は四分五裂となるであろう」と。

公武合体派要人会議

文久三年春の京都の政情は、将軍上京（三月四日の予定）を目前に控えながら、事毎に幕府にとって非であった。慶喜（正月五日初入京）・春嶽（二月四日初入京）は、局面を有利に転換させようと焦慮し、松平容保（昨年十二月二十四日入京）・山内容堂（正月二十五日入京）・伊達宗城（昨年十二月二十一日入京）らと、二月十九日所司代に会合

春嶽の政令帰一論

して、対策をねった。この席上、政事総裁職春嶽は、「政局の不安と動揺は、畢竟するに政令が二途に出ることに原因する。この際、幕府より断然政権を朝廷に返上するか、あるいは朝廷より炳然、大権を幕府に委任せられるか、二者いずれかに確定せねば、政治は混乱し、治安は望むことができぬ。」と切々持論を披瀝し、一同は政令一本化の原則に異議なく同意した。

慶喜・春嶽・容保・容堂の四人は、中川宮（もと青蓮院宮）・関白鷹司輔熈・前関白近衛忠熈を歴訪し、政令一途の件を陳情したが、関白らは、「今日の関白の職は全く有名無実となった。激論家が堂上公卿のみならば処置し易いが、彼らの背後には常に影武者がいるので処理は甚だ困難である」との悲痛な述懐があった。

二百三十七年ぶりの将軍の参内

第十四代征夷大将軍家茂（一八歳）は、文久三年二月十三日、老中水野忠精・板倉勝静を始め、幕臣三千を従えて威風堂々江戸城を出発し、初めて朝覲の長途に就いた。これは寛永三年（一六二六）三代将軍家光が上洛参内してから、二百三十七年ぶりの上京である。この度の将軍上洛の議は、昨年五月長州藩主毛利慶親(よしちか)の建議に基づき、総裁職松平春嶽が、幕閣内の異論を説得して決定したもので、昨年九月七日すでに、今回の上京を天下に布告していたのである。将軍上洛途上にもめまぐるしい事件がつぎつぎに起った。

公武合体派公卿・九条尚忠・岩倉具視らの重謹慎

二月十三日、朝廷に国事参政・国事寄人(よりうど)を置く。やがてその集議所学習院は尊攘の気勢をあげる本拠となる。佐幕の臭ありとみなされた九条尚忠・岩倉具視・千種(ちくさ)有文(ありふみ)らに重謹慎を命ぜらる。

二月十四日、在京の慶喜・春嶽・容保らの幕府重職が二条城に会議。連署して、書を議奏三条実美らに呈し、将軍東帰後二十日を以て攘夷期限とすることを答申する。

二月十九日、慶喜・春嶽らは再び所司代邸に会合、政権返上か政権委任か二者択一問題を協議する。江戸においてはこの日、英国代理公使ニールと英国艦隊提督キューバーが、幕府に対し生麦事件の下手人引渡しと賠償金支払を強硬に請求する。拒絶の報が京都に達するや朝野震憾、必戦を覚悟する。

生麦事件紛糾

春嶽は、政令一途に出でざれば、時局の収拾不能であることを洞察し、準備工作を進め、二月二十日午前九時、関白鷹司輔凞邸に慶喜・春嶽・容保・容堂（豊信）の四侯が会談する。春嶽は政令一途に関する御前会議を提議したが、こと重大であるから、結論は将軍入京後に持ち越すこととなった。

討幕を暗示する血なまぐさいテロリズム

幕府の巨頭が京都に集り（将軍一行は上京の途中）公武合体・政令帰一に焦慮しているさ中の二月二十三日夜、京都の等持院にある足利尊氏・義詮・義満の木像の首を三条河原に梟首したテロ事件があった。これは足利氏に仮託して討幕の意を寓したもので、その後あい次いで起る挙兵討幕の前兆ともなった。この前後に池内陶所の殺害事件・賀川肇殺害事件等の血惺いテロ行動が頻発して、朝野を恐怖せしめた。狂乱の世相の反映か、町奉行・所司代の力も及ばず、守護職の取締りも不徹底であったので、春嶽・容堂らは、暴徒の横行を憤慨し、治安の紊乱に顰蹙した。等持院事件の犯人十九人の中の十一人は二月二十六日捕縛された。

尖鋭化した長州藩の尊攘気勢

一方、時運に乗じ、尊攘派糾合の結接点に立ち、行動的となった長州藩は、加茂・石清水両社行幸の建議をなすに至るのである。すなわち長藩世子毛利定広(二四歳)は、二月二十日鷹司関白に対し、攘夷期限が決定せば、天皇親しく加茂両社に攘夷の御祈願を行われ、さらに泉涌寺に行幸して、列聖に攘夷親征の御報告をされたいと建白した。また二月二十八日、毛利定広は家老浦靫負を学習院に派遣し、男山石清水行幸のことを建議せしめた。

三月二日(将軍入京の二日前)、朝廷においてはまず加茂社行幸の議を採納され、三月四日入京予定の将軍家茂と在京大名に対し、行幸の供奉を命じた。

将軍上洛の総費用は、春嶽の立案によれば百五十万両の巨額である。財政逼迫の幕府にとっては大犠牲であるが、公武の融和のためには思いきるべきであると

幕府の虚勢をはる将軍家茂の大行列

春嶽は考えた。将軍家茂の大行列が江戸城を出発したのは二月十三日、三月四日京都二条城に到着するまで二十二日間、五十三駅の途上には別段の異変はなかったが、内政・外交には上述の如く重大問題が続発した。将軍入京の当日は朝廷の伊勢神宮奉幣使と途中に遭遇する憂慮があった。『京都守護職始末』によると、

将軍の行列に遭遇し幕府を侮辱する密謀

> 浮浪の徒、過激の堂上と謀り、かねて任命ありたる伊勢大廟への勅使発向の期日を、ことさらにこの日と定め、途中勅使の威を以て、まさに入京せんとする将軍家に侮辱を与へんとの密謀あるを探知し、味爽に将軍家入京あり。

朝廷の奉幣使が、故意に将軍家の壮大なる行列との遭遇を企らみ、将軍一行が勅使を回避して文久三年三月四日早暁入京したことによっても、当時の朝幕の気勢の盛衰・強弱と、京都内外の雰囲気を想像し得るのである。

将軍家茂を京都に迎えるに先だち、幕府最高の陣容たる慶喜・春嶽・容保らが、朝廷と幕府との融和のために何を画策したかを検討してみると、①公武合体派勢

尊攘派に対抗する公武合体派の頽勢挽回策

力を結集して、その頽勢を挽回し、矯激・放奔・無謀なる攘夷派の本拠を抑制弾圧すること。②政令二途に出ることは、政局混乱の根源である。大政返上か政権御委任か、この際二者選一を明確にすべきである。③今さら、国際信義に反する破約攘夷を行うべきではない。外交問題は①②の成果によって、人心を統一し国力を結集して、解決すべきである。以上は春嶽の持論であり越前藩論であって、横井小楠・中根雪江・村田氏寿（うじひさ）らの輔沃（ほよく）による所が多い。春嶽は慶喜の同意・協力を得、島津久光の同調戮力（りくりょく）を得、さらに公武合体派の公卿にたより、長州藩を始め尊攘志士らの影武者を京都より追放して、三条実美（さねとみ）ら少壮公卿の背後の勢力を一掃しようというのである。山内容堂・伊達宗城（むねなり）らもほぼ同様の公武融和の意見をもち、政令帰一は重大関心事であった。しかし朝廷の公武合体派の重臣は、時運を得ずしてつぎつぎに凋落（ちょうらく）し、政令帰一の実現は容易ならぬものがあった。

公武合体を志向する穏健派諸侯

公武合体・朝幕融和・政令帰一のためには万難を排除し、百五十万両の巨額を

春嶽は失望落胆して辞職を決意

費消しても、将軍は上京すべきであると、強硬に主張し幕議をリードしたのは政事総裁職松平春嶽であった。春嶽は、朝廷の対幕感情緩和のため、専心朝旨の遵奉に努めたが、幕府が一歩後退すれば、過激なる尊攘派は二歩追究し、暗雲は低迷し、こと志と離背し、春嶽はほとんど政治的立場を失ったのである。春嶽の滞京一ヵ月、その宿願は挫折し、至誠も天に通ぜざる政情を浩歎し、逆風しきりに吹いて準備工作の目鼻はつかず、術策つきて悲観失望の中に、将軍の入京は近づいたのである。文久三年二月晦日、春嶽は在京の越前藩重臣会議を招集し、せっぱ詰った自己の進退について熟議の結果、「今日に至っては、宿願は行われそうにもない。速かに職を辞し、退いて藩屏の任を尽すべきである」(村田氏寿手記『続再夢紀事』)との結論に達し、将軍の入京を待ち、政事総裁職の辞表を提出することになった。藩屏の任を尽すとは、皇室を護持する意である。進退両難に陥った春嶽は、国運の浮沈につながる総裁職の重責より解放され、以後は一筋に勅命に随順しようと決心したのである。

将軍と春嶽の大津会見

文久三年三月三日、入京に先だち将軍家茂を大津に出迎えた春嶽は、将軍に面謁して、京都の混乱の実情を報告し、「過激派と公武合体派の離背甚しく、薩長は軋轢し、難局収拾の目途は全くない。畢竟、春嶽らの菲才薄徳のためとはいえ、方今の状態を顧みるに、天下に道理行われず、正しい筋も通らず、この上は将軍は職を辞さるべきである。春嶽も道理の行われない世に立って、重職を汚すべきでないから、辞職する覚悟である」と、所信を披瀝して退出した。将軍入京の三月四日の二条城会議。慶喜・春嶽・容堂・宗城と三老中が鳩首凝議し、「政令帰一が根本であること、将軍後見職たる慶喜の信念が未だ天聴に達せぬこと、慶喜は明日将軍に代って参内し、至誠を捧げて大政委任・政令帰一のことを率直に奏請すること」を決議した。

将軍に辞職を勧告し春嶽も辞職決意

文久三年三月五日、春嶽はいよいよ政事総裁職を辞する決心を固め、将軍家茂

春嶽は重ねて将軍に直言し辞職を勧告する

に対しても、重ねて辞職勧告の意見書を提出している。その一節に、

上は宸襟を安ぜられ、下は万民を愛護せられ候見込あらば格別、さも御座なく候はゞ、恐れながら将軍の御職掌相立ち兼候儀に御座候えば、その段主上え仰せ上げられ、速に御辞職遊ばされ候の外御座あるまじくと存じ奉り候間、厚く御思慮あらせられ候様希望奉り候。

春嶽は、背水の陣を布いて将軍家茂と慶喜の奮起を促し、至誠貫徹を渇望し、その勇断を鼓舞激励したのである。

政令帰一のため政事委任の恩命を奏請

幕府の運命にかかわる乾坤一擲の日は来た。文久三年三月五日、慶喜は将軍に代り、重大使命を負うて参内、関白鷹司輔凞・前関白近衛忠凞・中川宮が侍座、小御所において天皇に咫尺したのは夜中十二時ともなった。「……従前の如く、庶政を挙げて幕府に御委任あらせられ、天下をして向う所を一に帰せしめらるゝ様に」と言上したところ、天皇は玉音朗々と、

将軍職の儀これ迄の通り申付ける。政事は総べて委任致すを以て、攘夷の挙は忠誠を励むべし。

との仰せ言があったので、慶喜は感激して御前を退下し、鷹司関白に対し、こと重大ゆえ、文書に認めて授けられることを請い、勅諚を受けて文言をみると、

庶政御委任の勅諚の問題点

「攘夷の件のみを御委任」とあるが、天皇の御言葉は「総て御委任」であったと関白を詰り、改めて「征夷将軍の儀、総てこれまでの通り御委任あそばさるべく候。攘夷の儀、精々忠節を尽すべき事」（『議奏役所文書』）の勅書を拝受した慶喜は、三月六日早暁、宮中を退下して、直ちに二条城に帰って将軍に復命した。

二条城では政事総裁職松平春嶽以下の有司はみな鶴首徹夜して、事の顚末と首尾如何を待っていたが、ここに「総べて御委任」の文言により、政令帰一は形式上一応は解決を見たので、ホッと一息、ようやく愁眉を開いたのである。文言による庶政御委任の御沙汰は空前である。大政委任か大政返上の岐路にさしかかっ

大政委任か大政返上かの分岐点ほかの見ゆ

たので、かかる問題が起った。これは幕府の実力後退の証拠ともいえよう。反幕的気運のもりあがりの強い参政・寄人らの「庶政御委任」に対する陰険なる抵抗はどうであったか。なぜに将軍上京の主目的である政令帰一問題は挫折したか。

厳粛なる将軍の拝謁行事

文久三年三月七日、将軍家茂（一八歳）初めて参内の日である。随従供奉者は後見職一橋慶喜・総裁職松平春嶽・三老中・幕府の有司、および在京大名十数名を率いて、将軍の大行列は午前八時過に二条城を出発。宮中では厳粛な拝謁式についで、将軍家茂より、真御太刀・御馬・黄金百枚・白銀千枚等々の進献物の献上があり、型の如く参内の儀は順調に終った。『璞記抄』によると、

孝明天皇と将軍家茂との初めての御対話は、主上より大樹（将軍）へ和宮の御安否を御聞き遊ばされ、和宮は御気丈に入らせられ候と大樹申され、主上より大樹へ攘夷の儀成功を致し候様にと仰せられ、委細承知仕り候旨申上げらる。

と記してある。三月七日、将軍参内の節、将軍の差出した書面は、

庶政委任の将軍の請書

都而(すべて)これ迄の通り、御委任の儀御沙汰蒙(こうむ)り畏み奉り候。然る上は御国政向すべて前々の通り、差図仕り候事に御座候得共、叡慮の趣も、御腹蔵なく相伺度候。

　　三月七日

関東政事向、不行届の儀も御座候はゞ、御遠慮なく御教諭あらせられ候様願い奉り候事。

これに対し、朝廷より将軍に交付した書面は、

事柄により直に大名に指令されることは政令二途ともなる

征夷将軍儀、これ迄通り御委任遊ばされ候上は、いよいよ以て叡慮遵奉、君臣の名分相正し、闔国(こうこく)一致、攘夷の成功を奏し、人心帰服の所置これあるべく候。国事の儀に付ては、事柄により直ちに諸藩へ御沙汰あらせられ候間、かねて御沙汰成し置かれ候事。

幕府側は、将軍参内によって、朝廷尊奉の誠意を表明し、昭乎(しょうこ)たる大政一切御

委任の御沙汰書を拝受することを期待し、政令ことごとく幕府より出ることを切に念願していたが、却って政令二途の文言とも解釈され、幕府は逆に朝廷の容喙・干渉を求めた結果ともなった。殊に注目すべき事は、「君臣の名分を正し、事柄により直ちに大名に沙汰を下すことも有り得るから、あらかじめ示し置く」という意味の文言であった。

急所のはずれた御沙汰により九仞の功を一簣に欠く

「籔をつついて蛇を出す」とか、「毛を吹いて疵を求める」とかの俗諺があるが、幕府側宿年の翹望は、九仞の功を一簣に虧いたわけである。関白鷹司輔凞（五七歳）の背後には尊攘派の尖鋭——三条実美・姉小路公共らの少壮公卿と各藩の尊攘志士と、放奔・激烈なる浪士の策謀があった。

尊攘運動の極盛

この頃の京洛の地は、尊攘運動極盛の時期で、志士・浪士は鷹司関白邸に参集して、献策または請願する者が絶ゆることなき有様であった。世に誤って輔凞を長州藩と意気投合するものと見做し、長州関白との仇名があった。幕府側では政令二途とも受けとれる御沙汰書の後半は、尊攘激派の幕府制肘の策略のあらわれと受けとって、真の叡慮であるか否かについて悩んだ。公武合体派の人々は、御沙汰書の含蓄に対し半信半疑であったという。

五　春嶽政事総裁職を辞任

文久三年の春、京都における政令帰一を目標とした公武合体運動は挫折した。幕府側では慶喜・春嶽・容堂・容保・久光らが精魂を傾け、朝廷では中川宮（朝彦親王）・現関白鷹司輔凞・前関白近衛忠凞・一条忠香・二条斉敬ら重厚穏健派は苦慮した。しかし公武合体派の勢力は日に月に低下し、政情は険悪の一路を辿った。

公武合体派は凋落

幕末における討幕親征論は、文久三年以前にもあった。真木和泉の如き、吉田松陰の如き、有馬新七の如き、清川八郎の如き、平野国臣の如き尊王論者は、公武合体を姑息なりとし、心底では討幕親征を志向したが、いずれも下級藩士または志士・浪人で、いまだ時機尚早、藩論を支配するには至らなかった。天下に先だち藩論を尊王攘夷より討幕親政に転換し、行動を展開したのは長州藩であった。

朝議は一途に攘夷に向う

朝廷においては三条実美（二七歳）・姉小路公知（二五歳）らが、尊攘派の代表者の如く、公卿間に大いに勢威を振った。長藩はもとより、土佐の勤王有志も藩論を突きあげ、互いに同声呼応して尊王攘夷、さらに討幕親征の気勢を煽揚し、騎虎の勢いは底止する所を知らざる情態であった。

毛利定広の加茂社行幸建議

長州藩世子毛利定広（二四歳）が文久三年二月二十日提出した「倒海の大寇を掃攘し、皇国の武威を八蛮に耀すため……天皇の加茂両社・泉涌寺御参詣は、即ち親征御巡狩の御基本」であるとの建白書がきっかけとなって、ついに三月十一日の加茂下上社行幸となった。この日、関白・大臣以下公卿百官が供奉し、先駆と後衛には備前藩ら十一藩の銃隊数百人、将軍家茂・後見職慶喜以下諸有司は後陣に随従し、行装の優美・壮厳は、近世に見ないところで、得意満面の総指揮は（三月二日拝命）加茂社行幸御用掛の三条実美（二七歳）であった。

憂悶（ゆうもん）の政事総裁職春嶽は、行幸の前々日（三月九日）辞表提出引籠り中で、この日は藩邸にこもっていて屋外には一歩も出なかった。思うに天皇の行幸は、寛永三年（一六二六）後水尾天皇が、二条城に行幸されて以来二百三十七年目で空前の皇威宣揚の盛典であり、騎虎の勢いの尊攘過激派にとっては、優越感あふれる尊王討幕の示威運動として感激の頂点にあった。総指揮三条実美の得意思うべしである。

得意の頂点に立つ尊攘派

慶喜は春嶽に対し辞表撤回を要請

加茂行幸の翌日（三月十二日）慶喜は、老中格小笠原長行（ながみち）・岡部長常・沢勘七郎を帯同して、こと重大なればとて、引籠り中の春嶽を訪問した。辞表撤回を勧告するためである。慶喜は「政事総裁職の任命は叡慮に基づくが故に、辞表もまた速かに朝廷に理由を申し上ぐべき筈であるから、直接御趣旨を承りたい」と強硬に面談を要請したのである。危機に瀕している政局の収拾のために、是非とも政事総裁職に踏み止まって戴きたい。さらに生麦事件解決の対英折衝は重大である。殊に薩藩対策は慶喜のにが手であるから、島津久光と親交ある春嶽は、生麦事件処理の適格者である。——と言うのが辞表撤回勧告の本旨であった。慶喜らの切実なる勧告に対し、この日深更に至るまで、春嶽を中心として越前藩邸において重臣会議が開かれ、本多修理・狛山城・中根雪江・村田氏寿・三岡八郎らは、辞職の決意は動揺すべきでないとの結論に達し、翌三月十二日、中根雪江を二条城に派遣し、水野・板倉の両閣老に面接せしめ、辞職の止むべからざる所以を縷述せしめた。両閣老は反論して、春嶽に対する最後の辞表撤回の要請を行った。

越前藩論は春嶽の辞職を至当とする

島津久光の入京と時局収拾策建議

これよりさき難局収拾のため三月四日鹿児島を出発した島津久光は、三月十四日入京。直ちに親類である近衛忠凞邸に入り、中川宮・鷹司関白・一橋慶喜・山内容堂と会同した。久光は堂々の論陣をはって、十余ヵ条の時務策を進言した。その要旨は、

①無謀の攘夷は軽々になすべきでない。生麦事件は計画的でなく、全く遇然の出来事であったこと。②朝廷は不羈の志士、放奔の浪士の暴説を採用しな

図星を指した久光の時務策も画餅

い事。③朝憲・幕威ともに行われざる姿は乱世の基である。無法の私刑・暴行を放置すべきでないこと。④浮浪の暴説を信用する公卿を退け、中川宮・近衛前関白・中山忠能（ただやす）・正親町三条実愛（さねなる）らを従前の如く御信任ありたきこと（過激なる尊攘派跋扈の朝廷を一変して、穏健なる公武合体派の朝廷たらしめんことを期待したのである）。⑤後見職慶喜をして、長州藩主の真意を追究せしるめこと（長州藩の言動に対し、薩藩は批判的であった）。⑥御親兵のこと（幕府へ大政委任とあれば、親兵の必要はない）。⑦無用の諸大名・藩士等をすべて帰国せしめること。⑧有名無実の国事御用掛を廃止すること、等。

久光の建言は、率直明快、時艱の図星（ずぼし）を指していた。ただ如何にしてこれを実現するかが問題の焦点であった。久光は生麦事件の償金は、折衝の上時宜により支払うつもりであると言明し、中川宮は今日の情勢では公卿の国事御用掛は廃止困難であるとの発言があったのみで、一同は共感を抱きつつも無言であったのは、旭日昇天の尊攘派の暴威を憚ったのであろうか。薩藩に時局収拾の主導権を掌握されることを杞憂したのであろうか。

政情は想像以上に深刻 島津久光の不満

京都の形勢は、久光の想像以上に複雑怪奇であり深刻であった。久光は朝廷と幕府に対し建白書を提出した。その要旨は、「皇国の危急、旦夕に迫る」様相が顕然であるので、上京の内命を奉じ入京し、「公武の重職の方々に存慮を十分献言」したが、とても御採用の模様なく、慷慨歎息の至り、かくては無用の私、長々滞京いたしては公武の不為となり、「讒言紛々と沸騰仕り、遂には眼前に於て騒乱」を生ずることとなろうと言うのである。久光は数百里の道を遠しとせず上京し、実力を以てしても乾坤一擲の改革を行うべしと夢みたが、こと志と違い、怏々として苦慮し滞京僅かに三日間、三月十八日英艦隊の鹿児島廻航の情報に脅威を感じつつ、倉皇として離京し、一路帰藩を急いだ。

風の如く上京した久光は風の如く去る

久光は滞京中に、親交ある春嶽と時事問題について要談を懇望したが、春嶽は辞表提出引籠り中であったので、たって会談を遠慮した。この間、国事御用掛の反薩感情はもりあがり、長藩は薩藩に野望ありと罵倒し、幕府側は、尊攘派朝臣の鼻息を伺うに汲々（きゅうきゅう）としてこれ努め、尊攘志士と自負（じふ）する過激・殺伐なる浮浪輩の威嚇に、戦々兢々（きょうきょう）たる有様であった。

引籠り中の春嶽は久光と会談を遠慮

公武合体論者島津久光は、前述のように風の如く来り、滞京僅かに三日、朝議が攘夷排幕に固まっていて、久光の政略の納れられない政情を知って、風の如く京都を去った。松平春嶽は時局収拾失敗の責任を痛感し、政局に見切りをつけて、退隠・帰藩を決意した。慶喜や閣老は、春嶽に対し辞表の撤回を再三懇請したが、朝幕背離し政令二途に出ずる禍根の深い実情を知悉した春嶽は、将軍の辞職をも勧告しているので、自らの辞表の撤回理由を見出すことができなかった。その間の事情は春嶽の側近村田氏寿（うじひさ）・佐々木千尋（ちひろ）の手記『続再夢紀事』（四二一〜四ページ）に明らかである。

春嶽は進退両難の窮境に立つ

春嶽のいつわらざる心境

幕府の姑息なる態度を憤慨

十五日（文久三年三月）暮時過、板倉周防守（老中勝静、備中松山藩主）殿来邸せらる。公（春嶽）辞職申立て中なれど、国家のため黙止がたき事あればとて、来邸を請はれしなり。この時、公、過日拙者は将軍職を辞せらるべしと申立しが、その申立の行はれざりしは、諸有司が例の姑息に泥み、僥倖を万一に期するよりして、政柄（政権）を棄却するに吝なるの致す所なるべけれど、何程これを棄却せじとしても、かの断行し得ざる攘夷拒絶の如き、また終に与へずして止を得べからざる生麦事件（文久二年八月二十一日勃発）の償金の如き、定見のある所を朝廷に申上げずして、空しく時日を費すことにより、天下の危難たちどころに至り、到底永く政権を維持する事は難かるべし。

近日、島津三郎（久光）上京せる由、定めてこの二事の難題を排除することに尽力すべければ、頼もしきが如くなれど、もし三郎の尽力にたより、難局を排除し得ば、その為め今後政柄は、何人に帰すべきや。やはり幕府は虚器（実権の伴わぬ地位）を擁することゝなる故にどこ迄も、将軍は職を辞し、我より政柄を朝廷へ返上せらるゝの覚悟を定め、さて進んでこの難局に当り、三郎いよいよ尽力すべしとならば、応分の尽力に及ばせらるゝ事を希望するなり。畢竟、皇国を安んずる為めなれば、たとい政柄を失うも宗祖（家康）に対し聊も愧ずる所なきにあらずや。

将軍は政権に執着すべきでない

春嶽ら公武合体派諸侯の失望

右は島津久光入京の翌日の越前藩の記録である。久光が難局をいかに収拾するかは、春嶽の注目の焦点であったが、久光は颯々と来り、所信を宣明したのみで、何事もなさず飄然と去った。春嶽のかけた一縷の期待も裏切られたのである。釆は遂に投げられた。文久三年三月九日に政事総裁職の辞表を捧呈した春嶽は、十五日重ねて左の願書を幕府に提出した。

春嶽重ねて辞表提出

私儀、先達て御役御免の儀願い奉り候処、今以て何等の御沙汰もこれ無く、恐れ入り奉り候。切迫の御時節、兼て申上げ候通りの次第にて、重任を辱め罷在り候、実に恐懼に堪えず存じ奉り候間、何分にも早々御免なし下され候様、再願奉り候。以上。

三月十五日　　松平春嶽

一橋慶喜は、春嶽の決意牢固たることを知り、三月十七日ついに辞表撤回勧告を断念した。中川宮（朝彦親王）と山内容堂は、公武合体・政令帰一の希望的観測を捨てず、なおも春嶽の留任に匙を投げなかった。三月十七日春嶽を訪問した容堂は、「中川宮朝彦親王の伝言」なりとして次の如く語った。

朝彦親王と山内容堂の忠告

爾来、天下の形勢いよいよ穏かならず、この上にも尚いかゞなり行くべきか、憂憂に堪えず。然るに予予希望せられたる公武の一和、漸く整わんとする今日、突然職を辞せらるゝは、いかにも不都合なるべし。御家臣共の議論もあるべけれど、今一応考案の上、幾重にも故の如く出勤尽力あらん事を望む。

中川宮朝彦親王は時に四十歳、「幕末の大塔宮」の愛称があり、孝明天皇の親任厚く、さきに「朕を輔(たす)くるは尋常連枝(れんし)の比にあらず」との勅諚があった程で、文久三年頃宮は激烈・不羈(ふき)の尊攘派を抑制し、公武合体路線を推進した。文久三年二月春嶽は入京間もなく、宮を訪問して初対面の挨拶をし、その後知遇を得て度々公武合体・政令帰一問題について会談しているのである。

朝彦親王と春嶽との交詢

この日の山内容堂(三五歳)は春嶽を説得しようとして、

容堂は将軍に同情し春嶽の庇護を期待す

この節、総裁職を辞せらるゝ御意見は、時勢やむを得ざる事ゆえ、強(しい)て思い止まらるゝ様にとは申さざれど、目下大樹公(将軍)の孤軍敵地に陥(おちい)られたる如き姿なるは、いかにも御気毒の次第なり。故に大樹公がこの敵地を脱して、御東帰あるまでの間に限り在職せられ、然る上断然御勇退ありては如何。もつとも御政見の行われざる今日なれば、政府の枢機には一切関与せず、一時木偶(でく)(ロボット)人になられし心得にて在職せられなば、敢て難き事はあらざるべし。

(『続再夢紀事』第一巻)

春嶽は容堂を目して常に熟友と称している。春嶽は、容堂の忠言には感激したが、ついに辞表は撤回せず、帰藩の決意は動かなかった。

開国論者春嶽の無限の苦悶

公（春嶽）は中川宮の御内旨と言い、容堂の懇示と言い、黙止すべきにあらざれど、既に辞表を呈出せし事ゆえ、今更出勤は致しがたしと答えられ、さて「為すべき策ありて、為すべからざる時運ばかり苦しきことは非ず」と、互いに歎息して訣別せられき。
（『続再夢紀事』）

公武合体派は四面楚歌

攘夷の旋風は日毎に激甚をきわめ、（討幕論の胎動ともなり）過激なる尊攘派は将軍いじめと、ことさらに幕府軽侮の風潮をあおり、テロ行為は露骨となった。他面には生麦事件のため英国は強硬態度を以て幕府にのぞみ、将軍は帰府を朝廷に哀願するも許されず、春嶽はいよいよ進退きわまった。青年の家茂将軍（一八歳）を四面楚歌の京都に残し置いて、わが身ひとり帰藩するは、余りに無責任の譏を免がれぬが、春嶽はただ一筋に「端言用いられず、策謀容れられざれば、尸位素餐

（才徳乏しくて高位に居り徒に食禄をはむこと）は、自ら呵責に堪えず」と思い詰めたのである。

手を尽して辞職斡旋を懇請

三月十八日、春嶽は家老本多飛驒・岡部豊後を二条城に遣わし、慶喜に対し辞職聴容を懇請した。さらに三月二十日には、本多・岡部の二家老を、老中板倉勝静の許に遣わし、辞職の斡旋方を催促し、春嶽の辞表がもし握りつぶしとなるも、明三月二十一日には断然帰国する旨を申し立てた。

春嶽は三月二十一日早朝、尊王攘夷論沸騰の京都をあとに、道を西近江にとり帰藩の途についた。出発に先だち本多・岡部の両家老は、板倉老中を訪い、その旨を届け出た。三月二十五日春嶽の一行は福井城に帰着した。

春嶽は逼塞を仰せ付けらる

三月二十六日、京都において幕府は、老中水野忠精より春嶽に対し、「政事総裁職御免、逼塞仰せ付けらる」の達書を交付し、出淵伝之丞が携え、二十八日福井に届けた。全文は

松平春嶽儀、御政事総裁職御免相願い、未だ御許容もこれ無き処、勝手に当

地を発足致し、出発後その段相届け、且引戻の儀相達し候処、残り居り候家臣ら相支え、その儘帰国の段、遺憾の事に候。叡慮を以て総裁職仰せ付けられ、既に御免願は叡聞に達し、御聴届これ無き内、前書の始末、朝廷に対し別して不束（ふつつか）に付、急度（きっと）も仰付けらるべく候処、これ迄出精相勤め候に付、出格の御宥免（ゆうめん）を以て、総裁職御免、逼塞仰せ付けられ候。（『続再夢紀事』）

尊攘論者は開国論者春嶽を朝敵に擬す

逼塞（ひっそく）は、門を閉ざして白昼の出入を禁じた罪である。大名に対する最も軽い自由拘束の刑である。過激なる尊攘の公卿や一部の志士は、春嶽の開国論を喜ばず、また許可を得ず帰藩したことは、叡慮に背くものとして、擬するに朝敵を以てした。

春嶽の心情告白

春嶽の後年の手記『逸事史補』（『松平春嶽全集』所収、三二二ページ）に、

大樹公（将軍）は御参内（文久三年三月七日、「朝廷は将軍に対し、君臣の名分を正し、人心の帰嚮を一にして、攘夷の成功を期せしめたまう」）、その他諸事相すみ候処にて、例の攘夷論盛んに相成り、諸侯は攘夷を専ら唱へ、藩士も同断、浪人はいよいよ賛成し、それよりして朝廷に於ても公卿らの攘夷論行

免職願い捨てては許容しがたし

春嶽の辞職帰藩は尊攘派に対する無言の抵抗

われ、或は暗殺なども頻りに行われ、天下の惑乱甚しく、とても総裁職の重責を負担しがたく、病により五－六日引籠り、総裁職の辞表を慶喜公名宛にて差出し候処、幕府に於ては御免ということむつかしく、素々後見職・総裁職は朝廷より勅使を以て仰せ出され候事故、朝廷に御伺に相成たる模様なり。それ故、辞表を差出し置き、直ちに越前へ帰国せり。この時の苦心は実に堪え難し。いかんとなれば。京都を発足して蹴上に到る頃は、あとより追手かけられし心地せり。京都出立後、直ちにこの儀を幕府に届けたり。福井へ帰着の上、幕府より「総裁職御免相願捨て帰国候儀、朝廷に対し相済まざる義、願の通り総裁職は御免、且また謹慎仰せ付け候」旨、京都より申し来り候。内実の話にては、「幕府にても春嶽殿の総裁職辞表差出し帰国は、奇々妙々と内々は感心致し候」との事。併しながら朝廷に対し奉り義理あるを以て、謹慎仰せ付けられたり。それ故、城外へ御出これ無く候はゞ、内々は庭歩行されても宜敷候。またこの攘夷事件につき、御所存も候はゞ、御遠慮なく内々老中まで書付差出されても苦しからずとの内意もあり。その内（五月十七日）御免(ゆるし)になりたり。

と述懐している。

公武合体派の離散

文久三年三月二十一日、春嶽の離京後の京都の政情を一瞥(いちべつ)すると、三月二十六日には山内容堂が離京し、翌日には伊達宗城(むねなり)が離京し、公武合体派の諸侯は悉く京都を去ったので、穏健派・漸進派の政治勢力は地を掃い、三条実美・姉小路公知らを中心とする矯激(きょうげき)なる尊攘派の勢力は、京都の内外を風靡した。

長州藩の攘夷の烽火

長州藩の建議は採用されて四月十一日攘夷祈願のため、男山山頂の石清水(いわしみず)八幡宮の御親拝となった。将軍家茂は俄に病気と称し供奉を辞退し、慶喜は途上病気と称し男山々麓で臥床した。四月二十日将軍家茂は、五月十日を以て攘夷期限とすることを奏上し、四月二十二日在京の大名に攘夷期限の決定を告示した。苦境に立ち憂悶する慶喜は四月二十三日後見職の辞任を鷹司関白に願い出たが許されない。国際的危機をはらむ五月十日はやってきた。五月十日の攘夷期日を以て、まず長州藩は下関海峡を通る米・仏・蘭の艦船を砲撃し、攘夷の魁をなし、朝廷よりは「叡感斜ならず」と嘉賞され、尊攘派の喝采を受けたが、幕府から見れば、我より戦端を開くことを禁止した幕府の布告を無視した所業であった。

仏米軍艦の下関報復攻撃

このため六月五日、仏米両国軍艦の報復砲撃を受け、下関砲台は破壊され長州の軍艦庚申丸・壬戌丸は轟沈、癸亥丸は大破した。しかし長藩はなお屈せず、高杉晋作（二五歳）らは奇兵隊を編制して砲台を修築して防衛に当り、海峡を扼して通航を遮断した。

幕府と長州間に暗雲低迷

文久三年七月十四日、幕府は「長州藩がみだりに戦端を開いた」ことを詰問するために、使番中根正聖を長州に派遣したが、長藩の壮士は逆襲して、その乗艦朝陽丸を奪い、八月十九日中根を暗殺した。幕府と長州藩との渠溝は深く、対立の形勢はいよいよ深刻となり、やがて不倶戴天の仇敵となるのである。思うに松下村塾出身の久坂玄端・高杉晋作らの如きは、幕府の政治組織を原則的に否定し、将軍に対する忠勤を拒み、王政復古により民心を統一し、国力を結集して外侮を斥(しりぞ)け国威を張ることを一筋に念願していたので、思想的にも文久三年頃すでに幕府と長州藩は全く手切れとなっていたのである。

将軍家茂ようやく江戸に帰る

七縦七擒(しちじゅうしちきん)の苦境を離脱するために、幾度か帰府を願い出ていた将軍家茂が、ようやく朝廷よりお暇を賜わったのは文久三年六月三日「速かに東下、外夷掃攘の成功これあり、武威を海外に輝かし候様」との御沙汰を蒙り、六月十三日水野・板倉両老中を従え大阪より順動丸に搭乗、六月十六日、四ヵ月振りで江戸城に帰った。

旗幟鮮明の開港論者であったがために、ことさら苦難の道をたどらざるを得なかった春嶽の深刻な憂悶は、底知れぬものがあった。ここに再び春嶽の政事総裁職在任中を回想し、外交問題の紛訌を背景として、春嶽の政治家としての足跡を、次章に於て解明するであろう。

第六　開国論者の苦難の道

一　攘夷運動の極盛

春嶽の政事総裁職在任中（文久二年七月九日――文久三年三月二十一日）の文久期は、わが国外交上の危機の頂点にあり、国際紛争は、不慮のきっかけあればいつ爆発するか計られぬ状態であった。安政五ヵ国条約によれば、開市・開港は新潟は一八六一年（文久元年）より、江戸は一八六二年（文久二年）より、兵庫と大阪は一八六三年（文久三年）より開くことを約束している。すでに神奈川・長崎・新潟の開港貿易によって物価は暴騰して、外人殺傷事件も頻発し、攘夷論は瀰漫（びまん）し、白熱せる破約攘夷論と自主開国論との抗争は最高潮に達し、条約をそのまま履行せば、内乱勃発の危

世界の趨勢と日本の逆コース

開市開港五ヵ年延期の交渉

険が多分にあった。幕府は国内政局の逼迫を理由として、開市開港の五ヵ年延期を請うために、文久二年正月、正使（外国奉行兼勘定奉行）竹内保徳（やすのり）・副使（外国奉行兼神奈川奉行）松平康直（やすなお）、随員には福地源一郎・寺島宗則・福沢諭吉・杉孫七郎らを欧州に特派することになり、英艦オーヂン号に乗艦、三月五日マルセーユに上陸。英・仏・露・蘭・葡等を歴訪して、外交折衝に没頭し、ロンドン覚書（文久二年五月七日調印）・パリ覚書（文久二年閏八月九日調印）を成功せしめ、一同が欧州文化の進歩を、肌身を以て感じ取ったことは、大きい成果であった。一行は各国において外交官として優遇され、帰途は、仏国軍艦レーヌ号に送られて、文久二年十二月十日に帰朝、十二日江戸城に上り復命した。一八六二年（久文二年）は国際的にも多事多難の年であった。

文久二年は国際的にも多事多難

この年、鉄血首相ビスマルクはドイツ統一を達成せんとし、やがてヨーロッパの外交の主導権を握り、植民地獲得を志向していた。中国大陸では、欧米の義勇軍が太平天国軍を破り、清国の内乱の拡大は欧米侵略の素地を作った。東南アジアでは、フランスがコーチシナ三州を侵略している。アメリカでは南北戦争（一八六一〜六五）が酣であった。

国策は動揺し政令は二途に出る

世界の激動の渦中より離隔・孤立している日本は、幕藩の政治機構はすでに弛緩し、公武の軋轢はいよいよ複雑怪奇、開国と鎖攘の国是さえ動揺し、政令二途に出で国策は蹌踉（よろめき）し、言論は閉塞して疑心は暗鬼を生じ、テロ行為が跋扈し、叡慮を万事万端のよりどころとして、幕府も薩長も政権の掌握にあるいは拡大に狂奔し、憂国の志士と不逞の浮浪が玉石混淆し、百鬼夜行を想わするものがあった。この難局打開・危機収拾の最高責任者は、将軍後見職一橋慶喜（二六歳）と政事総裁職松平春嶽（三五歳）であった。

破局に立つ慶喜と春嶽

勅使三条実美（二六歳）・副使姉小路公知（二四歳）らが江戸にあること約四十日。江戸城に臨み「攘夷督促の勅書」を将軍家茂（一七歳）に授けたのは、文久二年十一月二十八日。欧州各国を歴訪して深刻な感銘を抱いて帰朝した竹内保徳(五六歳)使節らの生々しい復命を幕府の重職慶喜・春嶽を始め老中らが聴取したのは、文久二年十二月十二日。春嶽らの感慨はいかがであったか。

ヨーロッパの激動を眼前に視る

日本最初の遣欧使節竹内保徳一行には、通訳には福地桜痴二十二歳、通訳の雇には松木弘安(のち寺島宗則)三十三歳、福沢諭吉二十九歳ら少壮有為の人物が随行している。通商条約で協定し調印した江戸・大阪・兵庫・新潟の開市開港は、日本の国内事情で履行し得ないので、その実施を五ヵ年延期するために、締盟各国に交渉する難題を抱えての公式訪問である。各国では東亜最遠の異国の珍客であり、将来の貿易の発展を嘱望して、到るところ異常の歓待を受け、(服喪中の英国女王ビクトリアのほか)各国元首に謁見し、英外相ラッセル・仏外相ツブネル・露外相ゴルチャコフらと堂々交渉し、重大使命を全うして文久二年十二月十二日無事帰朝したことは、あっぱれの殊勲といわねばならぬ。にもかかわらず、日本の国内では鎖国攘夷論が沸騰しているさ中であった。使節一行は、議会の運営・軍備・学校・博物館・博覧会・劇場、病院の解剖の実況に至るまで視察して、文物制度の充実と進歩に感嘆し、讃美し、時には驚異を感じた。復命の内容は豊富・多端であったが、幕府は朝野を風靡している攘夷論に萎縮し、竹内使節らの帰朝さえ内密にし、一行の人々には海外事情をみだりに口外しないよう内命している。遣欧使節については、筆まめな春嶽の日記にも一行も触れていない。また春嶽の側近村田氏寿(うじひさ)の『続再夢紀事』にも記述がない。

二　朝敵に擬せられた春嶽

政治総裁職春嶽は、将軍家茂の上京によって、朝廷と幕府の融和を企図し、政令一致を念願したが、こと志と齟齬(そご)し、逆効果となった。将軍の入京は既述の如く文久三年三月四日、激越せる尊攘の風潮の渦の中で、翻弄され、七縦八擒(しちじゅうはちきん)の憂(う)

い目にあい、老中格小笠原長行らの「将軍お迎え強行」の気勢により、将軍は六月三日参内、帰府の勅許を得、攘夷の功を奏するようにとの御沙汰を受けた。六月九日、将軍は京都を出発し大阪城に入り、小笠原長行を招致し意見を聴取、六月十三日大阪を発し、六月十六日江戸城に還った。

春嶽は将軍の上京を強く主張

昨年来、将軍の上京を強く主張したのは春嶽であった。将軍の滞京九十余日、公武合体推進の政治的効果は疑わしい。将軍は飛んで火に入る夏の虫の如く、京都において四面楚歌の苦難をつぶさになめたのである。これより先春嶽は政治的立場を失い、朝廷の諒解をとりつけ得ず、幕府の許可を得るに至らずに帰国したため、三月二十六日、幕府は春嶽の政事総裁職を免職にし、逼塞を命じた。春嶽の在藩中に越前藩の時局対策は強く動揺した。①挙藩上京して開国論を以て天下を指導する企図もあった。②藩主茂昭の江戸参勤の期日は切迫したが、京都の政情に即応し、出府を延期する件で賛否両論が対立し藩論はもめた。

越前藩論の分裂

文久三年六月十四日、幕府より越前藩主茂昭に対し、「参勤の時期であり、将軍は六月十六日帰府の予定である。相談の筋があるので早々出府せよ」との命令があり、六月二十四日には重ねて出府の督促状が届いた。幕府は越前藩の動向について神経過敏であった。越前藩では藩論が二分した。狛(こま)山城・中根雪江らの漸進的穏健派は、慣例を重くみて藩主の参勤を強く主張し、「まず将軍を擁して朝廷に奉じ、時艱を克服すべきである」と挙兵上京に反対した。本多飛騨・松平主(しゅ)馬(め)・長谷部甚平らの急進的革新派は、危急存亡の際、挙藩上京して、実力を以て開国論を推進すべきであるとし、横井小楠もまた革新派の顧問として、この際こそ開国論を以て天下をリードすべしと強硬に主張した。

越前藩における危機感

文久三年は国際的危機感の最も強まった年であった。越前藩においては、先年来銃砲・火薬を貯蔵し、三年正月より六月までに庶民の壮丁を選抜して、農兵四個大隊を編成し、五月には米国汽船を購入して黒龍(こくりゅう)丸と命名した。京都において

越前藩は雄藩と協力し開国方針を推進せんとする

は無謀なる攘夷親征論（実は討幕論）が燎原の火の如く瀰漫して、強引に朝廷を動かした。この間にも幕府は何ら成算なきにもかかわらず、追立てられるままに横浜鎖港の外交談判を開始せんとした。これは朝廷の意向に基づくものとして英・仏・米・蘭の四国は、軍艦を大阪湾に乗り入れ、直ちに朝廷と折衝しようとする気配を示し始めた。「かかる事に成り行けば、こと皇室の存立に関し、重大危機に直面することとなる。越前藩は藩祖の遺訓に則り、藩の全力を傾けて京畿の防衛に当るは勿論、雄藩と合議・協力し、乾坤一擲の奮闘により、朝廷と幕府に建議し、皇国安泰の開国大策を確立すべきは今日である。」この際、越前藩と縁故ある肥後藩（春嶽夫人の郷国）、友好関係ある薩摩藩、隣接する加賀藩と小浜藩に協力をよびかけ、公武合体に熱意ある尾張藩と会津藩と提携する方針を決定した。この藩議決定に先だち、文久三年越前藩主松平茂昭（春嶽の養子、二八歳）は無謀なる攘夷は不可であること、国交調整の緊要であることの建白書を提出している。その一節に

無謀なる攘夷を不可とする建白書

英国要求の三ヵ条（生麦事件の犯人処罰・島津久光の譴責と賠償等）は条理分明なり。卒然の攘夷の処置は、わが国より不義・無道の戦端を開くこととなり、わが万民を塗炭の苦に陥らしめ、神州の汚辱を四海に晒す。……慨歎に堪えず。

幕府が朝廷の鎖国攘夷を諫止不能ならば大政を返上すべし

越前藩主茂昭は、藩論をまとめ、文久三年三月二十一日重ねて意見を幕府に建白している。その要所を摘記すると、

航海開け万国比隣の今日、鎖国攘夷は非なり。……皇国は四面環海、進んで征すべく、退いて攘うべからず。孤立・鎖守は不可なり。……生麦事件処理の英国三条の申立は尤の道理にして、これを拒否せば曲は我にあり。……皇国有道の美名は一時に消失し、わが人心不和・機械不備、戦えば必然百敗の勢いなり。攘夷は勅命とは申せ、上は神明に対し、下は万民に対し申訳なきこととなる。……幕府は朝廷に対し奉り誠意を尽し、幾重にも御諫争せられたく、万一聴許せられずば、速かに大権を御奉還せらるべきである。云々。

京都藩邸にあって情勢を展望していた中根雪江は、五月三十日急ぎ帰福して、春嶽離京後の京都の情勢を詳細報告した。中根は在京中、朝幕の要路を始め、尾張・紀伊・長州・肥後・薩摩の重臣と会談し、実情を探索して帰福したのである。要点を摘記すると、次の如くである。

石清水社行幸に将軍供奉を辞す

四月十一日、天皇は石清水社に行幸、攘夷祈願、将軍家茂は病気と称し供奉を辞し、名代として後見職慶喜を始め水野・板倉両老中、多数の公卿・諸大名が随従参拝した。攘夷ムード最高調に達す。

四月十三日、攘夷の先鋒清河八郎（三四歳）は横浜の貿易商襲撃の陰謀ありとし、幕吏に暗殺される。

四月二十日、将軍家茂は、五月十日を攘夷期限としたことを奏上す。二十二日、諸大名に布告。この日、慶喜は攘夷実行準備のため東下の途につく。

四月二十四日、幕府は勝海舟に神戸海軍所造艦の創設を命じ、大阪湾沿岸防備にも当らせる。

攘夷不可能の故を以て慶喜は辞任を奏請

四月二十六日、慶喜は攘夷不可能の故を以て、将軍後見職の辞任を鷹司関白に請うたが、許されず。

五月九日、幕府の老中格小笠原長行（ながみち）は、独断を以て生麦事件償金洋銀四十五万元を英国に支払い、三港拒絶の旨を各国公使に告げ、幕府は在府の大名に戦備を命令する。

五月十四日、後見職慶喜は、攘夷不可能の故を以て、再び辞職を鷹司関白に請う。また許されず。慶喜は綸言は汗の如きも、勅旨貫徹の不可能を述ぶ。

五月十六日、五十一藩の親兵の部署定まる。その数千二百四十七人。

攘夷論の先鋒姉小路公知暗殺さる

五月二十日、攘夷論の先鋒姉小路公知（あねのこうじきんとも）（二五歳）皇居朔平（さくへい）門外にて暗殺さる。

五月二十二日、英軍艦七隻は横浜を出航、鹿児島に向うとの風説あり（六月二十二日出港）。

五月二十三日、長州藩士は仏国汽船を砲撃する。小倉藩は傍観し、両藩は反目し、紛争起る。

五月二十六日、長州藩士は蘭国軍艦を砲撃。大いに攘夷の気勢を昂揚する。

小笠原長行の上京と京都

五月三十日、老中格小笠原長行（四二歳）は外国奉行・神奈川奉行を従え、兵千余名を率い、海路上京。将軍を引取り、武威を以て尊攘派を制圧せんとす。クーデターの一歩手前である。朝廷は入京を禁ずる。

越前藩の緊急時局対策

文久三年六月一日、越前藩士一同を福井城に招集、春嶽と藩主茂昭主宰のもとに、政治顧問横井小楠（五五歳）も陪席し時々有力な発言をしている。この日は空前の活気溢る大評定が展開され、積極的時局対策が論議された。村田氏寿の手記『続再夢紀事』（第二巻）によると、その論旨は、

①一方的攘夷は到底行わるべきではない。しかしすでに天下に攘夷を布告した以上、あくまで条理を通し、国家の体面を保つには、かねてより上京を希

望している各国公使を京都に招致し、将軍・関白以下朝廷と幕府の要路が列席して談判を開き、彼我の所見を討究して後、公明正大に至当の条理を決すべきである。

思い切った大政奉還論

②近来幕府の秕政百出し、政令二途に出で、治安紊乱し人心動揺するは、幕府に人材乏しいためである。今後は、朝廷において万機を主宰せられ、親藩・譜代・外様の差別なく、賢明の諸侯をして、政治の機務に参与せしめ、諸有司も諸藩より適材を選抜して任用すべきである。

雄藩との折衝を始める

右は公明正大・大胆率直、時局収拾に的確な結論であったが、その実現の前提として挙藩一心は勿論、雄藩との協力を必須とし、京都における尊攘派の動きを見定め、計画は大胆周密で、巧みに時運に乗ぜねばならぬ。まず京都への出兵と、諸藩への折衝とが要請された。六月四日、番頭牧野主殿介は精兵四千を率い京都に向い出発した。青山貞と村田氏寿とは京阪の情況視察のため先発。同志の諸藩を糾合するため、尾張へは松平正直・長谷部甚平。金沢と小浜には、本多飛驒・三岡八郎（のち由利公正）、熊本と鹿児島には岡部豊後・酒井十之丞・長谷部甚平・三岡八郎。会津藩との折衝には京都留守居が当ることとなった。

攘夷親政は叡慮でないとの情報

文久三年七月四日、京都において村田氏寿は公武合体派の重鎮前関白近衛忠凞（ただひろ）に面謁し、①攘夷親征は叡慮では無いという内情をたしかめ、②右大臣二条斉敬（なりゆき）・内大臣徳大寺公純（きんいと）が鷹司関白にあてた「攘夷親征は自重すべしという意見書」（七月六日上申）の内見を許されたので、公武合体派の上層公卿・会薩等の諸藩が攘夷親征（討幕）に強く反撥している実情を知った。忠凞は村田氏寿に対し、「越前藩の君臣が大挙上京し朝廷と幕府に建言し国是を確立する企図は納得できるが、急げば仕損じるから、今暫く慎重に成行きを静観し、時機熟せば朝廷より何分の沙汰があるから、その際は上京して春嶽の尽力・斡旋を願いたい」とのことなので、村田氏寿は即日京都を出立、七月六日帰福し慎重論を展開し、これによって

越前藩の挙兵上京は一時見合わせる

春嶽・茂昭の挙兵上京は、一時見合せることとなった。

文久三年頃、越前藩に対する尊攘派の威嚇はきびしいものがあった。京都では「春嶽上京の先供として四千余の藩兵到着し、開国説を以て攘夷の朝議の変更を企図している」との巷説が早くも伝えられ、最盛期にある尊攘派は憤激して、春嶽の入京阻止を謀った。七月十三日には、「姦賊松平春嶽の策略に参画した」との嫌疑を以て西本願寺の松井中務を暴殺して、その首を三条大橋に晒し、七月二十七日未明には春嶽父子の旅館として借り入れた名刹東山高台寺（徳川家康の創建）を焼きはらい、四条御旅所のはり札には、

越前藩の宿舎東山高台寺焼打

高台寺の奸僧ども、朝敵の寄宿を差許し、不届至極に付、神火を放ち焼捨て畢んぬ。向後右様の者これあるに於ては同罪、天誅を加うる者なり。

この頃、京都においては、開国論者はすべて国賊であり朝敵であった。

これよりさき狛山城・中根雪江らは、「幕府の存在するかぎりは、まず将軍を

推して朝廷に奉ずることによって時局を収拾すべきである」とし、挙兵上京に反対し、藩主茂昭の参府を促進したが、中根らは、開国論の大勢に押し切られて全く沈黙し、藩論分裂の責を負わされて六月十四日譴責され（十一月まで）、蟄居することになった。しかし京都政情の変幻は目まぐるしく、七月二十八日には越前藩の開国論は一変して、穏健派が優勢となり、藩主茂昭は江戸に参府（八月十七日出発）することに決し、革新勢力の代表者本多飛驒・長谷部甚平・松平主馬・牧野主殿介・三岡八郎らは参覲軽視のかどによりつぎつぎに解職・譴責された。かくて安政五年四月以来春嶽の政治顧問として迎えられた横井小楠は、開国論を以て天下をリードすることを目指して活動したが、企図は挫折したのである。

中根雪江は藩論分裂の責を負う

また大津の札の辻にも、春嶽を朝敵と呼び、「もし越藩のために、宿駅に於て人馬を継立てる者あれば、天誅を加うるものなり」とはり札し、八月二日夜には、大津駅の越前藩御用達矢島藤五郎の暗殺事件があった。一方においては長州藩のバックアップにより、過激なる少壮公卿と志士・浪士の尊攘運動は、親征討幕に進展した。これに対立する穏健なる上層公卿と薩・越・会諸藩の公武合体運動とは、互いに拮抗した。急テンポで上昇した急進的尊攘派の猛烈な運動は、朝廷を支配し、八月十三日には攘夷親征の大和行幸の詔が下り、これを契機として討幕の挙に出ようとしていたのである。

攘夷親征のための大和行幸の詔

三　横井小楠と越前藩

熊本藩で志を得られなかった横井小楠が、世に出たのは全く春嶽の推挽による。ことに春嶽の政事総裁職時代には、小楠を重用して、幕府の諸有司との連絡・交渉に当らせ、その識見と手腕と機動力によって、春嶽の政治力は充分に発揮されたのである。春嶽の持論である時勢挽回策七条は、小楠の輔佐によって錬成されたものである。①将軍の上京を先務とすべきこと、②幕府への参覲交代を廃止して、

時勢挽回策七ヵ条

朝廷への参覲制を設くべきこと、③大名の妻子を国もとに帰すべきこと、④譜代・外様に限らず賢臣を選び、政官とすること、⑤大いに言路を開き、天下とともに公共の政治を行うべきこと、⑥海軍を興し、兵力を強化すべきこと、⑦外国貿易を諸藩にも許すべきこと、の七ヵ条である。文久二年八月二十七日、小楠は大目付岡部長常の要請により、春嶽の挽回策を解説し、有司の関心を深める等、その政治活動はこのころ最も活潑であった。以下小楠の識見と行実を一瞥(いちべつ)してみよう。

総裁職松平春嶽の施政方針

小楠は幕末の碩儒(せきじゅ)であり、維新史上の進歩的思想家であり、開明的な政策理論家でもあった。通称は平四郎、楠木正成を崇敬していたので小楠を号とした。先祖代々熊本藩に仕え、父太平は奉行職を勤めた。文化六年(一八〇九)生れ、春嶽より十九歳年長。小楠は三十一歳の時、藩命によって江戸に遊学、藤田東湖・川路聖謨(としあきら)らと交わって知見を深めた。天保十一年(一八四〇)帰藩して家塾を開き多くの門弟を導き、肥後藩の実学を振興せしめた。嘉永四年（四三歳）上京して梁川星巌らと交際し、さらに諸国を巡遊して越前の吉田東篁・尾張の田宮如雲らの知友を得て盛んに国事を談論している。嘉永四年の福井滞在は二十数日、その間小楠の講筵に侍する者七十余名。矢島立軒の追憶記によると、「小楠は天地経綸の道に深く、天下の事務を論ずると明快濶達、立言の雄として天下の第一人者か」と感歎し悦服している。

楠井小楠の最初の来福

嘉永五年、越前藩に藩学を興す議が起り、春嶽（二五歳）は人を介して小楠に学制を問うた。小楠の起草した『学校問答書』は肯綮にあたるものであったので、春嶽に好印象を与え信頼感を強めた。この「学校問答書」が小楠招聘の動機となるのである。

小楠の『学校問答書』

安政四年春、国事多端の折柄、春嶽は（三〇歳）越前藩に新風を流入するため人材を招聘せんとし、白羽の矢が立ったのが横井小楠（四九歳）であった。春嶽の命により、その直書と和歌を携えた村田氏寿は、安政四年三月二十八日、熊本に赴き小楠と面談・懇請し、熊本藩主細川斉護（春嶽夫人勇子の父）の好意によって招聘のことは順調に運んだ。春嶽の小楠に贈った直筆の和歌は、

　愚なる我身に注げ開けたる　君が心を春雨にして

春嶽の政治顧問としての小楠

小楠にとって越前は曾遊の地で肝胆相照の知友も多く、ことに春嶽の誠意と懇志に感激したのである。小楠は、文王に迎えられた呂尚（太公望）の如く、勇躍して福井に赴任したのは安政五年四月十二日、時に円熟老練の五十歳であった。越前藩は小楠を賓師として家老の上席に置き、意のままに経綸を実現せしめた。幕末、春嶽の政治活動には、小楠の啓沃し参画したものが多い。小楠は越前藩の賓師として六年間、江戸に赴くこと二回、熊本に帰省すること三回、春嶽の側近にあること約三年間、ことに春嶽の総裁職在任間の輔沃は、小楠生涯の政治活動のハイライトの観がある。

小楠は春嶽の支持により天下に名をなす

小楠は春嶽の知遇を得て「天下の小楠として」江戸の檜舞台で、

渾身の知謀を発揮することができた。小楠の率直なる述懐『沼山閑話』の一節に次の如き意見がある。

方今、天下の危機は刻々に切迫して来た。幕府は、学徳あって練達せる幕臣をも登用せず、列藩賢俊の士をも挙用せず。長州を憎み薩州を嫌い、ただ二・三の閣老が会津藩や桑名藩と結託して権勢をほしいままにしている。これは公明を欠く幕府の私見で、天下の事がますます困難になって来た所以である。この時この際、幕府たるものは公明正大なる本心に立ちかえり、従来の私心を取り去り、天下と共に天下の事をなすという心になるならば、世は忽ちに治まるであろう。

『沼山閑話』の一節に「幕府本位の私見を去れ」と

横井小楠
（春嶽の政治顧問として活躍した頃）

春嶽も小楠も、思想の基盤は共通していた。いな切磋琢磨によって同一方向に向ったのであろう。しばしば幕府の私政を批判しているが、「天下と共に天下の事を為す」べきを言い、「天下の権利を擅にする幕府は、やがて天下の人心を失う」ことを警告していたのである。小楠は安政二年春より自主的開国論を堂々と主張し、安政五年頃には朝廷中心の公武合体論を強調し、過激なる討幕論を排撃している。これが尊攘論者からは煮え切らぬとして白眼視されたゆえんである。

小楠の自主的開国論

小楠の春嶽評

小楠は、敬重し信頼した春嶽を評して、

公は、難局収拾にあたり、盤根錯節を切り開く信念と勇断に欠けるとの批判も皆無ではなかったが、公は私心に囚れず、事理を解する識見高く、正直にして律義な君子であった。下情に通じ、下を愛する情愛が篤く、当代稀に見る名君であった。

小楠が越前藩の賓師として春嶽を輔沃し、門下生を薫陶したのは、安政五年四月から文久三年八月まで（春嶽三一歳より三六歳。小楠五〇歳より五五歳）六ヵ年に及ぶが、その経綸は藩政の刷新に、その識見は門下生の育成に、越前藩に影響するところが甚大であった。

小楠の学殖と経綸

①小楠は『神皇正統記』『太平記』を愛読し、四書・五経・『近思録』『左伝』『史記』『漢書』に通じ、『万国公法』『海国図志』の漢訳書も読んでいた。横文字は読めなかったが、視野の広い碩儒であった。彼は常に「わが国には世界無比の幸福がある。皇統一系・金甌無欠の国体がそれである。君徳を輔沃し奉り、条理あるところに任ずれば、君民一致して開明無比の域に達することができる」と切言し、幕府の歴史的存在の意義を肯定していたが、公武一和が行詰ると幕府を見限って、勤王一筋に邁進する先見の明があった。小楠の号は楠木正成の誠忠にあやかったのである。門弟三寺三作に依頼して、越前藤島の新田義貞戦歿地の小石を持ち帰って沼山津（熊本市秋津町）閑居の座右に置き、「朝夕愛撫すれば、卑劣の心は

消散して、忠誠心は新たによみがえる」と語っている。幕臭の強かった越前藩に、一陣の新風が流入した感がある。

越前藩に一陣の新風を流入

②小楠は神智・霊覚の天才肌で、人情に脆く温厚・濶達であった。虚飾・虚勢を嫌い性格は開放的で、勝海舟が『亡友帳』に記す如く英豪・高邁ではなかったが、能弁・快談は時に舌剣となって対者を圧倒した。一面には率直な放言癖にわざわいされて、時に機密漏洩の譏を受け、真意を誤解されることもしばしばあった。

小楠は開明的な政策理論家

③小楠は安政初期の先覚者・開国論者としては、佐久間象山と共に、東西の双璧であった。西洋文明の長所を理解し、採長補短、皇国独特の学を建立することに努力したが、誤ってキリスト教信者との噂を立てられ、「夷賊に同心し、海内に天主教を広めんとし、夷狄侵略の素地を造るもの」として誹謗され、太政官の参議在任中、明治二年正月五日京都において暗殺された。時に六十一歳。

④小楠は、刻苦修養して天下に貢献すべき経綸をいだいていたが、肥後藩では

小楠の幕政改革五事

志を得ず、太公望きどりで文王の出現を夢みたが、春嶽の知遇を得て、初めて驥(き)足(そく)を展(の)べる好機に恵まれたのである。文久二年八月二十四日の「幕政改革五事」と文久二年十二月二日の「攘夷三策」は、小楠が政事総裁職の春嶽に進めた献策の秀逸である。

⑤小楠の治国済民の方策は、公武合体・開国通商・殖産興業・陸海軍備の充実等であって、その根底には近代的国家思想がひそんでいた。当時、小楠の志向した共和思想とは、公議政体論を意味するものであった。小楠の言葉に、「堯舜(ぎょうしゅん)孔子の道を明らかにし、西洋器械の術を尽くせば、何ぞ富国に止まり、何ぞ強兵に止まらん。大義を四海に布(し)くのみ」と。これは虚勢の言ではなかった。小楠の思想の特色は、実学を旨とし、即時即応の国家経綸の学であったので、春嶽の思想啓蒙に、さらに政治活動に影響するところ甚大であった。

経済を主とする実学

⑥越前の藩風は律義・保守・謹直で、いささか形式主義の臭味があった。小楠

小楠の放言癖

は開放的で率直・明快で、酒の興趣を解したが酒癖の悪いのが玉に疵であった。小楠の自由・放奔・明朗・活達は長所であると共に、裏をかえせば欠点として誹謗する者も尠くなかった。春嶽は、小楠の欠点である酒席における放言癖を婉曲に誡め、密事漏洩につながるものとして、「事は密を以て成り、語は洩るるを以て敗る」という諺を引用して戒めている。小楠の奇禍は、時処に頓着せぬ不用意な放言に基づくのである。

小楠の感化・薫陶

⑦越前藩士で天下に令名あった人々の多くは、大なり小なり小楠の感化薫陶を受けているのである。村田氏寿・長谷部甚平・酒井十之丞・松平正直・本多釣月・岡部千尋・由利公正・青山貞・牧野幹・堤正誼ら枚挙に遑がないのである。

波瀾万丈の小楠の生涯

小楠は文久三年夏の越前藩政変の中心人物であった。穏健派と対立し、失政の責任を負うて、八月福井を辞去し熊本に帰ったが、熊本藩では、旧事を批難され士籍を剥奪され、沼山津に恵まれぬ晩年を送っていたが、新政府成立するや、慶応四年閏四月二十一日、太政官（だじょうかん）の参与に任用され、新政府高官中の最年長者として重きをなしたが、攘夷激派の十津川郷士の集団に暗殺されて、六十一歳の波瀾万丈の数奇な生涯を閉じた。

第七　春嶽朝政に参預す

一　政変後の政局収拾に挺身す

文久三年五月の下関戦争、七月の薩英戦争の結果、薩長の攘夷論者は転向した。これより五年前の安政五年七月四日、横浜（神奈川）開港以来、東亜航路の外国船の多くは波静かな瀬戸内海を通過し、下関海峡を経て長崎に寄航、上海に向うのが恒常の安全コースであった。通商条約を無視し、幕府に反目する長州藩によって下関海峡が封鎖されることは、列強としては黙過できぬところであった。

下関海峡封鎖をめぐる攻防戦

文久三年五月十日の攘夷期日に、米国のペンブローク号が長州藩より砲撃された。ここにおいて、米艦は六月一日海峡封鎖の報復として下関砲台に痛烈な砲撃をあびせ、陸戦隊二百五十名を上陸させて台場を占領し、長州の軍艦庚申丸・壬戌丸を撃沈した。米国戦力の優越を示したのである。英国は、薩州藩が文久二年八月の生麦事件の解決に誠意なしと認め、七隻よりなる艦隊を鹿児島に廻航し、天祐・白鳳・青鷹の三船を奪い、船長五代友厚・寺島宗則を捕え、豪雨烈風の中

薩英戦争により彼我の戦力を知る

三昼夜にわたり凄激な薩英戦争を展開、砲火により鹿児島町に大火災を生じたが、英艦隊も弾薬・食糧が欠乏してついに倉皇として退去した。薩藩の戦死傷十八人、英軍の死傷者六十三人。薩長共に欧米の兵器の威力を痛感した。長州においては翌元治元年八月五日、英・仏・米・蘭の連合艦隊十三隻によって下関を砲撃されたので、遂に屈服して下関海峡を開放した。薩摩藩においては、十一ヵ月後の元治元年六月、薩英和議が成立し、英国に対し二万五千ポンドの賠償金を支払った。

薩長と英国の接近

薩長の攘夷論者の眼はさめた。雨降って地固まる譬、薩も長も忽ち開国論を打ち出し、特に英国に対する理解を深め、親英ムードが盛りあがるのである。

これよりさき、長州藩の攘夷親征の建白があり、多くの公卿の支持もあって、文久三年八月十三日「孝明天皇が神武天皇御陵に参拝、攘夷の成功を祈願、ついで軍議を開き、伊勢神宮行幸」（予定は八月下旬か九月上旬）の旨を在京諸侯に布告した。翌八月十四日、長州藩の益田弾正・木戸孝允・久坂玄瑞、熊本藩の宮部鼎蔵、土佐藩の土方久元ら錚々たる尊王討幕論の闘士が学習院出仕を命ぜられ、親征軍議の準備に参与することとなった。この攘夷親征は、真に叡慮によるものではなく、長州藩の強いあと押しによる急進派の公卿と尊攘志士の謀略によるもので、徳川幕府の政権の否定を狙い、討幕と王政復古のきっかけを作るのが真の目的であった。

攘夷親征は討幕の謀略

急進的尊王討幕に反対し、幕府の史的存立を肯定し、雄藩連合を志向する公武合体派の巨頭（中川宮朝彦親王・近衛忠熙父子・二条斉敬・松平容保ら。但し松平春嶽は福井にて謹慎中、島津久光は帰藩中）は、朝廷側近の穏健派と固く提携して、ひそかに尊攘勢力の逆襲を企謀・画策し、遂に文久三年八月十八日早暁、会津藩と薩摩藩の軍勢の

八・一八クーデターは春嶽帰福中の出来事

八・一八事変により尊攘派は京都より放逐さる

警戒のもと、「御親征は御思召に在らず」との勅命を奉じ、中川宮を中枢として、クーデターを敢行して、大和行幸を無期延期し、三条実美ら二十一人の急進的尊王討幕派の公卿の参内を禁止し、国事参政と国事寄人を廃止し、約三万と称する長州藩兵の宮門警固を解除した。これは幕末史上に一大転機を劃した刮目すべき政変であった。三条実美ら七卿は長州に向って都落ちをした。京都における長州藩の政治勢力は一夜にして凋落・退縮し、会津・薩摩両藩の勢力は、俄かに京都を風靡した。かくて極度に沸騰した攘夷論は俄かに緩和され、消極的となるのである。京都にもえさかる尊攘の火焰は、中川宮を中心とする会津・薩摩両藩の投ずる大消火弾によって延焼を防止することができた。

これよりさき、文久三年三月二十一日、政事総裁職の辞表を届け捨てにして許可を得ない内に離京したため朝譴をこうむった春嶽（三六歳）は、福井に在っても憂国の至情にもえ、京都の風雲の去来を注視していた。八月十八日のクーデターにより政情は一変したので、公武合体派の人々は等しく春嶽の上京を切望した。文久三年九月十日、軍艦奉行の勝海舟(四一歳)は手紙によって春嶽の上京を促がし、「閣老始め有志の者は、一日千秋の思を仕り居り候儀にて、島津三郎(久光)その他の上京前にも、御憤発御発途御座候様願い奉り候」と待望し、勝海舟はさらに左の如く、幕府の施策空転の内情を訴えて、春嶽に信頼を寄せているのである。

勝海舟は春嶽の上京を待望

当六月(文久三年六月十六日)上様(将軍家茂)御東帰以来幕府には一定の議御座無く、空論紛々、諸役遷転虚日なく、形勢日々に危険、唯々累卵の如くに御座候。……幕府の定論相立たず、傍議に妨げられ候のみ。……役々の議論兎角動揺し一定仕らず、これは全く天下の形勢不安内(案)より相生じ、且当今は将軍の職掌如何と申すことを相忘れ……、御英意も下に貫徹薄く相成哉と慨歎仕り候。

勝海舟は江戸の情報を春嶽に提供

勝海舟は春嶽を一日も早く上京せしめて、「衆議の上、開国論を叡聞に達し」

開国論いまだに叡聞に達せず

朝廷の鎖攘論は春嶽によって改変されたし

たいと念願していたので、春嶽の「高明正大の御卓見を以て、御誠実に天下の形勢を叡聞に相成候様仕りたし」と、ひたすら期待をかけていたのである。

幕府は文久二年、外交使節竹内保徳（やすのり）・松平康直（やすなお）を欧州に派遣して、江戸・大阪・新潟・兵庫の開市・開港五ヵ年延期の承諾を得、文久三年には尊攘派の猛攻に屈従し、朝廷の信任をつなぐために、心ならずも、すでに安政六年より貿易を開始している神奈川の鎖港談判（文久三年八月十四日より）に取りかかった。これは世界の大勢を無視した逆コースであった。時代錯誤の大醜体を暴露するものでもあった。春嶽も勝海舟・大久保忠寛も、今さらに神奈川鎖港は痴人の夢であることを熟知し、国家に不利益であり無謀であることを知悉（ちしつ）しているので、幕府内の先覚者勝は、信望と貫禄ある春嶽の力によって、公武合体派の諸大家を糾合し、その政治力の結集によって、朝廷の固陋（ころう）なる鎖国論を一変し、確乎不動の開国方針の樹立を念願したのである。

文久三年十月策定した越前藩論の概要は、

国論の分裂は破局を招く

越前藩の方針

わが国のみ国を鎖して世界に孤立するは、皇国の恥辱にして、天理に背き信を宇内に失う。彼等は、皇国挙国一致するも当るべからざる強国なり。況んやわが国内の開鎖の議論は分裂して一致の見込なく、已に瓦解の姿なり。理由なく五箇国（米・英・仏・露・蘭）を攘夷せば、第一信義は立たず。彼を知らずして唯今鎖港せば、皇国滅亡に至るは必定なり。世界の推移に随い航海通商により国を富ますべし。鎖国は防衛のみにて、国威の更張にはあらず、京師に於てひたすら攘夷を唱え戦うも勝算なし。西洋は邪宗なりと嫌悪するも、古えの切支丹とは異り、随分取り用い様によりては、弊害を生ぜず、……越前藩一定の論は、五箇国と並立して、大軍艦百隻を整え、重々の台場を設け、この方より盛んに航海し、わが不用の品を彼の有用の品と交換し、更に列国間に介在して有無相通ずる時は、自然に海内富強の国となるべし。……万一

京都の固陋頑迷なる洋夷観

天朝と幕府の時代錯誤を諫む

彼より信を破らば、曲は彼にあり。忽ち進航してその国を攻略するに至るべし。……もっとも当今の無謀なる夷攘の説とは異り、五箇国を一時に敵とする如きことは決して無く、一国或いは二国ならば、小敵を破るは安かるべし。然るに京都にては大勢に着目せられず、洋夷を禽獣の如く思召さるるも、蛮夷すでに開化し、仁政を施し、万国通信の為体（ていたらく）にして、古えと同日の論にあらず。もし京師の論の如くなれば、文王（ぶんのう）（周の祖、帝王の模範）・孔子も夷狄（いてき）とみなしこれをも追い攘うべきか。……且つまた幕府の洋夷通信航海の義は恐怖心より起り、大いにその策を誤りて、皇国の利益となる理を知らず。……就いては恐れながら、朝廷の思召も幕府の処置も共に、天理を知らざる患と申すべきか。その患を知りて諫（いさ）めざるは、臣たる者の忠に非ず。……越前家に於ては一定の論を立て翻（ひるがえ）さず、只々皇国永久の謀と信じ居り候えば、是非この説を押しとおし、臣子の道を守り、恐れながら天朝・幕府の御失策を諫め奉り、藩論もし容れられざるに於ては斃れてのち止む決意なり。……この定論は、春嶽言上中にも毎度建白に相成候えども、御採用これ無き故に……一藩必死の覚悟にて上洛に決定……いつにても上洛の準備は一藩こぞりて覚悟罷在り、只今にても京師近くに異変これあり候はば早速馳付候心得に候旨、右議論に及び候事。

越前藩必至の覚悟にて上洛

文久三年十月の時点において、これほど率直・明確に、藩論を統一して、事理闡明の開国論を宣言した藩があっただろうか。

春嶽の不束を勅免

さらに、十月三日入京した島津久光（四七歳）よりも、春嶽に上京するよう矢の催促を受けた。松平容保の斡旋により、文久三年十月六日朝廷より「春来の不束勅免を仰せ出」だされ、上京を命ぜられたので、春嶽は十月十三日福井を出発。

島津久光と春嶽の時局対策協議

十八日、半年ぶりで京洛の地を踏み、東本願寺学林を居館とした。春嶽の入京を待ちわびた島津久光は、早急に春嶽を訪い、八ヵ月ぶりにて時局対策を協議し、

叡慮は王政復古にあらず幕府へ政務委任にあり、公武の和熟を望まる

Ⓐ公武合体を固くし、雄藩との協力による幕政の改革、Ⓑ天理公道に基づき開国方針を天下に明示することの緊要等について意見は一致した。

孝明天皇の公武合体に対する叡慮は、王政復古に非ずして、関東への政務御委任にあった。

暴論の輩、王政復古を強く申し張り、種々計略を運び候得ども、朕に於ては好まず、初発より不承知申し居り候。過日決心申出候通り、何れにも大樹（将軍）へ委任の所存に候。この儀は先達て大樹へも直に申渡し、一橋（慶喜）へも直話いたし候事にて、今更替え候儀これ無く、何処迄も公武手をひき、和熟の治国に致し度く候。右の儀深く心得て貫いたく候事。（文久三年十一月十五日附、近衛忠煕の手を経て、島津久光に賜わった宸翰の一節）

春嶽は島津久光と同心協力、叡慮に随順して公武合体達成のため、精魂をこめて奔走した。春嶽は十一月七日、中川宮（朝彦親王、四〇歳、八月十八日政変の中心人物）

を訪問、同席の京都守護松平容保（二八歳）と隔意のない会談に花が咲き、春嶽は中川宮と守護職の直話により、政変の真相を知悉した。席上、数ヵ月前には「宮は陰謀、会津は奸賊、越前は朝敵」と誹謗されたその三人が、ここに同席するは真に奇遇であると、数ヵ月前を追想し哄笑した。

中川宮と容保と春嶽の三者鼎談

公武合体運動の展開

文久三年八月十八日以降、三条実美らの少壮公卿や長州藩等の過激な尊攘派（討幕派）は政局の中心から排除され、公武合体派の中川宮を枢軸として、二条斉敬・近衛忠凞と忠房の父子・徳大寺公純らと、一橋慶喜・松平春嶽・島津久光・山内容堂・松平容保・伊達宗城らの有力者が提携・協調して、しばしば中川宮邸・島津邸・会津邸・越前邸等に会同し、外交問題・長州問題等について対策を協議した。その間、犬馬の労に甘んじ重大使命を負い東奔西走し活躍したのは、薩摩藩士小松帯刀・高崎正風、越前藩の酒井十之丞・中根雪江（十一月七日蟄居を解き上京せしめた）、幕臣では勝海舟（十月二十三日帰府）らであった。

二　参預と幕府との扞格

春嶽が政事総裁職として在京中、鷹司輔凞（五七歳）は近衛忠凞（五九歳）のあとを受け、文久三年正月二十三日関白に任ぜられた。時は攘夷運動の極盛期で、尊攘志士・浪士の献策・請願する者は門前に市をなし、八月十八日の政変に際し、鷹司邸は尊攘公卿や討幕志士の屯集所となり、クーデターの際は禍乱の中心の如くであった。巷間では「長州関白」とあだ名をつけられ在任十一ヵ月、文久三年十二月二十三日、政変の責任を負い辞任し、二条斉敬（四八歳）が関白に任ぜられ、公武合体推進に畢生の努力を傾けた。

「長州関白」鷹司輔凞の在任十一ヵ月

文久三年八月の政変によって過激なる尊攘派は凋落・退縮し、政局はおのずから公武合体派の島津久光・松平春嶽・松平容保・山内容堂・伊達宗城らによって掌握されることになった。容保は会津藩主で文久二年閏八月一日以降、京都守護職

公武合体派の巨頭を朝政の参預に任命

であるが、久光は藩主の前歴なく無位・無官であり、他はみな隠居（退役の前藩主）であり、これらの巨頭協議会は、法的権限なく放談会の形であったので、薩州と越前両藩の努力により参預制度が生れた。文久三年十二月三十日、朝廷より慶喜・容保・春嶽・豊信・宗城の五名に対し、参預（正文は参与ではない）に任命する御沙汰があった。春嶽に対する朝廷の御沙汰書は、

参預出現のいきさつ

容易ならざる時節に付、参預あるべく御沙汰候事

越前前中将　松平春嶽

島津久光は（かつて藩主就任を希望したが、幕府はこれを拒否したいきさつがあった）久しく無位・無官で政事に奔走したが、文久四年正月十三日、従四位下左近衛少将に叙任の上で参預を命ぜられた。これは公家独占の朝政に大名級の武家が参与する発端で、公卿中には異例として武家の朝政介入を白眼視するものが多かった。幕府側では、幕権を凌駕せんとする雄藩の活動——ことに島津久光の活躍を眼の上の瘤と嫉視し、朝廷では二条関白・徳

大寺右大臣も必ずしも乗り気ではなかった。朝政参預は島津久光の腹案であり、薩摩・越前両藩士の政治工作により、中川宮朝彦親王・二条関白らの諒承によって出現したものである。参預は、隔日に朝廷と二条城とに参集し当面の国政を懇談協議する、いわば幕府と雄藩連合の一種の議政機関ともいうべきものであって、文久四年一月四日に初会合が開かれた。しかし参預間には思想・感情に相容れぬものがあり、それぞれに虚々実々の思惑(おもわく)があって、お膳立ては整ったが、協議は順調に運ばなかった。ことに慶喜と久光には、互いに反撥する宿命的な何物かがあった。

春嶽らの要望により将軍二度目の上京

朝幕の関係を一層親密にするために、将軍の長期滞京を希望した慶喜・春嶽・久光らの要請もあって、将軍家茂の二条城に到着したのは、文久四年正月十五日、将軍家茂の二度目の上京であった。将軍の第一回入京の時は、尊攘運動の最盛期で四面楚歌(そか)の観があった。今回は公武合体気運の盛りあがりのさ中であった。正月二十一日在京の大名・高家等四十数名を従えた将軍家茂一行の参内の行装は盛大・壮観をきわめ、春嶽は「朝幕共に好首尾」と満悦しているのである。この間舞台裏での久光と家臣小松帯刀の画策は大胆・周密にして容易ならぬものがあった。この吉日、将軍家茂を右大臣に任じ、勅諭を下して「一定不抜の国是を議して、天裁を請わしめ」給うた。勅諭は秋霜烈日、その一節に将軍を指して、「汝は朕が赤子、朕は汝を愛すること子の如し。汝は朕に親しむこと父の如くせよ」とあり、また「内は則ち紀綱廃弛、上下解体、百姓塗炭に苦しむ。殆んど瓦解土崩の色を顕し、外は則ち驕虜五大洲の凌侮を受け、正に併呑の禍に罹らんとす。その危きこと累卵の如く、又焦眉の如し。朕これを思い夜寝る能わず、食は咽を下らず」と慨嘆したまい、攘夷に就いては、「嗚呼、汝夙夜心を尽し、思いを焦がし、勉めて征夷府の職掌を尽し、天下の人心の企望に対答せよ。それ醜夷征服は国家の大典なれば、遂に膺懲の師を興さずんばあるべからず。然りと雖も、無謀の征

島津久光の舞台裏の政治工作

無謀の征夷は朕の好むところに非ず

夷は、実に朕が好む所に非ず。然る所以の策略を議して、以て朕に奏せよ。朕その可否を論ずる詳悉。以て一定不抜の国是を定むべし」との将軍への勅諭に附帯して、左の沙汰書が下った。（括孤内は著者註記）

春嶽ら五名を幕府の相談役に命ぜよとの沙汰書

会津中将（松平容保）
越前前中将（松平春嶽）
土佐前侍従（山内容堂）
伊達前侍従（伊達宗城）
島津少将（島津久光）

右、幕府の相談役を命じ、大小の枢要の政を司どらしめ、以て政事輔翼の任とすべし。そもそも閣老その他大小監察あり、闕出の事あるべからずと雖も、方今内外切迫、変故百出、至難の世態、もし廟謨いささかにても遺漏を生ぜんには、百事潰敗し再び救うべからず、遂に夷狄併呑の禍にかかり、彼が有となるべからず。ああ汝、この五人と、夙夜惕励して以て挽回する所以を思い、ともに計り、とも議せよ。（文久四年正月二十一日）

特に五名の朝議参預に対する御信頼

右の沙汰書により、特に会津・越前・伊達・土佐・島津の五侯が、何故に朝廷より格段の信頼を蒙ったかについてはいきさつがあった。政局の舞台裏においては、薩藩の活動はいよいよ活潑に行われた。消息通の間では、将軍家茂に降下した宸翰の内容は、この正月七日に密奏した島津久光の意見がとり入れられたという。薩州藩は越前藩に協力を求め、強力に政局をリードした。島津久光の政見は、中川宮・近衛父子を通じて朝議に反映し、やがて公然ライバルの長州藩をあからさまに排撃するに到った。この間、参預会議の重要案件は、①神奈川鎖港談判の件、②長州処分の件、③大阪湾沿岸防備強化の件、④京都守護職の件であった。

将軍第二回目の参内

将軍の第一回参内より五日を隔てて、文久四年正月二十七日、将軍家茂（一九歳）は御召により、後見職慶喜を始め大名・高家四十数名を随え再び参内、宸翰を拝

三条および長州の攘夷運動を暴と断じたまう

春嶽・久光らの政見に対し慶喜は反撥す

した。「武備を修め膺懲の典を挙げ武臣の職を尽せ」と、孝明天皇の攘夷の叡慮は不変・不動であった。しかし、宸翰の文言中に、「如何せん、昇平二百有余年、武威以てのほか寇を制圧するに足らざることを。もし妄りに膺懲の典を挙げんとせば、却って国家不測の禍に陥らんことを恐る」と、特に無謀の攘夷を誡められ、さらに「豈料らんや、藤原（三条）実美らは、鄙野の暴説を信用し、宇内の形勢を察せず、国家の危殆を思わず、朕が命を矯めて、軽卒に攘夷の令を布告し、妄りに討幕の師を興さんとし、長門宰相（毛利慶親）の暴臣の如き、その主を愚弄し、故無きに夷船を砲撃し、幕使を暗殺し、私に実美らを本国に誘引す。此の如き狂暴の輩、必罰せずんばある可からず。然りと雖も、皆これ朕が不徳の致す処にして、実に悔慙に堪えず」と。この再度の宸翰によって、長州処分の方向は明確になった。

『島津久光公実紀』によると、文久四年正月二十七日将軍に賜わった宸翰の案文は、久光の草案が中川宮と近衛忠凞前関白の手を経て上聞に達し、そのまま御採用になったということである。これに対し春嶽と容堂は、外交折衝中なれば国内紛争の勃発を極力回避すべきであるとし、平穏に寛容を以て長州藩と話し合うべきであるとした。春嶽・久光・宗城の三者は、「鎖港談判については徒労愚劣、成功の見込みはない」と断乎談判中止を主張し、慶喜の意見と鋭く対立した。

京都守護職の更迭

幕府は「長州藩に恭順の誠意はない」として、すでに元治元年八月二日長州征討軍の部署を定め、紀伊藩主徳川茂承（二一歳）を征長総督とし、七日に突然、前尾張藩主徳川慶勝（四一歳）に変更し、越前藩主松平茂昭（二九歳）を副将に任命した。八月十八日政変後の容保は、京都守護職として勢威は絶頂にあり、天皇の信頼厚く、天皇の御信頼を辱うした春嶽と共に、「近来偽勅・矯勅等叡慮に背馳する策動さえある朝廷の内部の積弊粛正」に挺身する決意であったが、容保は慶喜の意図により、文久四年二月十五日守護職を春嶽に譲り、心ならずも軍事総裁職に任ぜられた。慶喜の意図は、容保を軍事総裁職として、その全力をあげて長

参預は二ヵ月にして廃絶

州制圧に当らしめるためであった。

参預会議は文久四年一月（二月二十日に元治と改元）より三月にかけて、しばしば開かれたが、暗黙の間に主導権を争う幕府側と薩摩・越前・宇和島（巷間では三角同盟とのうわさあり）側の間に摩擦を生じた。幕府側にも将軍側と後見職慶喜（三月二十四日解職）間に対立を生じ、幕府には、紛々たる論議を統制し得る中心勢力を欠いたため、議論倒れとなり、公武合体を目指した参預会議は内部より崩壊し始めたので各参預は熱意を失い、幕府は参預会議を屋上に屋を架するものとして、解職を朝廷に奏請するに至った。まず参預会議に失望した春嶽は元治元年三月十三日、願いにより参預を解任されたが、さらに御用の時は参内すべき旨仰せ出された。翌三月十四日、容保と久光と宗城は参預を解任され、開国論者の永年の主張は水泡に帰した。朝政参預の制度は、時局の重圧と幕府側の不満により、僅かに二ヵ月余にして廃絶したのである。二月十一日松平容保が陸軍総裁職に転じたため、

春嶽は京都守護職を適職とせず

二月十五日春嶽は京都守護職に任ぜられ、隠居ながら京洛治安維持の最高責任を負い、将軍の任命により翌日十六日以降、大蔵大輔を称することとなった。しかし春嶽の開国論（鎖港反対論）は朝幕の方針に反するとなし、徳川茂承・板倉勝静・新選組等は、春嶽の守護職解任のために、松平容保の復職を希望したのみならず、新選組は春嶽の支配下に入るを喜ばず、さらに春嶽と慶喜とは外交問題・長州処分問題等について所信を異にし、慶喜は春嶽の建言と忠告を煙たがる態度が明らかとなったので、春嶽は元治元年三月二十一日京都守護職解任の願書を幕府に提出し、四月七日解任された。

政情の混迷より離脱して悄然帰福

四月八日朝廷より御暇をいただき、なお軍勢は残し置き「非常の節は皇居を警備せよ」との御沙汰を拝した。四月十一日、朝廷より去年十月以降在京して「公武御一和の筋、抜群の周旋、かつ参預・守護職奉職中の苦労」を賞せられた春嶽は、参議に推任、正四位上に昇叙、四月十九日京都出発、二十三日帰福した。後任の守護職には、自他の希望により会津藩主松平容保が五十日ぶりに復職した。

将軍第二回目上京の成果は再度の庶政御委任の御沙汰

これよりさき文久四年正月二十一日、将軍家茂（一九歳）を京都に迎え、公武合体によって政令一途を切望した参預春嶽・久光・容保・宗城らを始め諸侯の努力も成功しなかった。将軍は再度「庶政御委任」の御沙汰を拝し、「国家の大政・大議は必ず奏聞すべきこと」を命ぜられ、①横浜鎖港の成功、②無謀なる攘夷を行うべからざること（攘夷の気勢はいくらか緩和に向った）、③長州処置の一任、④人心の融和に努力すべきこと、の四条励行の責任を負ったのである。将軍は元治元年五月二日、参内して暇乞いをし、大阪湾沿岸の防備を視察し、海路を経て五月二十日、五ヵ月ぶりで江戸城に帰った。

公武合体派分裂し京都政情の変貌

既述の如く、文久三年八月十八日の政変によって、京都の政局は変貌した。二条斉敬（なりゆき）・近衛忠凞（ただひろ）・徳大寺公純（きみいと）ら公武合体派の上層公卿が、慶喜・春嶽・容保・久光・容堂・宗城らの諸侯と結んで政局収拾に努力したが、同じく公武合体派でも春嶽・久光・宗城の開港論者と、一時の弥縫(びほう)策に没頭する幕府の横浜鎖港論とは平行線を辿った。また幕府内でも将軍派と一橋派とに間隙が生じ、釈然たらざるものがあった。

幕府と薩州藩との対立深刻となる

島津久光は文久三年七月の薩英戦争以後、率直に開国説を打出し、幕府の貿易独占を非とし自主貿易を企望したが、幕府は利権の後退を杞憂して、諸藩の自主貿易を喜ばず、さらに鎖港を期待する朝廷への宥和(ゆうわ)政策として、文久三年の後半期に至って、幕府は貿易の抑制を強め、一方には欧米諸国に対しては、時代に逆行して鎖港を提議するため、文久三年十二月秀俊・豪邁の外国奉行池田長発(ながのぶ)(二七歳)らをヨーロッパに派遣したが、フランスでは却ってその無謀を説得された。

訪欧鎖港使節池田長発の帰朝

使節一行は欧州の富強と文物の進歩に驚歎し、日本の現状に省み、胸中忸怩(じくじ)たるものがあった。池田らは決然死を賭してもわが上下を覚醒せしむべきであると決意し、元治元年七月二十二日帰朝復命したが、幕府は周章・狼狽するのみで、交涉内容を極秘にした。

斜陽の幕府の守勢と列国の外交攻勢

幕府は確信のないままにさらに五品江戸廻送令の励行、国産統制の計画等、つぎつぎに幕府の利権本位の経済政策を遂行することに焦慮した。

安政四年以降の幕府は、朝廷の権威上昇と、雄藩の抬頭とによって挾撃を受け、もはや天下を制圧する実力を失い、欧米の外交攻勢に適応する外交識見と方策を欠如していることを知った。

諸外国は朝幕の対立と、幕藩制度の弛緩（しかん）によって弱体化しつつある日本の内情を看破した。欧米各国の公使・領事らは、とうてい穏健な折衝では、貿易の振興の見込みなく、局面打開には、武力を背景とした強硬交渉による必要ありとし、

連合艦隊下関砲撃事件の影響

既述の如く英・米・仏・蘭の四ヵ国は、まず長州藩の攘夷意識を払拭（ふっしき）し、下関海峡を開放せしめるため、文久三年の下関事件の報復として、元治元年八月連合艦隊二十四隻は下関攻撃を行った。幕府の長州征伐と同時に、（春嶽帰福中）八月五日

より三昼夜に及び長州藩を挙げての奮戦にもかかわらず、各砲台はつぎつぎに撃破され、連合国陸戦隊二千名は上陸して砲台を占領した。八月八日長州藩は屈服して和を請い、藩の使節高杉晋作（二六歳）を正使として、渡辺内蔵太・杉孫七郎を副使とし、通訳伊藤博文（二四歳）らの決死の努力によって、八月十五日、下関海峡の解放・賠償金の支払い等の五ヵ条の講和条件が成立した。

三　春嶽長州征伐を支援

尊攘志士の捲土重来の策謀

元治元年四月十八日、京都を出発した春嶽は、四月二十八日以降福井城に居住した。これよりさき文久三年八月十八日の政変により、逆境に転落した尊攘討幕の志士は、三条実美らの七卿を擁して長州に下ったが、雪辱と勢力挽回のために策謀をめぐらし、木戸孝允・入江九一・久坂玄瑞ら多数の長州藩士が再び京都に潜入し、元治元年六月五日には池田屋騒動が勃発して、長州藩を激昂せしめた。

凄惨を極めた禁門の変

この事件は、長州・土佐・熊本の尊攘派志士数十名が、捲土重来を企て、ひそかに京都三条小橋の池田屋旅館に集会し、討幕策戦を議した。彼らは京都に放火し、まず佐幕派の巨頭と目される中川宮と守護職松平容保とを襲撃する謀議中を、新選組の近藤勇らが探知し急襲して、二十数人を斬殺した。この池田屋事件のため会津藩と長州藩との反目は激化し、不倶戴天の仇敵となった。この池田屋事件は非常なショックを与え、長州藩世嗣毛利広封の挙兵上京を早め、京都争乱の危機は迫った。やがて元治元年七月、急進的討幕論の長州三家老および真木和泉・久坂玄瑞らは長州藩の大兵を率いて京都周辺に迫り、「毛利敬親父子および三条実美ら七卿の免罪と入京許可」を歎願した。朝廷は長州兵に退去を命じたがきかず、七月十九日慶喜と京都守護職容保は、会津・越前・薩摩・桑名・大垣の藩兵を率いて、長州兵と壮烈な攻防戦を展開した。幕府側の兵力は七万、長州側は数千。激戦の中心は京都御所外郭西側の蛤御門と中立売御門であった。世に禁門の変

応仁乱を想わせる戦禍

ともいう。流弾はしばしば御所の内側にも及んだ。この戦火によって二昼夜延焼をつづけ、全焼町数八百十一、焼失家屋二万八千軒、焼失寺社は東本願寺・仏光寺を始め二百五十三ヵ所に及び、応仁乱につぐ大戦災であった。

越前兵の部署は堺町門で、軍監の村田氏寿は四個部隊を率いて奮戦し、霰弾のため重傷を負うた。春嶽は禁門の変における長州藩の行動を以て足利氏・北条氏にもまさる暴挙であるとした。

長州藩は文久三年以来三奸（島津久光・松平春嶽・伊達宗城）の政権よりの離脱を希望し、さらに宿年の政敵中川宮（朝彦親王）・松平容保の誅伐を狙ったが、却って反撃を受けて長州の大軍は完敗して潰走した。ここに長州藩は朝敵の烙印を捺され、長州征伐の名目となった。久坂玄瑞（二六歳）・入江九一（二七歳）・寺島忠三郎（二二歳）らは自殺し、七月二十一日五卿の従士真木和泉（五二歳）は同志二十数名と共に天王山で自刃した。かくして八月三日、長州征伐令の発布となるのである。

長州征討の名目

長州征伐の名目は、①禁門の変に長州藩兵が御所に向って発砲し、京都の大部を灰燼（かいじん）にした暴動の責任者としての問責、②長州の無謀なる攘夷即行の藩是の実行、③七卿西走の擁護、等の罪状を以て幕府は長州征伐を決意した。朝廷より長州藩征伐の勅命が出たのは元治元年七月二十四日である。七月二十七日には長州びいきであるとして鷹司・中山らの公卿の参朝を停止した（八月十四日参朝勅許）。

長州藩の失意、幕府の得意

幕府は中国・四国・九州の二十一藩に出兵を命じた。幕府は福井に帰国中の春嶽を征長軍総督に擬し、上京を命じたが、春嶽は三軍を統率する器（うつわ）に非ずと固辞したので、幕府は再詮考の上八月三日、尾張前藩主徳川慶勝（よしかつ）（慶恕（よしくみ）、四一歳）を総督に、越前藩主松平茂昭（もちあき）（春嶽の養子、二九歳）を副総督に任命した。征長軍の陣容が整うと時を同じうして、たまたま長州では八月五日米・英・仏・蘭の連合艦隊が下関攻撃を開始したので、長州藩は存亡の危急に瀕（ひん）した。腹背両面の攻撃に直面した長州藩は、戦わずして恭順の意を表した。八月二十二日幕府は長州藩主毛利慶

長州藩の謝罪条件

親の官位を奪い、将軍の偏諱の「慶」の字の使用を禁じたので、慶親を敬親と改めた。十一月二十日、幕府は、Ⓐ藩主毛利敬親・世子広封を蟄居謹慎せしめる。Ⓑ禁門変の責任者として益田・福原・国司の三家老に自刃を命じる。Ⓒ三条実美ら五卿を九州に移す。Ⓓ山口の新城を破壊すること、を謝罪条件とした。元治元年十二月二十七日幕府は撤兵令を発した。幕府は完勝し、長州藩は完敗した。

ここで一挿話として武田耕雲斎の越前通過と、春嶽の水戸浪士に対する温情を一瞥しよう。耕雲斎は徳川斉昭に仕えて、篤実なる人格を信頼され、執政となった。文久三年春、慶喜の顧問となり公武合体運動に奔走し、春嶽にも面識をえて人物・手腕を認められた。元治元年藤田小四郎（東湖の四子、元治二年二四歳にて斬罪）の筑波山における尊攘の挙兵を援助し、元治元年十月十六日、天狗党の同勢四百人を引き具して、木曾路より越前国境のはい帽子峠を越え、雪の降りしきる池田郷に入り、田倉・今庄を経て、新保に着いた。耕雲斎らは尊攘の苦衷を慶喜に訴え、勤王の素志を天聴に達するため上京の途中、豪雪にさいなまされて一党戦意を失い、十二月十七日加賀藩に降服し、元治二年一月処刑された。

春嶽は武田耕雲斎の心境に同情す

これよりさき越前藩は幕府より討取りを命ぜられた（藩主茂昭は長州征伐の副総督として小倉にあった）。春嶽は、府中（武生）まで出陣したが、彼より抵抗しない限り開戦せしめず、また、その就縛後、幕府は処刑手を求めたが、春嶽は天狗党の真心を憐み、武士の情を以てこれを拒絶した。耕雲斎は忠誠義烈の士であったが、心ならずも水戸藩の内訌（ないこう）の禍中に誘引されたもので、尊王敬幕に徹したが、一時幕命に反抗したと見做され、元治二年二月四日、敦賀松原において斬罪に処せられた。年六十三。

残忍なる耕雲斎らの処刑

第八　長州再征には絶対反対

一　巻返し政策は不届千万

幕府は、元治元年（一八六四）八月征長軍を進発させたが、鎧袖一触もなく長州藩はもろくも恭順・謝罪したので、幕府は自らの勢威を過信し、さらに征長軍総督徳川慶勝（よしかつ）に対し、毛利敬親父子に追討（おいうち）をかけしめ、江戸召喚を命じた。同時に幕府の権勢の復旧を企図した。

参観交代制の復旧

第一に、参観交代制を復旧した。春嶽が政事総裁職であった文久二年閏八月、英断を以て参観を三年に一度とし、大名妻子の在藩を許したのであるが、幕府はこれを改悪して元治二年正月二十四日、文久以前に逆行せしめたのである。第二は、文久三年以降、江戸と京都に二分していた幕府主脳の勢力を一まとめにし、江戸に集結すること、第三には、反幕的公卿を懐柔し籠絡するために大量の進献を用意し、思い切った賄賂政略を行うことの三点にあったが、時代の進運に逆行した幕府の企図は、いずれも早かれ遅かれことごとく失敗する運命にあった。

長州屈服後の幕府の政策は時代逆行

元治元年八月の第一回長州征伐の時は、春嶽は山内容堂・伊達宗城・島津久光と共に、禁門の変の責任追及と、綱紀粛正の意味から、長州膺懲論者であった。征長総督徳川慶勝が信頼した参謀西郷隆盛の如きも、問罪の筋を通すべきである、しかし長州一藩を死地に追いこむべきではないと考えた。元治元年九月、越前藩士青山貞（三九歳、征長軍目付）は、西郷・吉井・勝らと会談した際、幕府が大局を見失って姑息因循で、小成に安んじていることを歎息している。第一回征長の時、長州が一戦を交えずして恭順を示したのは、禁門の変の自責はもとより、藩内の二派の軋轢と、英・米・仏・蘭の連合艦隊の砲撃の創痍が深刻であったからである。

幕府は大局を見失い小成に安んず

長州再征は名目なく窮鼠は猫をかむ

春嶽は長州再征に絶対反対

幕府は長州の潜勢力を見縊った。長州藩士の思想・信念の剛強を看却した。天下の情勢判断を誤った。長州を追窮し弱体化し、息の根を止める機会と考えた。長州を膺懲して反幕的列藩の見せしめにしようとも考えた。幕府は長州の恭順により俄かに尊大となり虚勢をはった。かくて慶応元年四月一日、幕府は図にのって長州藩主毛利敬親と世子広封との江戸招喚を命じ、従わねば再征を行う旨布告した。藩主を江戸に送ることは、藩の死命を幕府に制せられたことになる。城下の盟に劣らぬ屈辱である。長州が挙藩抗戦するであろうことは、およそ常識である。徳川慶勝は、毛利父子を江戸に招致しようとすれば「長防の士民は歴代恩顧の主君を見離し難く」、いかなる反撃を試み変乱を勃発するやもはかり知ることができぬと強く反対している。春嶽は、福井で幕府の態度を凝視していたが、長州再征には絶対反対であった。その理由は、①第一回征長は交戦せずして終局し、万民は愁眉を開き安堵した。幕府は面目を保持し、一応紛争の禍根を除去し得たの

長州再征は幕府の破局を招く

である。②毛利父子の招致は、実力を以てしても不可能であろう。強行せば幕・長の私闘となり、大義名分は立たず、諸藩は協力せぬであろう。③幕府は「長藩に容易ならぬ企あり」と呼号するも、その内容は明確でない。従って諸藩を納得せしめる理由をみだし得ない。④長州を槍玉にあげ、天下のみせしめにして、幕府の虚勢を張るが如きは邪道である。⑤長州再征は天下の動乱に拡大する危険がある。乱階ともなれば諸藩は悉く困窮し、万民は幕府を怨嗟するであろう。⑥安政条約の勅許問題・兵庫開港その他の外交問題等、懸案は未解決である。内憂外患急迫の時、国内の争乱起らば徳川家の興廃のみならず、皇国の運命にもかかるであろうと、春嶽は洞察したのである。一橋慶喜の強調する再征論の支持者は、京都守護職松平容保・京都所司代松平定敬らであった。勝海舟・大久保忠寛ら幕府内部にも再征反対論者が少なくなかった。「第二回征長は第一回征長の延長ではない。全く名分と性格を異にするものである」と春嶽は考えたのである。

慶喜は春嶽の意見を問う

長州処分に関し慶喜はジレンマに陥った。全責任は将軍後見職慶喜の肩にかかって、抜き差しならぬ羽目に陥った。元治二年三月十八日附の書翰によれば、進退きわまった慶喜は苦衷を訴えて、春嶽に対策を求めている。

春嶽は三月二十七日附の返翰に、「幕府の長州処置は至当でない。強いて毛利父子を召喚しようとせば天下は動乱となろう。即今の幕府の施政は諸事時勢に逆行し、一時的に粉飾するに過ぎぬ」と強く慶喜の反省を要請し、長州再征不可を進言している。にもかかわらず、慶喜は客気にはやり、松平容保らの助言により、騎虎の勢いを自ら制し切れず、元治二年四月一日(四月七日慶応と改元)、猪突的に長州再征に踏みきったのである。これは剛毅を以て任ずる慶喜の千慮の一失であった。剛毅に非ず剛愎であった。

剛愎の慶喜は火中の栗に手を焼く

慶応元年四月十九日、幕府は「長藩に容易ならざる企あり、未だ悔悟せず、かつ朝廷よりの仰せ言もあり、来る五月十六日を以て将軍江戸進発の期とし、長州を再征する」旨を公表した。四月二十一日会津藩の実力者広沢安任（三五歳）は、中川宮と松平容保の内意をもたらして福井城に来り、春嶽の幕政支援を懇請し、その緊急上京を切望した。春嶽は、長州再征のこと、参覲交代制の復旧のこと等幕府の施政に不満が多かったので上京を断った。

越前藩の長州再征不可の建白書

春嶽は、第一回征長の副将であった藩主茂昭（春嶽の養子）・藩老・臣僚らと熟議して、慶応元年四月三十日藩主茂昭の名を以て長文の長州再征不可の建議書を草し、藩の大番頭毛受洪を使者とし、幕府に提出せしめた。結語は、「このたびの儀は、徳川家の興廃にも関係する至重至大の事であるから、慎重を期すべきである」と再征反対を切言している。さらに春嶽は慶応元年五月十日には中川宮朝彦王に同趣旨の書翰を呈している。また幕府の内部工作として、春嶽は永井尚志・戸川鉾三郎・山口直毅に書翰を送り、再征阻止の周旋を依嘱している。越前藩と共に、

島津久光は公武合体論を見捨てる

長州再征反対に熱心であったのは薩摩藩であった。島津久光は幕府を頼むに足ら

ずと見限り、この三年間努力し続けた公武合体論を捨てた。かくて、朝廷中心の雄藩連合による政局収拾を志向した。慶応元年九月二十一日、幕府の奏請により長州再征の勅許が下った。慶応元年九月十六日には英・米・仏・蘭四ヵ国の軍艦九隻が大阪湾に入り、朝廷を相手として条約勅許を迫る態勢にあったので、ことの重大を知った薩摩藩の大久保利通・西郷隆盛・吉井幸輔（こうすけ）らは、九月二十四日会同し、有力諸侯の協力によって、長州再征の阻止と外交問題の解決の促進を図ろうとした。まず大久保は越前の春嶽の上京を要請し、西郷は島津久光の上京を、幸輔は宇和島の伊達宗城（むねなり）の上京を促すべく責任を分担した。

薩摩藩士の雄藩連合策

九月二十七日大久保利通との福井城にての会談により時局収拾のため上京を決意した春嶽は、十月一日福井を出発し、同夜今庄に宿泊のところに藩の重任を負うた毛受洪は緊急面談したいと京都から急行したのである。まず京阪の政情を報告し、「幕府は騎虎の勢いで、征長を決意したので、今さら可否を論ずるも効果

越前藩は反幕大名グループに誘導されることを回避す

はない。越藩が薩藩と結託して事を構える如く猜疑(さいぎ)されることは、今後の政局収拾に甚だ支障あること」を説明し、「風雲急にして混沌たる内政・外交の渦中に投ずべきでないという結論に到達し、十月三日、春嶽は今庄から福井に引返えした。

安政条約七年ぶりに勅許

そのころ、英国公使パークス(慶応元年閏五月着任、三八歳)は、仏・米・蘭の代表者と共に軍艦九隻を伴って、慶応元年九月十六日大阪湾に入り、幕府に対し強硬態度をもって、すでに調印も批准も完了している安政条約の勅許と、兵庫開港を要求し、日を限って回答を求め、もし幕府にして決断不能ならば、外交団は直ちに京都に上って、朝廷と直接談判するであろうと迫った。幕府は七日間の猶余をさらに十日間延ばし、朝廷に哀訴歎願して勅許を仰いだのである。朝廷では十月四日より五日夜にわたり、御前会議で大激論の後、辛うじて七年ぶりに勅許を得た。これはすでに調印(勅許を得ずして無断調印)した安政条約の合法化問題のみでなく、天皇が日本の主権者であることを中外に明示した事件として刮目(かつもく)すべきである。ただし、兵庫港（今日は日本第一の国際港都に発展、日本貿易総額の三分一を占める神戸港）は、京都に近い故を以て、孝明天皇は最後まで勅許されず、崩御の五ヵ月後の慶応三年五月二十四日にいたり、明治天皇（一六歳）の御代に勅許され、開港場となったのである。これは実に将軍慶喜が大政奉還を奏請した五ヵ月以前の事実であった。

二　長州再征を諫止

権勢慾を離脱した幽棲

既述の如く春嶽は、京都守護職を辞任し元治元年四月十八日離京して、四月二十三日静養のため故郷福井に帰った。それより福井城幽居二年二ヵ月の間に、春嶽の心境は著しく深まった。権謀術策の世塵を遠ざかり、権勢欲を離脱した淡泊・寛厚の境地こそ悟りの世界に近いのであろう。慶応二年（春嶽三九歳）春の詩に、

蕭然（しょうぜん）たる門巷（もんこう）　僧居に似たり
手を信（のば）し拾い来る　満架の書

一縷の茶煙　春昼寂なり
落花雪の如く　階除に点ず

大自然の流水・行雲には私曲も好悪もない。俗塵にそまず、心を虚うして静座すれば、濶達無碍の天地が開けて行くのである。

人生の楽事は　閑澹に在り
流水浮雲には　是と非と無し
煩障を滌除して　塵に染まず
虚心静坐して　禅機を悟る

虚心静坐して禅機を悟る

憂悶あいつぐ慶応二年

慶応二年は、幕府の末期的症状が露呈し深刻化した時期であった。幕藩制度は崩壊に近づき、幕威の衰退はおおい切れず、朝廷内部の分派抗争も露骨となった。イギリスの薩長援助とフランスの幕府支援は表面化し、国内の動揺と兵乱におびやかされて、庶民の生活は窮迫して各地に農民が蜂起し騒乱を起すなど、前途は暗澹たるものがあった。天下分け目の内戦の姿となった第二回征長戦は、約百日断続して有耶無耶の中に幕切れとなった。悲劇の将軍家茂が、弱冠二十一歳で世紀の波瀾の渦の中、大阪城で淋しく歿したのは、慶応二年七月二十日。京都御所では、鎖国攘夷に徹し、政務の幕府委任に一貫した孝明天皇が、三十六歳の憂悶・苦難の生涯を閉じられたのは、慶応二年十二月二十五日。家茂の急逝により、落目の幕府を支うべき将軍が、五ヵ月間も空白であった。

薩長盟約成立し討幕の基礎成る

思えば、慶応二年(一八六六)は政情激変の年であった。この年正月二十二日、薩長同盟が成立して、倒幕勢力が統一強化されたことである。これより先、文久三年八月十八日の政変によって尊攘勢力を排除して以来、薩藩はとかく中川宮・慶喜・容保らの佐幕グループと意見が合わず、幕府もまた島津久光の言動を猜疑し、野心ありとし、ことごとに白眼視するようになっていた。保守勢力と新興勢力との主導権争いである。佐幕勢力と倒幕勢力との摩擦抗争でもある。

越前と薩摩の友好関係

かねてより薩州藩士西郷隆盛（三九歳）・大久保利通（三七歳）らは諸藩の尊攘志士と謀を通じ、虎視たんたん王政復古を志向し時機の熟するのを待望していたが、島津久光（五〇歳）が公武合体に失望し見限るに及び、俄かに志をえて藩政を支配し、薩州藩の態度は急速に著しく反幕的となり、雄藩連合に傾斜し、指導権掌握に熱中した。薩藩は安政三年斉彬の在世中より越前藩との友好関係はこまやかであった。慶応二年二月一日には中根雪江と小松帯刀（たてわき）が時局収拾のため意見を交換している。薩藩は、元治元年八月の下関事変以来、尊王開国方針を打ちだした長州藩とは、反幕という協同戦線を張ることによって、競争者は協力者に変質し、薩長間の感情は次第に融和して行った。さらに長州藩が、薩藩のあっせんと英国の援助によって、多年渇望していた武器・汽船を購入し得たことは、薩長の提携を著しく促進した。時に天下の志士坂本龍馬（りょうま）・中岡慎太郎はこの形勢を見て、薩長連合によって大事の決行を策し、薩州の小松・西郷・大久保と長州の木戸・高杉らの間を周旋し、遂に慶応二年正月二十二日に至り、ひそかに京都の小松邸において密議し、二月五日薩長攻守同盟六ヵ条を成立せしめるに至った。

薩長攻守同盟の成立

坂本龍馬（三一歳）は、その頃すでに一藩の志士ではなく、世界の大勢を看破し得る天下の志士に成長していた。龍馬の思想行動は、佐幕的傾向の強い土佐藩論を越脱していたので、志を伸ぶるため文久二年三月脱藩して、自由活動を逞うした。

春嶽と坂本龍馬

龍馬は文久二年八月には江戸において春嶽の面識を得、文久三年五月には、福井に春嶽を訪い、横井小楠・由利公正とも要談し、肝胆相照の仲となっている。のち慶応三年十月二十八日には、再び福井城に春嶽を訪い、大政奉還直後の時局収拾と財政策についてしたしく懇談している。

薩長盟約書の内容

慶応二年二月五日成立の薩長の盟約書の要は、①幕府が長州を再征せば、二千余の薩兵を大挙上京させて京阪地方を固め、②長州藩に戦局が有利となれば、長州の朝敵の汚名を除くため薩藩は赦免の周旋を行う。③機熟すれば、朝廷を擁して事を行い、場合によっては薩長に対抗する幕府勢力（一橋・会津・桑名）と決戦にも及ぶべく、④こと成るの日、王政復古をはかることを誓約したものである。これは討幕勢力の根幹となり、封建制度打破の主体となり、維新回天の大事業の枢軸となったのである。

長州は幕府に対し高姿勢となる

薩長両藩の極秘の盟約成立によって、長州藩の討幕姿勢はますます強硬となり、一藩の全力を尽して、幕府と対決する背水の陣を布く（し）に至った。幕府にあっても、京都守護職松平容保（かたもり）らの一派は第一回長州征伐の処置を手ぬるしとし、フランス公使ロッシュの助言と財政援助をたのみとして、一挙に幕府の反対勢力（まず長州）を打倒しようとした。

春嶽・慶勝の長州再征諫止

春嶽の再三の諫止にもかかわらず、また尾張の徳川慶勝の切（せつ）なる制止をも顧みず、幕府は虚勢を張り騎虎の勢いに駆られ、将軍家茂（二〇歳）を擁して、再度長州征伐を企てたのは慶応元年閏五月二十一日であった。幕府の遅疑（ちぎ）逡巡（しゅんじゅん）すること一ヵ年余。その中、幕威は衰退低落し、慶応二年正月には薩長同盟の成立によって、薩藩は公然、幕府の出兵の要請を拒み、却ってひそかに長州に武器・弾薬を送り声援した。多くの大名も幕命を聞かず、幕府の威令は全く行われなくなった。また庶民の生活窮乏のため各地に一揆・打こわしも頻発し、世相は騒然たるものがあった。

春嶽第三回目の上京

慶応二年五月二十七日、幕府は越前藩の協力・支援を渇望し、藩主茂昭（もちあき）（三一歳）の緊急上京を求めたが、脚気のため旅行に堪えずとして拒否した。次に春嶽に対し、将軍出陣せば「春嶽を大阪城御留守に任じたい」という名目で、その登阪を求めてきた。春嶽は強硬な長州再征反対論者なので、将軍出陣のための動座を諫止する目的を以て、慶応二年六月二十五日福井を出発した。六月二十九日京都岡崎の藩邸に入り、情勢判断と時局収拾策に専心した。これは春嶽の第三回目の上京である。

春嶽は悲痛なる慶喜の告白をきく

七月一日春嶽は慶喜を訪問、時事の政務について要談した。慶喜の悲痛なる告白によると、将軍出陣せば軍用金百三十万両を要するが、幕府の

事の成敗利鈍は時が解決する

保有金は僅々約二万両であること。六月七日征長軍は周防にて戦端を開いたが、戦況は不利。六月十一日以降、幕府軍は連戦ほとんど連敗、幕兵は戦意を喪失したこと。慶喜が征長のため離京せば、いつ政変が勃発するやもわからないほど京都の政情は不安であること。——等々の幕府の内情を詳細に知った春嶽は同情し慨歎し憂悶し、力を極めて唯々再征の断念を忠告するのであった。この七月一日の春嶽の詩に、

三年魚雁離群を歎く　今日相逢いて更に欣びに耐ゆ
苦を語り辛を談じ世事を哀む　涇渭(清濁)曷れの時に分るかを知らず

慶喜と春嶽との時事要談は尽きず、七月二日に持越された。二日の詩に、

又君が家を訪れ　細論を聴く
劻勷(あわただしい)の世態　独り魂を銷す
吾曹今日　求むる処無し

相対し　虚心　道自ら存す

思うに春嶽は元治元年四月十八日に離京、在福満二年二ヵ月、慶応二年六月二十九日入京、慶喜とは三年振りの会談である。職責を異にし、政見は一致しなくても、会えばなつかしく、胸襟をひらき心底を打わって語り会える間柄であった。

慶応二年七月以降、在京中の春嶽は、しばしば政権担当者である慶喜に対し、面談によりさらに文書により、憚らず面折し、敢て直諫し、誠心誠意以て筋を通すことに、精魂を尽しているのである。八月五日、慶喜に送った「将軍職継承の可否についての建言」の要約は、

将軍職継承について春嶽の建白

去月二十六日（一橋邸に）参殿の節、（慶喜は）「徳川家滅亡の時と思召され候え共、御血統の故に、やむを得ず徳川家を相続し（七月二十六日相続を承諾）、将軍職はその任に非ずとして拒否し、他に譲りたし」との御内話、その謙虚なる御心境に銘肝いたし候。……（七月二十日）将軍（家茂）の逝去により将軍職は空位となり、

将軍職のこと、長州処置のこと、公議に附すべし

将軍御名代出陣の勅許も、自ら解消したこととなるが故に、賊兵（長州兵）に対しても妄動仕るまじき旨、朝令を以てし、将軍職の事と長州処置の事は、公議に附したる上、勅許を請うべく候。当然の順序を重んじ、世の疑惑を解消すべき時と存じ候。……この際、将軍の喪を発表し、将軍職を天下に投げ出さずば、天下の泰平は期しがたく候、……

征長軍解体についての建議

慶応二年八月十二日、老中小笠原長行は、長崎より兵庫を経て上京し、九州解兵のことを報告したので、春嶽は、八月十三日九州解兵について慶喜に建言をしている。その要約は、①今は幕府の秕政一洗の好機会であること、②幕軍の敗退の理由を深く省察すべきこと、③速かに大喪を公表し、将軍職はかねての決意通り固く辞退すべきこと。④朝命を以て大名を招集し、公議により国是を定むべきこと、⑤将軍の職掌なくして天下の軍勢を統帥すべからざること、——春嶽の建言は秋霜烈日、親藩としての私情を脱却し、大義親を滅するの趣がある。

慶喜は、春嶽の建白を謙虚に肯定し、春嶽の卓論の通りとり行うとの返書を出し、閣老と謀り、八月十六日「幕府は長州征伐を停止し、大藩諸侯を召集し、国事を議すべきこと」を奏請して、孝明天皇の勅許を得た。かねての春嶽の持論である「勅命による列侯会議論」が具体化したのである。

八月二十日、幕府は将軍家茂の喪を公表した。八月二十二日、朝廷は、発喪の故を以て、征長の兵を停止せしめられ、八月二十五日、幕府は休戦の命を芸州藩に通達し、後事の処置を一任した。

急速なる政局の変転

岩倉具視・大久保利通らの策謀によって、慶応二年八月三十日、中御門経之・大原重徳ら二十二名の討幕派公卿が参内し拝謁を請い、四ヵ条の諫奏が行われた。これは空前の直諫であり、衆力を以てする明白なる討幕宣言でもある。その第一は、大名招集は、朝廷より直接に命ぜられたきこと。その第二は、文久三年以降、三度にわたり朝譴をこうむっている尊攘憂国の人々を宥免のこと。第三は勅命により征長軍を解かれたいこと。第四は朝政を改革・刷新されたいこと。朝議決定のことも幕府よりの言上により幾度か転変し動揺し朝廷の失政も少なくなかった。今後は人心の疑惑を生ぜざるよう、綸言は動揺しないようにとの四ヵ条であった。これに対し、孝明天皇は激怒され、「徒党建言」「朝憲を憚らず不敬の至り」として同調者をことごとく処罰された。かくて岩倉を始め、少壮公卿の企図は失敗したが、大政奉還の前触れ、討幕活動の初期微動でもあった。一葉落ちて天下の秋を知るたとえ、公卿の徒党建言は、慶喜・春嶽・容保らに対し、人それぞれに、少なからぬ刺激を与えた。慶応二年九月七日、春嶽は京都より、土佐にある盟友山内容堂（三八歳）あてに書翰を送り、率直に心境を語っている。その要約は、

朝憲を憚らざる徒党建言

春嶽は容堂に心境を語る

①今回、勅命を以て諸侯を召され、天下の国是を公議を以て一定されることは、宿願成就御同慶の至り、この大好機会に皇国万安の定策確立せずば、皇国の再興はあるまじく候。②（慶喜は）将軍職固辞の決意、感服この事に候。

大阪城にも入らず、二条城にも住まず、一橋私邸に在るは将軍固辞の決意の証拠に候。云々。

春嶽はさらに手紙を以て、容堂の上京を促がし、「皇国危急存亡の秋(とき)、たとえ病臥中でも貴兄在京せば毎日訪問して、心ゆくまで熟議を重ねたい」と、切々の情を訴えているのである。

幕府の陣容刷新強化を建言

慶応二年九月二十二日、春嶽は列侯会議を前にして、「幕府の陣容を強化するため、幕臣中の傑物たる勝海舟（四四歳）・大久保忠寛（一翁、五〇歳）らを幕政の第一線に重用すべきこと」を、強く閣老に進言している。

幕末、春嶽の側近にあって輔佐し、その股肱(ここう)として、犬馬の労を惜まず、京都の政治舞台において越前藩に人物ありと認められたのは、中根雪江・村田氏寿(うじひさ)・酒井十之丞・青山貞・毛受洪(めんじゅひろし)らであった。ことに村田氏寿が越前藩の資料を基礎とし、幕末政局の推移を克明に日記体に記述した『続再夢紀事』は、文久二年八月二十七日に始まり、慶応三年九月三十日に終る。史料の正確、記述の細心周到、筆致の公明正大、維新史料として価値は甚大である。本書も『紀事』によるところが多い。春嶽は後年（明治初期に）、慶応二年頃の政情を回顧して、第二回長州征伐について『逸事史補』に次の如く記している。

春嶽の長州再征回顧

さて、長州再征のことを聞くに、幕府は大なる期待をかけていた由。長州征伐は卵を圧するが如く、速かに勝利をうるとのみ思い詰めていた由。長州再征を非としたのは、第一薩藩・土藩その他の各藩であった。天下がかくの如く動乱する原因は、つまり薩州・土佐を始め、尾州・越前・熊本・肥前・筑前・因州の諸藩である。幕府の倒るるを期待して、朝廷のみに勤王を唱うるは、甚しくにくむべき奴らであるとみるのである。長州いよいよ屈服せば、幕府は追々に薩・土・尾・越・肥前・筑前・因州その他の諸藩を討滅する遠謀があった由。これは真実らしく思われた。春嶽に対し、幕府の表向きの待

長州再征は諸藩削平の前哨戦

遇は厚かったが、内心に至っては油断できぬと、白眼視していることを、或る人が余に忠告した。

フランス公使ロッシュの援助に依存する幕府

幕府のフランス接近熱は、長州再征頃が頂点であった。慶応二年五月、勝海舟が江戸城内において、幕府の実力者である勘定奉行小栗忠順（ただまさ）・外国奉行栗本鯤（こん）より打明けられた「最秘密の議」によると、「フランスの財政的・軍事的援助によって幕府は権力を強化し、幕府に反対する諸藩の屈服・削平（さくへい）を企図していた。まず最初に長州を征伐し、次に薩州を退治し、その他の幕府に対立し容喙（ようかい）する大諸侯がなくなれば、さらに勢いに乗じて、悉く諸侯を削小して、郡県の制に改める」という徳川絶対主義の企謀は、フランス公使ロッシュによって支持されていたのである。この頃ロッシュ（元治元年四月来任）は実質的には慶喜の最高政治顧問の観があった。

ロッシュに鋭く対立したのは、イギリス公使パークス（慶応元年閏五月来任）である。彼は日本の歴史・民族性・政情に精通し、つとに天皇中心の諸藩連合政権を予想していた。信仰上のミカド（天皇）と実質的のタイクン（大君・将軍）の二人の元首があり、朝廷と幕府と二重の政府がある。外国には二重構造の類例がない。いずれは幕府が倒潰し天皇一本になるべきである。内乱を回避するためには、天皇・将軍・諸大名が自由討議の機会をもつべきである。外国側の内政干渉は絶対に拒否せられねばならぬ。日本政局の主体制を自主的に生かしていくのが、イギリスの対日政策であると切言するのである。しかしフランス公使ロッシュにはイギリスの行動が、まともに諒解されなかった。「幕府の最も危険な敵である薩長に接近するパークスの行動」を、ロッシュは批難し、さらに「幕府に対して困窮をつくりだし、幕府に敵対する薩を助くる行為」としてイギリスの対日政策をはげしく攻撃した。

イギリスとフランスの抗争

春嶽は衆望が慶喜に集まらねば、将軍職を受けるべきでないと忠告している。

慶喜は王政復古を期するも、時期尚早と認識した。慶喜は慶応二年十一月二十七日の勅命によって将軍に就くことを決意した。政局の混乱を回避するためである。慶喜に余命いくばくの最後の将軍宣下があり、権大納言正二位に叙されたのは、慶応二年十二月五日。慶喜はもちろん、大政奉還の時機を慎重に考慮しつつ拝受した。

この年十月一日離京して、十月六日福井に帰った春嶽は、政局の渦中をのがれて閑居中、経書と史書により、心を虚うして、世の治乱興廃を想うのである。

三十九年　真に一夢のごとし
吾生惛懵（道理にくらい）　道途に迷う
今よりの警悟　応に晩く無かるべし
終日経を繙き　古を稽う

春嶽は幕府の第一回征長を緊要としたが、第二回征長を極力諫止した。春嶽は慶喜の徳川宗家相続を勧告したが、慶喜の将軍職継承については極めて慎重・冷静・消極的であった。春嶽は勤王の志は篤かったが、孝明天皇の鎖攘思想を批判し、鎖攘の諫止に心を砕いた。春嶽の尊王思想は国体の中核たる法人格の天皇帰依であって、自然人たる個々の天皇に対する盲目的随順ではなかった。天皇の政見・政策に無批判に追従する名目的・形式的の尊王ではなかった。また天皇の権威を利用して、自己の主張を貫徹しようとするいわゆる「袞龍の袖にかくれ」ることを卑怯なりとして、嫌悪している。孝明天皇が鎖攘思想の持主なるが故に、開国論者である春嶽は、しばしば尊王攘夷の志士より、「朝敵」「国賊」の名を以て誹謗されている。春嶽には人知れぬ深い憂悶・苦悩があった。

三　春嶽は四侯会議の調停役

春嶽は、慶喜の徳川宗家相続は大賛成で、説得にも推輓にも、極力尽瘁した。これに反して、将軍職の就任については、極めて慎重・冷静であった。幕府の余命いくばくかを予知していたからである。慶喜の将軍職就任については有力公卿間にも根強い抵抗があったにもかかわらず、慶喜がひそかに国政担当の抱負を持っていることをも洞察していた。春嶽は王政復古の時機が近づいたことを知っているので、大政奉還の時機と心術と手段方法の公明適正を希(ねが)ったからである。

将軍職について慶喜・春嶽会談

春嶽第三回目の滞京末期の慶応二年七月二十七日、しばらくの暇乞いに春嶽は一橋慶喜の旅館を訪問し、長時間にわたり要談した。その一節に慶喜の告白として、「将軍職は、諸大名を召集・協議の上、衆議が余を推挙せば敢て辞退するものではない」というのが慶喜の本音(ほんね)であった。慶喜は頗る聡明で、先見の明があった。政局のよみが深かった。長州再征の失敗と、反幕空気の濃厚、外交関係の処理など、将軍の独力では処理し得ぬ難問が山積していた。春嶽は喜憂の両面を看破した。

据膳に箸をつける時を待つ

慶喜はネジアゲの酒呑みの如く泰然と静観しつつ、八方の懇請を待って、据膳(すえぜん)の箸に手をつけるつもりであろう。将軍職受諾は、時日の問題であると、春嶽は板倉老中・会津・桑名の諸侯に対し、慶喜受諾の保障をしているのである。

親藩・譜代の大名はもとより、外様大名でも佐幕的の土佐・熊本・久留米等は、単純・素朴な考えで、慶喜の将軍就任を希望していたが、春嶽は深く謀るところがあって、徹底的に衆議に附すべきことを主張し、衆望あることをたしかめて就任すべきであるとしたのである。春嶽の意見に賛成したのは備前の池田茂政(もちまさ)と松江の松平安定(やすさだ)の二人だけであった。九月二十五日春嶽は慶喜を訪い、「まず虚心坦懐、政権に執着がないことを天下に示し、将軍就任を固辞して、政権を天下に投げ出す決意のもと、自(おのずか)ら衆望が徳川に帰し、同情・支持が集まった上でなければ、将軍就任は不可である」と慶喜に進言しているのである。

春嶽の深慮遠謀

慶喜は、将軍就任について心底深く春嶽の推輓を期待した。これに反し春嶽は、後日時局収拾に当り、「慶喜推薦の責任」を負うことが、支障となることを予知し、十月一日幕府の諒解を得て、十月六日帰国した。時局低迷・政情動揺のため

第十五代将軍の宣下と孝明天皇の崩御

四ヵ月余も空席であった将軍職も、勅命により慶応二年十二月五日、孝明天皇崩御の二十日前、二条城において慶喜に将軍宣下があった。慶喜は日本最後の征夷大将軍として、四面楚歌の中に畢生の努力を傾けて、多事多難の政局にのぞむのである。就任後わずかに二十日の慶応二年十二月二十五日には、生涯一貫して、常に幕府を庇護されていた孝明天皇が壮齢三十六歳で急逝された。朝廷における親幕派は枢軸を失って俄かに凋落して、幕府はいよいよ不利な政治状態に転落した。新将軍慶喜は、最も嶮悪なる条件の中で、掉尾の勇を揮うのである。

　慶応三年は明治天皇（一六歳）の親政の始まる年である。走馬灯よりも変幻ただならぬ幕末の難局に、暗雲低迷の中にも、一筋の維新のほのかな曙光がさしそめた。慶応三年（一八六七）丁卯、春嶽は四十歳、いわゆる初老の元旦を福井城に迎えた。

春嶽初老の迎春

春嶽の吟詠に、

　梅花の香る裡に　歳華新なり

手に屠蘇を把りて　眉は暫く伸ぶ
双鬢幸いに然く　猶未だ白からず
今朝　老と称する最初の春

つくづくと春の眺めの淋しさを　慰めて鳴く鶯の声

慶応三年正月九日、明治天皇践祚。関白二条斉敬（五三歳）が、摂政に任ぜられた。側近に侍する中川宮朝彦親王（四四歳）・中山忠能（明治天皇生母慶子の父、五九歳）・中御門経之（四八歳）・正親町三条実愛（のち嵯峨、四八歳）らが常侍輔弼することになった。経之は岩倉具視の義兄弟であり政治上の知己でもある。孝明天皇の崩御、明治天皇の即位によって、維新史は急旋回し、新しい段階に突入した。

一月十八日、老中板倉勝静より兵庫開港についての意見書の提出を要求されたのに対し、福井城の春嶽は三月十日附で答申している。その一節に、「天地間の道理に従い開港」は当然とし、「これ迄の如く国内の人心不居合にては、自然外国への威信」も立ち難いとして、国内融和のため長州処分の寛容を要望している。

二月九日、薩摩藩の島津久光の使者として小松帯刀がはるばる福井城に春嶽を訪問し、四侯会議による難局収拾策について長時間にわたり密談した。

慶応三年三月二十四日附にて、朝廷より春嶽に対し、「御用これあり早々上京すべし」との御沙汰があった。春嶽は四月十二日、福井発。四月十六日、入京。

春嶽第四回目の上京

思えばこれは第四回目の入洛であった。まず盟友伊達宗城（五〇歳）と共に、泉涌寺の孝明天皇陵に参拝。これより先、一月二十七日大

時局収拾の悩みはてなし

伊達宗城（慶応3年5月，50歳の時）

喪を福井城より遙拝して、左の詩がある。翠華は天皇の御旗である。

翠華此の日　邱山に向う
臣庶誰か　涕涙の潸　無からん
唯我が悲哀　人に比して重し
曾て魏闕に朝し　龍顔を拝す

孝明天皇の崩御と尊攘派の活躍

剛直・沈毅の孝明天皇三十六年の苦難の御生涯は、金甌無欠の国体護持の一点にあった。朝廷は攻勢、幕府は守勢にあった。統治権行使について、天皇は王政復古（天皇親政）に不賛成であった。島津久光への宸翰の一節に、

関東への委任、王政復古の両説これあり。これも暴論の輩は、復古を深く申し張り、種々計略をめぐらし候えども、朕に於ては好まず。初めより不承知と申し居り候。（島津家所蔵宸翰写）

というのが孝明天皇の基本的なお考えであった。孝明天皇の崩御後、尊攘派（王

政復古派）の活動は俄かに激甚となり、時代は急旋回して、新しい段階に突入した。

時代の尖端を行く策謀家薩摩藩士小松帯刀(たてわき)（三三歳）・西郷隆盛（四〇歳）・大久保利通(としみち)（三八歳）らの、王政復古派の政治活動は、慶応三年にはいると加速度的に活潑となった。さきに朝譴(ちょうけん)を赦免され、慶応三年三月二十九日に入京を許された岩倉具視(ともみ)（四三歳、五年間岩倉村に幽居）一派の公卿と通謀し、倒幕・王政復古の計画を進めた。さらに信頼がいありとして実力者島津久光（五一歳）・松平春嶽（四〇歳）・山内容堂（豊信(とよしげ)、三九歳）・伊達宗城（五〇歳）の四賢侯の理解・協力・支援を求めるため、京都合同をはかり、一致協力によって急速なる局面打開を企図した。目的は幕府の追窮と王政復古・天皇親政にあった。大久保利通は京都に腰を据えて、専ら岩倉具視らと密謀をねり、小松帯刀はかねて面識ある春嶽を福井に訪問し、諒承を得た。西郷隆盛はまず帰藩して島津久光を説得し、さらに海路より土佐に容堂を訪うた。西郷は「これ迄の御上京とは違い、今度は事のしぐさし（中途半端）でお

四賢公の京都会同を企図

局面打開の準備工作まず順調

四侯それぞれの政局収拾策

引取りというわけには相成るまじく、御決意はいかが」かと念を押すと、容堂は側近の福岡孝弟（藤次、三三歳）を顧み、「この度は東山の土となるつもりぞ」と牢固たる決意を示した。西郷は次に宇和島に宗城を訪問して、機密の要談を果し得たのである。かくて薩藩の企画による四侯の上京準備工作は成功し、四月十二日久光は従兵七百余をひきい堂々と入京し、四月十五日には宗城が入京し、四月十六日は既述の如く春嶽が入京し、五月一日容堂が入京しメンバーは揃った。薩摩藩の目的は、四侯の協力一致を誘致して、政局の主導権を掌握し、幕府を一歩一歩窮境に追いこんで、その倒壊をはかり、ついで雄藩連合の新政権を樹立するにあった。久光はこの時すでに幕府と対決する昂然たる気概を示していた。深慮遠謀の宗城の信念は、久光と大同小異であったが、言動は頗る慎重であった。

　春嶽と容堂とは、伝統の上に立つ朝幕融和論を堅持した。春嶽は薩藩の勢力を利用しつつ、血気にはやるが猪突的の将軍慶喜（三一歳）を牽制し、朝幕間の互譲妥協・政令一途を企図した。容堂は京都東山を墳墓の地とする意気込みで入京したが、朝臣間にも感情的に相容れざる派閥あり、幕府と雄藩とも対立して、融和の見込みなく話合いによる時局収拾は、絶望に近いことを知り苦悩した。

話合いによる時局収拾は頓挫

四侯の連絡会議は、慶応三年五月四日を初会とし、五月二十七日までに数回開催されたが、足なみ揃わず、四人が熟談したのは一回のみ。春嶽は常に調停役にまわらざるを得なかった。久光の言動にあきたらぬ容堂は、春嶽に私語して、「兵庫開港の切迫を奇貨とし、幕府の失策を希望する奸人がある。警戒を要する」とすてせりふを残し、持病再発と称し、五月二十七日帰国して四侯会議の一角が崩れた。四侯会議の主要議題は、①朝廷の重役である議奏・伝奏の欠員の推薦問題、②懸案の長州処分問題、③兵庫開港勅許問題であった。いずれも幕府いじめの政略問題に発展し、幕府にとっては体面につながる焦慮の案件でもあった。

四侯会議の重要議題

最も紛糾したのは、Ⓐ将軍慶喜が慶応三年四月十三日勅許を待たずして、ひそかに英・仏・米・蘭に対し、兵庫の開港を許諾したこと、Ⓑ幕府が体面論に拘泥して、長州藩の歎願書をあくまで要求したこと、Ⓒ議奏・伝奏の銓考についても、慶喜と久光の主張が鋭く対立したことである。常に大所高所に立って、両論の居中調停に当ったのは春嶽であった。善謀深慮の練達円熟の四賢侯と、「東照宮の再来」と称せられ、日本の運命を背負って気おい立つ将軍慶喜との熟議であるから大局的見地に立ち妥結すべき筈にもかかわらず、僅か一ヵ月にして四侯会談が崩壊したことは、変革期に際会した難局の重大性と国論分裂を暗示するものである。四侯会議は、幕府の急所を突いた結果となり、幕府にとってはありがた迷惑ともなり、慶喜にとっては煙たい存在となった。結局慶喜の施策断行にはプラスとならず、籔蛇となった。徳川幕府に課せられた掉尾の課題は、兵庫開港勅許問題と長州処分問題であった。

春嶽は居中調停に焦慮

将軍慶喜が参内して、この二事を奏請し、朝廷の大評定が始まったのは、慶応

堂上衆総参内して徹宵激論

三年五月二十三日午後三時過であった。朝臣では、二条摂政を始め大官十数名、幕府側では、将軍、所司代、板倉・稲葉の両老中、四侯も参内すべき筈なるに激突を回避して欠席し、出席したのは春嶽ただ一人。兵庫問題は、京都に近い故を以て孝明天皇の在位中は絶対に許可せられなかった。けれども慶応三年に到って、さきの開港五ヵ年延期の期限もまさに尽きるので、将軍は英・仏・米・蘭の四ヵ国公使との最初の正式謁見においても、条約の条項どおり開港することを言明したのである。長州再征を名分なき私戦とすれば、幕府の面目は丸つぶれとなるのである。寛大にも限界がある。幕府は興廃の岐路に立った。新任の将軍慶喜にとっては、鼎（かなえ）の軽重を問われる案件であり、背水の陣である。四侯中の三侯が脱落し（夜中に宗城が遅れて参内した）、春嶽が参内したことは、将軍をホッとさせた。将軍は大会議の劈頭に長州の寛大な処置と兵庫開港の枢要を詳説し、二件を同時に勅許されるよういたしたいと、大胆に率直に強硬に、一生一代の雄弁をふるった。

将軍慶喜は鼎の軽重を問われる

背水の陣の慶喜の雄弁

将軍をして摂政を兼ねしめる方案

将軍は休憩中に、春嶽をとらえて、昂然「たとい幾昼夜に及ぶとも、解決を見るまでは退朝せず」と豪語した。

朝議は二昼一夜にわたり、休憩すること五回、佐幕的思想の二条摂政は温和・優柔で、尊攘派のつきあげにより処断は難渋し、波瀾万丈、ようやく五月二十四日午後二時にいたり、やむを得ず幕府の奏請を聴許せられることになった。将軍慶喜は畢生(ひっせい)の胆略を傾けて苦言痛論・悪戦苦闘して、日本を累卵の危機より回避せしめ、また幕府の崩壊を一時的とはいえ、喰いとめ得たのである。

春嶽は、徳川氏家門の第一の家柄、長州処置等では慶喜と必ずしも意見は一致しなかった。幕府と薩長との離反・嫉視は由々しい問題に発展するので、幕府と薩・長・土の融和には最も苦慮し、また政令を一途に出でしむるため朝廷と幕府の一元化には精根を尽し、窮余の一策として将軍が摂政を兼ねる方策を考えたこともあった。五月二十四日、朝廷は①長州に謝罪の歎願書を提出せしめて寛大の処置を行い、②三条大橋に掲げた朝敵長州追討の掲示板を撤去せしめ、③兵庫の開港を勅許した。これで三年がかりの重大懸案は一応解決したのである。

越前藩に対する親藩の批難

ところが、慶応二年五月二十六日附、「越前・島津・宇和島・土佐」と四侯連署の「朝廷への伺書」の中に、「幕府の防長再討は妄挙（ぼうきょ）」、「無名の師を動かし、兵力を以て圧倒する企てが全く功を奏せず、却って天下の騒乱を誘発するに至った」こと、さらに「幕府反正の実跡なし云々」の文言が、幕府では大問題となった。これは小松帯刀・大久保利通の草案であった。会津・紀州の親藩から、「越前藩が徳川家の家門でありながら、外様大名に附和雷同するは不都合である」と論難され、幕府よりも春嶽の誠意が疑われ、敬遠されるに至った。この間、春嶽の側近中根雪江・本多修理（しゅり）・酒井忠温・青山貞・毛受洪（めんじゅひろし）・由利公正らの政治的活躍は目ざましいものがあった。春嶽が伺書署名のいきさつは、求められるままに倉皇（そうこう）の中に署名したこと。内容の詳細は提出後に知ったこと等を釈明し、春嶽が政略に利用された事実を解明し、誤解は一応解消した。この「朝廷への伺書」の春嶽の署名は、春嶽の人物のよさと、知友に対する信頼感のいたすところで、軽忽のそしりをうけ、ささやかながら一生の不覚とも瑕瑾(かきん)ともなった。

第九　王政復古と春嶽の使命

一　大政奉還は春嶽の持論

慶喜と春嶽との深い宿縁

慶喜と春嶽とは宿縁の深いものがあった。

春嶽と最も幅広く底深く長期にわたり、人格的接触と政治的交渉があったのは慶喜（慶応二年八月二十日、宗家相続して徳川姓となる）であった。曾て安政五年七月五日、春嶽は壮年の三十一歳で隠居幽閉、政治舞台より追放された主因は、慶喜将軍継嗣擁立運動であった。文久二年四月、謹慎解除後の慶喜・春嶽コンビの政権担当・幕政改革を始め、文久三年以降五ヵ年余の京都政局での接触、長州再征問題での対立等、交渉は実に広汎・深刻・微妙であった。慶喜の将軍就任に対して、春

慶喜は幕府を軽しとし国家を重しとなす

嶽の態度は、きわめて慎重・冷静であった。慶喜は時勢の推移を洞察することは天才的で、碁にたとえれば、三十手も四十手も先が読めるほど明敏・正確であった。慶応元年三月、長州再征可否の論議がやかましくなった頃、慶喜は徳川幕府の運命の終局を予知して、「幕威挽回の期はあるまじく」と在福の春嶽あてに所懐を書き送っている。慶応二年七月二十日将軍家茂の死に臨んでは、慶喜は徳川幕府の犠牲において、王政復古を志向していたが、不用意に大政を返上すれば、孝明天皇は王政復古を望まれず、朝廷に受入れ態勢整わず、群雄割拠し、国内は四分五裂となり、列強が内政干渉する危機を深く憂慮していた。慶喜は七月二十九日、朝廷に対し、徳川家相続と長州再征名代出陣の請書は提出したが、将軍職の拝命は薄徳微力を理由として固く辞退しているのである。しかし大政奉還の時期いまだ熟せず、大勢に推さるるままに慶応二年十二月五日、正二位・大納言・征夷大将軍・右近衛大将に任ぜられ、第十五代将軍の宣下をうけるや、彼は時勢を察し、運を天に任せ、全力を揮い、敢然と掉尾の勇を奮うて、わき目もふらず庶政の改革と開国の積極外交に踏み切った。行けるところまで行く、人事を尽して天命を待つ意気ごみで、政局を担当することを決意した。

掉尾の勇をふるう将軍慶喜

慶喜はフランス公使ロッシュの好意の進言は用いたが、内政干渉がましい献策はことごとく拒否した。幕政の改革に当って、政府の組織は西洋流の内閣責任制度を参考にし、陸軍総裁・海軍総裁・国内事務総裁・外国事務総裁・会計総裁を置き、五局各専任の老中を定め、軍制を西洋式に改め、軍事教育にも三兵士官学校を設け、また貿易商社を計画するなど、刮目に価するものがあった。しかし歴史を推進する歯車は冷酷であり非情であった。幕府の頽勢・幕藩制度の老衰は、いかんともすることができなかった。世に慶喜将軍の出現を「東照宮の再生」と評するものもあった。あの複雑困難なる大時代末期の危局に遭遇しては、慶喜以上の人物は出でなかったであろう。また何人が将軍となっても、将軍在任わずか

東照宮の再生

一年足らずの間には、かれ以上には、実績を挙げ得なかったであろう。

慶喜と春嶽とは莫逆(ばくぎゃく)の友であった。文久以降は政見・政策において必ずしも一致せず、時に感情の疎隔したこともあったが、それが却って切磋(せっさ)琢磨(たくま)の機会ともなった。大政奉還・王政復古・徳川家処分等、国家の安危につながる重大問題に直面して、慶喜の最も信頼したのは、徳川慶勝(よしかつ)（もと尾張藩主）と春嶽であった。徳川幕府滅亡の最終段階において、政局のキャスチング＝ヴォートを握ったのは尾張藩と越前藩であった。両藩に対する尊攘派の白眼は常にきびしかった。しかし春嶽は出処進退をあやまらなかった。

幕末キャスチング＝ヴォートを握った慶勝と春嶽

攘夷運動が明らかに討幕運動に推移し始めたのは元治改元の頃（文久四年二月二十日、元治に改元）である。まず長州では幕府を批判する思想が高まった。朝廷に対してのみ忠誠がある。日本に二個の政権の存在が許さるべきではない。日本は天皇によってのみ完全に統一され、挙国一心、国威を伸張し外侮(がいぶ)を防衛すべきである。

長州藩の国体観念

国力の発展を沮害する徳川一族と譜代大名・旗本本位の幕府ならば、倒潰せしむべきである。徳川親藩と譜代大名の利益のみを擁護する幕府ならば、忠誠はおろか、服従を拒否すべきである。藩主に対する生活保障の報償は相対的の忠である。天皇に対する真忠は、大義であり絶対的である。君恩は国恩に合致する。たとえ一藩滅亡するも、神国日本が興隆せば、われらは大義に生きうるのである。高杉晋作・久坂玄瑞・木戸孝允・大久保利通・西郷隆盛らの憂国志士の気概は、元治の時点においては、ここまで上昇していたのである。春嶽の信臣中根雪江・村田氏寿・酒井忠温・青山貞・毛受洪らの如きも、これら慷慨憂国の策士と交遊し折衝し、憂国の気概においてあえて遜色がなかった。

絶対の忠と相対の忠

将軍慶喜は、果敢に幕政の刷新に努力しつつも、静かに政権返上の時機を考慮していた。朝廷一元の政治を期待した英国公使パークスは、慶応三年五月二十四日、兵庫開港勅許——対日政策の一段落によって、天皇の政治実現のためにます

大政奉還の気運高まる

ます薩長同盟の強化に協力した。薩長士の志士もまた倒幕計画推進のために連絡し、盛んに活動した。一方、公卿中の卓抜なる経世的策謀家岩倉具視は、洛北の岩倉村に五年にわたり幽棲していたが、静観熟慮、ひそかに『叢裡鳴虫』正続篇、『全国合同策』等を著述して、率直に時務を論じ、また「王政復古全国合同」等を朝廷に密奏した。思索をねっていた岩倉は、国内の形勢が逼迫するのを見て、王政復古の大業を完遂すべき時節到来となし、各藩の憂国の志士と志を通じて、綿密周倒なる倒幕の計画をめぐらした。当時（慶応元年正月より慶応三年十二月まで三カ年間）太宰府にあった三条実美とも、旧怨を解消して提携を約束した。

岩倉と三条の提携成る

かくて島津久光は策謀随一の大久保利通を長州に遣わして、慶応三年九月十八日、長州藩主毛利敬親父子・木戸孝允・広沢兵助らと、幕府に対する攻守同盟を結び、さらに九月二十日には芸州藩を誘って、その計画に加わったことによって、薩長連合軍の進軍海路は打開された。一方においては岩倉具視は、薩藩の挙兵討

幕派の巨頭西郷隆盛・大久保利通らと結託し、討幕に絶対の権威を持たせるため、

討幕の密勅が薩長に下る（？）

十月八日頃、中山忠能（明治天皇の外祖父）・正親町三条実愛（のち議定）・中御門経之（岩倉の義弟）の副署ある密勅が薩長二藩に降下した。主要部は、

……賊臣慶喜を殄戮し、以て速やかに回天の偉勲を奏して、生霊を山嶽の安きに措くべし。この朕の願い、敢えて懈ることあることなかれ（島津忠承家所蔵）

慶応三年十月十三日　奉（三名副署）

会津・桑名討伐の密勅（？）

さらに会津宰相（会津藩主松平容保、京都守護職）・桑名中将（松平定敬、京都所司代）を誅伐せよとの密勅が降った。全文は（島津忠承家所蔵）

右二人、久しく輦下に滞在し、幕賊の暴を助け、その罪軽からず。これによって、速かに誅戮を加うべき旨、仰せ下され候事。

慶応三年十月十四日（中山ら三名副署）

以上は関白の関与しない（副署のない）問題の密勅である。文章は岩倉の謀臣玉松

操の作、岩倉・中山・正親町三条・中御門のほか誰も知る者がなかった。明治天皇（一六歳）のお考えとは考えられない。

これより先、土佐藩にあっては、公武合体を志向していた山内容堂が、極力兵乱を避け、平穏裡に時局解決をはかろうとし、七月三日後藤象二郎の意見をいれ、七月十三日には土佐藩論を大政奉還建白に決定した。山内容堂の名義で建白書を板倉老中に提出したのは、慶応三年十月三日である。

土佐藩の公議政体の構想

土佐藩の構想は、朝廷のもとに、列藩から成る上院と、庶民から成る下院との二院を設け、もとの将軍は諸侯の列に下るが、なお新制度では、慶喜を議長の如き重要ポストに置こうとするもので、いわば総力結集の公武合体の路線にそう時局解決策であった。徳川幕府の没落が明瞭であり、その滅亡は時の問題である。政令帰一のために時期を見て、幕府は政権を朝廷に返上すべきであると信じた岩倉具視は、慶応二年五月、孝明天皇の御在世中に王政復古の議を密奏した。春嶽

春嶽も政権奉還を慶喜に進言す

も慶応二年八月十二日、時局措置に苦心惨怛の慶喜に対して、「大政を奉還し、徳川本家は将軍職を辞し、尾張藩・紀伊藩の如く大名の列に降るべきこと」等七項目をあげて、勧告もし諫諍もしているのである。

大政奉還論は、起伏を伴いつつも、徐々に成熟の一途を辿っていったのである。土佐の憂国の志士中岡慎太郎が坂本龍馬と共に、洛北の幽居に岩倉具視を訪い、太宰府にある三条実美との提携により倒幕のうえ王政復古を企図したのは、慶応三年六月二十一日、薩長同盟による王政復古の謀議と偶然時を同じうした。政権の移動は、国内争乱のきっかけを作り、誤れば国運の安危にもかかわる。政権返上を決意した新将軍慶喜は、奉還の時期と順序と方法を、慎重に周到にしかも果敢に行わねばならぬと考えた。徳川幕府にも二百六十余年の実績と伝統とがある。因縁・情実・恩誼の網の目は根深く地下にはびこっているのである。

自ら敗者の道を選んで政権を返上した慶喜

慶応三年十月九日、政権返上を決意した将軍慶喜は、翌十日の朝、板倉老中を

春嶽は返上を可とし責任放棄は不可とす

して春嶽を訪問せしめ、土佐藩の建白書についての所信を聴取した。春嶽は「一身・一家・一族の私情を没却し、大政奉還を本望とする将軍の心境」に感激したが、奉還の手続きは最も慎重・綿密・周到を要し、「責任を若年の天皇になげかける如きことないよう」また有終の美を失わないことを力説している。

政権返上の大評議

慶応三年十月十二日、将軍は老中以下在京の諸有司をことごとく二条城に召集し、政権返上のやむを得ぬ事情を懇切に告諭した。その要点は、①幕府が中央政府としての統制力を喪失しつつあること、②自主的に政権を返上するか、内戦により奪取されるかの岐路に立っていること、③庶民の生活は窮乏し、治安は紊乱し、幕政に対する不信感がたかまりつつあること、④要約すれば政権返上のみが、政令一途・時弊匡救の唯一の大策であること、——等であった。晴夫の霹靂として、幕臣の多くは半信半疑、五里霧中、途方にくれ思案投首であった。

十月十三日、将軍慶喜は板倉老中をして、在京五十余藩の重臣を二条城に集め、政権返上の上奏案を示し、諸藩の意見を諮詢（しじゅん）した。越前藩よりは伊藤友四郎が出席した。感激と興奮と悲憤の交錯する緊張した空気の中で、後藤象二郎は烈々と将軍の英断を称讃し、小松帯刀（たてわき）もまた将軍の決意を賞揚した。後藤らは評議が紛糾し返上論が挫折するならば、二条城中で死ぬ覚悟であったという。この日、薩長土等の背後の実力に圧倒されて、反対意見も出ず、簡単にこの重大問題が片づけられてしまった。

政権奉還の上奏文提出

十月十四日、将軍慶喜は参内して政権奉還と位記返上の上奏文を提出した。天皇は十六歳。宮中では、摂政二条斉敬（なりゆき）（五二歳）を中心として、中山忠能（ただやす）（五九歳）・中御門経之（つねゆき）（四八歳）・正親町三条実愛（さねなる）（四八歳）らが、舞台裏の岩倉具視（四三歳）・大久保利通（三八歳）・西郷隆盛（四〇歳）・小松帯刀（三三歳）・後藤象二郎（三〇歳）らの意見を用いて、①王政復古の決定、②当分は将軍職辞退不許可、③長州藩主父子の官位復旧等の焦眉の重要案件を内議し確認した。かくて争乱なくして

革命を伴わない政権の移動

政権の実質的移動が行われることになったのである。

慶応三年(一八六七)十月十五日、朝廷は慶喜の政権返還を勅許し、名目的には幕府は政権の座より離脱した。大政奉還と同時に発せられた慶喜・容保・定敬追討の密勅が、薩長二藩に降ったことは、何人の陰謀か。疑惑のひそむ問題の「賊臣慶喜を殄戮せよ」の密勅と「会津宰相と桑名中将を誅戮せよ」の密勅(薩長二藩に降下)は、しばらく有耶無耶の間にさすらうことになった(世に討幕の密勅というも、内容は討幕の文面でなく、慶喜・容保・定敬三個人の討伐である)。鎌倉幕府の末路を思い、室町幕府の季世を偲べば、肌に粟を生じ、身の毛のよだつ感慨がある。天下の争乱を防止し、徳川一族も悲惨の運命を免れたのも、慶喜らの宏量による。慶喜は怯懦といわれ朝敵と誹謗されても、一語も弁解しなかった。政権返上の勅許によって、徳川幕府は十五代二百六十五年で滅び、源頼朝が武家政治を開いてから六百七十六年で、政権は再び朝廷に帰した。この日(十月十五日)朝廷は十万石以上の大名を召集した。特に徳川慶勝・松平春嶽・島津久光・山内容堂・伊達宗城・鍋島斉正・浅野茂長・池田茂政の八名を指名し上京せしめた（浅野と池田は現藩主。久光のほかの他の五名は前藩主である。）。

春嶽ら八名を指名し上京せしめる

平穏裡の大政奉還は春嶽の宿願であった。春嶽の歓喜はあふれて、

西走東奔　豈憂う可けんや
十年の蹤跡　萍浮に似たり
今機会に遭う　満腔の喜び
期し得たり　神州全盛の時を

春嶽が政令帰一を念願してより十年の歳月は経過した。

坂本龍馬福井に来る

十月二十八日、開明的経世家である討幕運動の策士坂本龍馬は、春嶽在城の福井を訪ね、村田氏寿・三岡八郎（のち由利公正）らと情報を交換し、談論を交えている。新政府の財政企画が話題の中心であった。

慶応三年十月十四日の「政権返上」から、十二月九日の「王政復古の大号令」

首鼠両端の公卿と大名

発布までの約二ヵ月間の政局は混沌をきわめ、昏迷をつづけた。いばらの道がつづいた。人心は惑乱(わくらん)した。幕府は崩壊したが、新政府の建設方途いまだ成らず、封建の旧秩序は残存して、新秩序は動揺し、徳川に同情する勢力と徳川排撃の勢力は、時に暗闘し、時に激突し、ひより見の公卿と、形勢観望する大名も多く、いずれも去就(きょしゅう)に迷い、端倪(たんげい)すべからざる複雑なる政情であった。慶応三年十月十五日には朝廷より十万石以上の大名の召集状、十月二十一日には十万石以下の大名の召集状が発せられたが、朝召(ちょうしょう)を辞退する譜代大名が八十数名にも達した。十一月までに上京したのは、二百六十数藩中、僅かに十六藩。新政府は徳川慶喜に対し次の如く命令した。

徳川氏に対し恩義を全うせんとする譜代大名

関東に在る譜代大名は、官位を朝廷に返上し、「忘恩の王臣たらんよりも、むしろ恩義を全うする陪臣たるべし」と主張する輩(やから)がある由なるも、これは実に名分を紊(みだ)るものにして、かつ将軍の誠意に反するものなり。速かにかかる輩を説得すべし。もしきかざれば直ちに誅戮を加うべし。

朝廷の沙汰は降下した。十月二十四日、慶喜は将軍職の辞表を提出したが、許されず。諸侯会議の開催まで辞職を保留することとなった。

春嶽五度目の上京

朝廷と幕府と双方より上京の召命を受けた春嶽は、慶応三年十一月二日福井出発、十一月八日入京した。過去十年間の波瀾万丈の政治活動の浮沈を顧みるとき、春嶽の感慨は無量である。思えば五度目の上京である。

蒼旻　我に賜うに氷霜を以てす
凛冽の寒威　肝胆張る
自ら此の行　千歳に会うを喜ぶ
願わくば　天下をして泰山のごとく康らかならしめん

入京早々の春嶽はまず慶喜を訪問して、政権返上の英断を讃歎し、次に老中板倉勝静を訪い慰撫した。さらに方向を誤らぬよう会津藩を説得する等、混迷の中に大義名分を通すことに夙夜尽力した。

二　王政復古のあとさきの混乱

一触即発の危機をはらむ

徳川慶喜の政権返上の奏請（十月十四日）とほとんど同時に、徳川政権の三巨頭である将軍慶喜・守護職松平容保・所司代松平定敬の誅滅の密勅（?）が薩長二藩に降下したことは計画的陰謀か、奇跡的偶然か。政権返上にかかわらず、密勅の文言にはまさしく賊臣慶喜とあるからには、討伐の目標でありうる密勅である。この密勅によって、出兵協約にもとづいて薩長の軍勢数千は上京しつつある。京都には徳川方の旧幕軍（長州征伐の解兵）約五千、守護職配下の会津兵約三千、所司代配下の桑名兵約千五百が集結していて、一触即発の危機をはらんでいる。発火点に達した険悪な空気の中で、十一月十五日、福井から帰京したばかりの土佐の討幕志士坂本龍馬（三三歳）と中岡慎太郎（三〇歳）が京都見廻組の手によって惜しくも暗殺された。坂本と中岡とは近代国家創造の先覚者であったのに。

王政復古のためのクーデター計画

岩倉具視・西郷隆盛・大久保利通らが、中御門経之・正親町三条実愛らの宮中の討幕勢力と通謀し、極秘裡にクーデターを立案計画したのは、慶応三年十二月一日である。内容は、①まず勅書により「王政復古の大号令」を宣布する。②討幕派を枢軸とし、新勢力による政府を組織する。③将軍の辞職を許し、徳川幕府の残存勢力を徹底的に排除するために、もと将軍家を大名並に引き降す。慶喜の官位を辞退せしめ、領地を没収し政府に差出さしめること。④公武合体派公卿の参朝停止（親幕派公卿の排除）。摂政二条斉敬をやめ、朝彦親王を始め、左大臣九条道孝らの国事御用掛たることをやめ、議奏・伝奏をやめる。⑤新たに（仮りに）総裁・議定・参与を置き、神武天皇創業にのっとり、広く会議を起し庶政を改革すること。

王政復古は革命ではない、政権の交代である

王政復古の大号令は、討幕勢力が実力を背景として、徳川勢力・公武合体勢力を一気呵成に駆逐し、武力により制圧せんとするものである。平穏なる合議手段を執らず、武力と策謀とを以て、幕府的政治勢力を倒潰（とうかい）せんとするところにクーデターの特色がある。

明治維新は、社会体制の変革ではない。支配階級の転位を意味する革命とは、全く性格を異にする。旧政権と新政権の交代である。

武力と謀略による空前の大政変

西郷・大久保らを中心とする討幕派は「馬上より天下を統一した徳川幕府を倒滅するには武力によるべく、幕府に一撃を加え、以て大勢を決すべきである」と岩倉具視らと謀議を重ね、十二月七日に、大号令宣布の日を十二月九日と極密裡に確定した。

中根雪江は大号令発布のことを慶喜に予告

後藤象二郎よりの密書により、王政復古の大号令が近日中に宣布されることを知った中根雪江は、直ちに（十二月五日）春嶽に報告し、翌六日には二条城に慶喜を訪うて人払いをして密告している。慶喜の『昔夢会筆記』に、

中根雪江が二条城に来て、王政復古のことを……目をみはって語れるは事実なり。この時は人払いにて聞きたるやに覚ゆ。されど予は別に驚かざりき。

すでに十月十四日には政権を返上し、十月二十四日には将軍職をも辞したれば、王政復古の御沙汰あるべきは当然なればなり。

事前の予備会議

その前日(十二月八日)岩倉邸において、越前・薩摩・尾張・土佐・安芸五藩の極秘の準備会議が開かれ、越前藩よりは中根雪江と酒井忠温が出席した。岩倉の指示の要点は、Ⓐ五藩は、多年勤王の志が厚いので信用して、未発表の御密旨を内示する。このたびの大策が故障なく行われるよう御依頼の御思召であることを伝え、藩主への御召状と、九門以下警備の部署を内示した。Ⓑ尾張・越前両家は、徳川宗家の親類故に徳川慶喜へのお使を頼まれた。守護職と所司代も廃止につき、このお使は尾張藩の臣下へ頼むこと等であった(守護職松平容保と所司代松平定敬とは、徳川慶勝の実弟である)。

十二月八日、春嶽はお召により参内、長州藩処分問題の朝議には、二条摂政・議奏・伝奏・国事係が列席し、これが最後の朝議となった。大名級の出席者は尾張慶勝・松平春嶽・浅野茂勲(もちこと)の三名のみ。他は家老級が列席。旧幕府の大官（将軍・守護職・所司代・老中等は病気欠席ともいい、召集除外ともいう）は一人も列席せず朝廷の会議は徹夜で行われ、早暁に至って①毛利父子の官位を復し、入京を許すこと。

小御所会議は激論がわき紛糾

②文久二年以降に勅勘(ちょくかん)を蒙った公卿をすべて赦免すること。策謀縦横の岩倉具視（四三歳）も六年ぶりに蟄居を許されて、この日舞台裏の影武者が、堂々檜舞台の表面に出て躍動するのである。三条実美（三三歳）らの官位を復し、五年ぶりに入京を許されて政治的に復活するのである。③朝彦親王・二条摂政・九条・大炊御門・近衛・鷹司・徳大寺・一条・広幡らの公武合体派の高位顕官は、俄然参朝停止となるのである。この会議中、春嶽は慶喜を二条城に訪い、何事かを問答し何事かを打診し、直ちに宮中に引返し、復命している。一夜の中に驚天動地の大変革が、岩倉・大久保・西郷・中御門・正親町三条らの策謀通り、兵火を見ずして断行されたのである。

有為転変は塞翁の馬

朝議確定して大号令渙発

総裁・議定・参与の任命

武家政治の棟梁は崩壊したが、新政治機構はいまだ整備されず、暗雲低迷・物情騒然たる中に、慶応三年十二月九日、少年（一六歳）明治天皇の簾前において大会議が開かれた。宮門は尾張・越前・安芸・土佐・薩摩の藩兵を以て警固され、会津・桑名等の旧幕府方の軍兵は追放され、討幕派の行動のみ活潑で、公武合体派の影は薄くなった。かくて「王政復古の大号令」が発せられ、摂政・関白・幕府をはじめ旧政治組織は解体された。新たに総裁有栖川宮熾仁親王（三三歳）、議定には中山忠能・中御門経之・正親町三条実愛（以上は新帝側近三羽烏）、大名のクラスでは徳川慶勝・松平春嶽・山内容堂・浅野茂勲・島津茂久ら五名。参与には大原重徳・岩倉具視（十二月二十七日、三条実美と共に議定に昇任）らと五藩の藩臣各三人を任用することとなり、越前藩士中根雪江・酒井忠温・毛受洪は、十二月十二日参与に任命された。春嶽らは、十二月八日は宮中にて夜を徹し、九日早朝、一時宿舎に帰り、暫く仮眠して再び参内している。春嶽の宮中での詠草に、

二つなき命を捨てゝ国のため　心を尽す時はこの時

風冴ゆる霜夜の月のそれよりも　身にしみじみと思ひつる哉

容堂と春嶽の正論は公卿を挫き傍若無人

十二月九日夜の御前会議は緊張そのものであった。中山忠能が勅旨を述べ終るや、かねて公議政体論を持し、公明正大を標榜している山内容堂は、「かくの如き重大会議に、慶喜を始め、旧幕府方をことごとく排除しているのは公平でない」とし、速かに慶喜を召して、この会議に列せしむべきであると主張し、「幼冲の天皇を擁して権柄を私する」少数の討幕派公卿の偏狭を痛撃した。

慶喜の辞官納地は行過ぎとの論議もあり

春嶽は、容堂の論旨を支持して、「徳川三百年間の隆治輔賛の功は認むべきである。慶喜の大政返上の心情も賞讃すべきである。新政の劈頭において、責罰を先にし、徳義を後にするは非である」と切言した。岩倉・大原らはそれぞれこれに強く反論した。大久保は、「慶喜に官位辞退・領地返還を命じ、恭順を事実に示せば、朝議に列せしむべく、抵抗せば討伐すべきである」と論断した。ついに強硬論は穏健論を抑圧し屈服せしめ、慶喜に対しては、「内大臣の官を辞せしめ、領地・人民を返上せしむべし」との議が可決され、尾張の慶勝（四四歳）と越前の春嶽（四〇歳）が、慶喜に対し内諭し説得する大役を負うことになった。この日の二条城の興奮は異状であり、旧幕兵の激昂は発火点に達した。会津・桑名・津・大垣等の数千の軍勢は、薩長の兵力を背景とする岩倉・大久保らの画策と陰謀（？）に、公正を欠き妥当ならずとして激昂したのである。春嶽の憂悶苦悩は、

二百年来、国に報ゆるの時

宮闕の戒厳　五侯に命ぜらる
危きこと累卵の如く　万千憂う
決然死を決し　相救うを急ぐ
二百年来　国に報ゆるの秋

春嶽の心境は一身・一藩を超え、大義親を滅して、ただ国家の危急興廃の一点に凝集したのである。春嶽は、慶応三年十二月十日午前九時、勅使として、徳

踏んだり蹴ったりの屈辱と憤慨

川慶勝（もと尾張藩主）と共に二条城にのぞみ、「将軍職辞任の勅許を伝宣し、体面を重んじ自発的に慶喜より内大臣の辞職と、領地中より二百万石の地を政府に差出すこと」を内諭するのである。二条城の旗本や会・桑の兵は、昨日の王政復古の大変革を伝聞し、徳川幕府が足蹴（あしげ）の屈辱を受けたものと思い詰め、甲冑に身を固め、ぬきみの鎗をつき立て、わらじばきで狂気の如く城内を右往左往し、殺気は充満していた。春嶽

松平春嶽筆『岩倉公秘事』（未刊）

らの勅使をみつけると、「薩賊に味方した耄碌が来た」と叫び、「尾越は薩長士と結託し、矛を逆にし幕府を滅すものである」と放言し、今にも暴力沙汰が起きかねない険悪な空気であった。衣冠束帯で勅使を迎えた慶喜は、内諭は拝承したが、辞官・納地の奏請は、城内の不穏の空気を爆発せしめる危険があるとして、しばらくの猶予を請うた。

慶喜は死を決して部下将兵を抑制す

春嶽は慶応三年十二月十一日、再び二条城に慶喜を訪問して、対抗する会桑軍・旧幕軍と、薩長等の討幕軍との激突を回避するため、恭順についてのぎりぎりの折衝を続けた。慶喜は諸隊長を集めて、軍兵の軽挙妄動を厳誡し、「予すでに割腹したと聞いたならば、勝手に行動せよ。予の生存中は武器の使用を許さず」と戒告し、旗本の兵五千余・守護職に属する会津兵三千余・所司代に属する桑名兵千五百余を二条城に結集せしめ、城内に封じ込めた。春嶽の侍臣中根雪江は、二条城内の群兵沸騒のさまを見て、「すべて城内の変動不測にして、狂人の如くなる者多かりき」と『丁卯日記』にしるしている。春嶽は自分のはからいで、慶喜に対し「ひとまず二条城を退去して、大阪城に待避し、形勢の緩和を見届け、しかる後に再び入京して、辞官・納地の二事を進んで奏請すべきである」と勧告し、了解を得た。

三　春嶽の徳川家救解運動

春嶽は慶喜に対し大阪城への退去を勧告

慶喜は夙に政権に執着なく、徳川家の有終の美を完うするため、一筋に恭順の言動を堅持していた。慶喜は薩摩藩の大久保・西郷・岩下らの言動が偏頗であり挑戦的であることに不快を感じていたが、幼帝を擁する「君側の奸」を武力を以て清掃するときは、闕下を血でけがし、宮禁を驚動せしめることとなり、元治元年七月の蛤門の変の二のまいとなることを憂慮し、後事を慶勝と春嶽に一任した。

慶喜悄然として二条城を退去

慶喜は日没を待ち会津の容保・桑名の定敬・板倉勝静らの重役を従え、徒歩にて二条城の裏門よりひそかに脱出し、夜中も休憩せず、行進をつづけ、翌十二月十三日午後四時大阪城に入った。かくてもとの幕府軍勢は、洪水のひく如くことごとく蒼浪として、離京したのである。

薩摩に対する大阪城内のうつ憤

大阪城内では、新政府の不公平なる処置に対して批難が渦まき、鬱憤と不平が沸騰した。慶喜の部下の主張は、①領地返上は徳川氏にのみに強制さるべきものではない。代々多数の家臣を扶持している関係から、数千の流浪人を巷に放出することは大乱ともなる。②衮竜の御衣にかくれて奸曲を逞うする薩賊こそ退治せらるべきである。③列藩会議を開き、衆議により公明正大な改革を行うべきである。④慶喜を始め慶喜方の人材を故なくしてことごとく排斥し、新政に参加せしめないのは偏頗であり不公平である。

一方、中山忠能・中御門経之・正親町三条実愛らは、この際に幕臭を一洗すべきことを強調し、西郷・大久保・岩下らは、「一度干戈を動かし候方が、却って天下の耳目を一新し、中原を定められ候盛挙と相成るべく候えば、戦を決し候て、死中に活を得候の御着眼、もっとも急務と存じ候」（西郷の起草）と強硬意見を岩倉に進言している。また薩藩は江戸において、ことさらに幕府方を激発し挑戦しているのである。

春嶽は京阪を往来して居中調停に努力

春嶽は慶勝と共に大政奉還以来、居中調停によって、兵乱を爆発せしめず、維新の大業を平穏のうちに成就するため、心身の憔悴（しょうすい）を意に介せず、みずから大阪城に慶喜を訪い、また侍臣中根雪江を大阪城に派遣すること二回。春嶽ら提唱の①慶喜の体面を重んじ辞官・納地を自発的の奏請とすること。②勅許を仰ぐため慶喜が参内した時は、議定職に補し朝議に参与せしめること。③辞官の後は前内大臣と称せしむること。④政府の財政（御用途）は、公議にはかり、慶喜のみならず諸侯よりも献納せしめること等の穏健なる妥協案を提出したが、新政府においては容易に受け容れなかった。

関東の紛乱と大阪城の衝撃

とかくする内に、江戸においては、十二月二十三日夜、薩摩屋敷に集まる暴徒が佐幕の本拠庄内藩邸を襲撃し、その報復として二十五日には江戸三田の薩摩屋敷の攻撃・焼打等の重大兇報が伝わり、人心恟々(きょうきょう)たる大阪城内を驚愕せしめた。薩藩らの挑戦の謀略を知って、慶喜の一族郎党は、旧幕兵の堪忍袋の緒は切れた。「薩摩藩が兇徒をそそのかして、関東をかき乱し、東西呼応して乱逆を企てることは断じて黙過できない」と、いきりたった幕府方は即夜大阪城内に有司会議を開いて、薩藩討伐を決定した。

慶喜は慶応四年元旦、みずから(?)君側の奸臣を除くという「討薩の表(ひょう)」と「薩藩罪状五箇条」を認(したた)め、大目付滝川具挙に命じ上京せしめることにした。

「討薩の表」と「薩藩罪状書」

「討薩の表」には、「昨年十二月九日以来の政状は、朝廷の真意でなく、薩藩の臣どもの陰謀である。この奸臣どもを御渡し下さらねば、やむを得ず誅伐を奸加える」という意味を表明した。「薩藩罪状五箇条」は、①薩州藩が幼冲の天皇を擁し、私見を以て大変革を断行したこと、②孝明天皇の信任を得た二条摂政以下多くの高官の参内を停止したこと、③私意を以て宮・公卿を思いの儘に任免したこと、④皇居の警衛を名目とし、他藩士を煽動し、兵力を以て皇居に迫る大不敬を犯したこと、⑤浮浪の徒を寄せ集め、江戸等の擾乱を起した等々の——証跡が明白であること、五ヵ条を列挙している（『徳川慶喜実紀』による）。

慶喜上京の前駆が行動を開始

慶応四年正月二日には、旧幕府軍艦開陽丸・蟠龍丸が、薩州藩の平運丸を兵庫沖で砲撃している。正月二日、旧幕兵・会桑二藩の兵力が、「召命による慶喜上京の前駆」と称して、鳥羽・伏見の両街道より、京都に向い行軍を開始した。慶喜（？）が認めた討薩の檄は、諸藩にも急送された。この日、新政府の三職会議が開かれた。慶喜に対し「上京停止の命令」を出すか否かについて朝廷の議論は分裂した。春嶽・慶勝・容堂・宗城は、調停によって交戦の危機を回避せしめようと百方手を尽したが、こと志と背離し水泡に帰した。岩倉・三条らも薩長二藩を抑えようとしたが、矢はすでに弦を離れていた。朝議は遂に、慶喜を朝敵とし幕府討伐に決した。これはまさに宣戦布告である。

正月三日、会津・桑名の軍勢を先陣とし、姫路・高松・伊予松山ら諸藩の兵一万余の大軍は陸続として北上しつつある。薩長二藩の精兵数千は、これに対し要撃の体制を整えつつあった。

春嶽の命を奉じた中根雪江は、正月三日調停のため死を決して、京阪間を去来している。三日午後五時、伏見に於て薩兵の大砲が火ぶたを切った。春嶽の詩に、

弾丸の響大きく　遙に天に震う
兵火炎々たり　伏水の辺
憂苦堪え難く　唯死を決するのみ
宗家の危殆　一眸の前

政局の推移に一転機を劃す

当時、薩長の兵数は約五千。旧幕軍の一万五千に比して著しく遜色があった。しかし志気は旺盛であった。殷々轟々たる砲声によって、宮廷は動揺し、一時は天皇の比叡山遷幸の議も起ったが、春嶽・宗城は、これを軽挙なりとして諫止し

た。時勢の推移を洞察していた慶喜は、旧幕軍の惰勢に擁せられたまでで、大阪城内より動かず、もちろん必戦必勝の信念を欠いていた。交戦四日間（激戦は一日）にして、日月の錦の御旗に圧倒されて、旧幕軍は大阪に退却した。慶喜は悔恨の情にたえず、憂悶その極に達し、正月六日会津・桑名両侯らを従えて、夜にまぎれ大阪城を脱出して兵庫に赴き、軍艦開陽丸に投じて、正月十二日倉皇として江戸城に帰った。

官軍・賊軍の別明確となる

鳥羽伏見の遭遇戦により、正月七日、慶喜追討令が発せられ、旧幕府軍はついに、賊軍とも、賊徒とも、朝敵とも、反逆者とも呼ばれるに至った。正月八日、慶勝・春嶽・容堂・宗城らは、鳥羽伏見の紛乱を未前に防止し得なかった責任を感じて、それぞれ議定の辞職書を提出したが、政府は許さなかった。新政府は正月十日、慶喜・会津の容保・桑名の定敬ら、もと幕府の要人二十七名の官位を剝奪した。

これより先、慶喜は大阪脱出に際し、朝廷に対し、鳥羽伏見の戦いは、「上京

春嶽らは慶喜の奏聞書を新政府に提出

の際の先供（さきとも）が途中偶然の行違いより起したもので、もとより朝廷に対し異心は全くない。大阪城は慶勝と春嶽に托し東退する」旨の奏聞書と、その上申手続きを慶勝と春嶽に依頼する旨の慶喜の直書（じきしょ）を届けさせた。春嶽は慶勝と協議を重ね、奏聞書を朝廷に捧呈した。

慶喜の弁疎に対する春嶽の忠告

慶応四年正月十二日江戸城に帰った慶喜は、沈思黙考十日間、ついに正月二十一日京都の議定職春嶽と細川慶順（よしゆき）（熊本藩主）に対し書翰を送って、「余の素志に反して朝敵の汚名をこうむったのは恐縮千万である。ここに世継を定めて退隠したいから、朝廷を始め諸藩に対して汚名をすすぐよう尽力を請う」と述べているので、春嶽は返書に、「ひたすら誠意をあらわし、謝罪をすべきで、家名の存続の如きは、自ら云々（うんぬん）すべき時でない」とたしなめている。春嶽は慶勝と協議を重ね、慶喜の救解（きゅうかい）のためと、徳川宗家の家名存続のため、岩倉具視の協力を仰ぎ、万全の方策を講じたのであった。

慶応四年正月七日、新政府は慶喜征討大号令を発し、公卿と大名に対し勤王か佐幕かの去就を決せしめた。二月九日、新政府は有栖川宮熾仁(たるひと)親王を征東大総督とし、西郷隆盛らを参謀として東海・東山・北陸の三道より、江戸に向って進軍を開始した。二月五日、慶喜は「謹慎して朝廷の処決を仰ぐ書」を、京都の春嶽に送ってその善処を懇願している。

慶喜の恭順謝罪に旧幕臣一同は号泣

二月十一日、江戸城では幕臣の総出仕を命じ、慶喜の本旨は、「罪を一身に引受け、無条件の恭順・謹慎に徹し、江戸はもとより関東・東北を戦禍より免れしめること」を念願していることを告示している。翌十二日、慶喜は江戸城を出で、上野寛永寺に入る。幕臣一同は悲痛なる慶喜の心情に泣き、朝廷に対しその罪科の軽くなるよう哀訴した。慶喜の心境を知り、同情を禁じ得ぬ春嶽は、慶喜の救解に努め、慶応四年二月十八日、新政府の実力者三条実美・岩倉具視を訪問し、慶喜の救解に努め、慶応四年

春嶽は慶喜救解運動に奔走

三条らの指示に従って、翌十九日には衣冠の正装にて参内し、新帝側近の有力者

東征軍停止の春嶽の建白書

中山忠能（六〇歳）を訪問し、内国事務総督（慶応四年正月十七日拝命、議定を兼ねる）春嶽の職責を以て「慶喜の謹慎・恭順・謝罪の実情を見届けられた上での寛典の取計いを懇望し、さらに一日も早く慶喜追討の進軍を停止して、天下万民の苦難を救い、従軍諸大名の戦費の負担軽減」を強く要望した。

ついで春嶽は政府（太政官）に出勤し、「慶喜伏罪謹慎により東征軍を速かに停止し、公正の処置あらんこと」を建白した。その要点は、①伏罪謹慎せる慶喜をなおも討伐するは、天下の人心に疑惑を生じ、怨嗟の声が行路に満つるであろう。②窮鼠猫をかむのたとえ、追討は旧幕臣を刺戟し、その忿怒は必死の兵ともなる。烏合の衆の官軍との勝敗は測り知ることができぬ。③直ちに東征軍の進軍を止め、公平の処置を願いたい。伏罪者を討伐するは万国公法に反する。④政府軍に万一にも勝利がない時は、天下はこれきりとなり、億万の生霊は内乱により塗炭の苦しみに陥るであろう。

この重大な停戦の建白書は、「東征大総督有栖川宮の手を経て、太政官に提出すべし」との勅答があったので、東征大総督あてに送附の手配をしたが、兵馬混雑の際とて、ついに大総督のもとに届かず、春嶽の切実なる東征停止の願望を貫徹できなかったのは生涯の痛恨事であった。

春嶽の停戦建白書は有耶無耶となる

慶応四年二月十六日、議定(ぎじょう)松平春嶽は、外国使臣参内につき御用掛を仰せつけられ、二月二十日には内国事務局補をも兼任した。

四　開国へ転換の契機

開国論者春嶽の辿った十二年間のいばらの道

鎖国を開国へ転換せしめる契機をつくった春嶽は開国の先覚者でもあった。夙(つと)に世界の情勢を知って、安政三年十月には早くも攘夷の不可能を堂々建白し、安政四年十一月には藩論をまとめて積極的開国論を幕府に建白している。先覚者・経世家としての春嶽の苦悶は、いかにして頑迷固陋な鎖国攘夷論を打開するかに

春嶽らの新政府に対する開国建議

あった。春嶽の開国論は十二年の長いいばらの道を辿った。幕府の倒壊・新政府の樹立により、堂々と国際的舞台に登場することとなったのである。慶応四年二月七日、太政官に対し春嶽は、山内容堂（土佐）・毛利広封（長州）・島津忠義（薩州）・浅野茂勲（安芸）・細川護久（熊本）をかたらって、六侯連名で「外国使臣を参朝謁見せしめる建議書」を提出している。論旨は堂々たる開国論である。①漢土の如く自ら尊大で、外国人を禽獣の如く軽蔑すれば、清国・印度等の覆轍を践むに至るべきか。欧米人を犬羊戎狄と呼ぶ如き頑迷固陋なる愚論を一日も早く捨てねばならぬ。②日本は極東に孤立し、国際事情に通ぜず、偸安をことせば国運衰微に赴く。進んで世界各国に航海し、宇内の衆善を摂取し、わが国勢を日々に隆盛ならしめねばならぬ。③わが国の歴史は古来鎖国排外ではなかった。④幕府の攘夷は姑息なる詐術であり欺瞞であった。このたびこそ一刀両断の朝裁を以て、井蛙の管見と僻論を打破すべきである。⑤ここに開国の方針を確立し、内外に宣布し、国際公法に従って、外国使臣の参朝を許すべきである。――と、これが開国建議の結論であった。

政体変革の国書を諸外国に公布

これより先、慶応四年一月十五日、新政府（太政官）は外交は宇内公法によることを布告した。外国事務取調掛東久世通禧は、勅使として神戸に至り、政体変革の国書を仏・英・伊・米・普・蘭等の公使に交付し、主権者は大君（将軍）に非ずして、天皇であることを宣明した。

外交官接見について の春嶽の苦心

慶応四年二月三十日、仏公使ロッシュ・蘭公使ボルスブロッグの入京・参内・拝謁の諸儀礼はもとより、英公使パークスの不慮の遭難の前後措置については、内国掛の春嶽は、外国掛の東久世通禧・伊達宗城らと共に誠意を傾けて奔走し、ために国際的危機を脱し、空前の謁見の儀を順調に運び得たのである。治療のためパークス英公使の参内謁見は三月三日に延びた。その際も、春嶽は接伴掛を勤めた。外国使臣の参内謁見については、女官（御内儀の女房）から執拗な抗議・頑強な反対もあったが、天皇の御病気御見舞の名目で初めて、男子参入厳禁の御所の後宮に参入し、春嶽は伊達宗城と共に女官を説得したこともあった。春嶽の手記によると、外交官謁見の際、通弁官なく閉口したので、俄かに長州藩士伊藤俊輔（のち博文、二八歳）を臨時外国事務局判事に登用し、初めて直垂を着せて、天皇の近くに侍立、通訳を勤めさせた。陪臣で最初に天皇に近侍したのは伊藤俊輔である。

将軍職廃止後の慶喜の処遇

これよりさき慶応三年十月十四日、徳川慶喜が山内容堂の建白に従い、平穏裡に政権を返上し、十二月九日、王政復古の大号令により将軍は廃止となり、慶喜は政権の座を退いて大名の列に降った後も、徳川方（徳川一族・もと旗本・譜代大名等）は、慶喜が新政府の議定（？）に任用されることを予想し、公卿・大名連合政権の重要ポストにつくことを期待していたのである。その他、公議政体論者後藤象二郎は、「慶喜新政府首班論」を時節即応の妙策として、山内容堂・松平春嶽に献策し、春嶽は宮中の実力者中山忠能をも説得し同意せしめたのである。しかし時勢の進行は、山頂より転落する円石の如く、予測以上に急激・迅速・非情であった。

幕府政治の徹底的破壊

西郷隆盛・大久保利通・岩下方平（まさひら）らは岩倉具視らと協議し、宮中の実力者正親町三条実愛・中御門経之らを動かし、幕府政治を徹底的に崩壊せしめ、やがて封建制度を廃止するため、空前の大変革「明治維新」を出現せしめたのである。

倒幕の基本路線

尊攘激派の討幕策謀を要約すると、基本路線は、「武力によって天下を制圧統一した徳川幕府」を潰滅するには、武力を以てせねばならぬ。慶応三年十月十三日の討幕の密勅(?)十二月九日、薩長に降下。王政復古大号令発布の予備会議における旧幕府方要人の出席排除。十二月十二日、もと幕府の首悩全部、京都より大阪へ脱出。十二月二十五日、薩藩の江戸擾乱計画。慶応四年一月、朝廷は慶喜に上京を命じ、一月三日、慶喜上京を停止せしめる通達うやむやに終る。一月三日、慶喜の配下は討薩除奸の表を掲げて入京せんとし朝廷の討伐軍との正面激突。

徳川幕府の崩壊と共に、徳川側は譜代も旗本も一網打尽に中央政権から強引に排除された。旧幕府方の区々たる主張も要望も嘆願も、時勢の激浪に翻弄（ほんろう）され一蹴され撃破された。悲憤慷慨の反抗も、水戸学に培（つちか）われた武家主従の恩義も、大義のシンボル「錦の御旗」の前におびえ、はかなく退縮・消散して、かえって徳川三百年の功績全部をも喪失・抹消されるに至った。強引に進転してやまぬ歴史の悲劇とは、かくの如く非情なものであろうか。

強引に進展する歴史の悲劇

公武合体派は徐々に修正されて公議政体論者となった。松平春嶽・山内容堂・伊達宗城らの主張は公明正大であった。公卿・幕府の要人・諸大名らの階層出処を問わず、また実力ある有能藩士は、公平に平等に新政府に参加せしむべきであるとした。偏頗なる報復的処置は新政の方向をゆがめるものであると杞憂した。容堂や宗城は鳥羽伏見の争乱を「私戦」であると切言した。慶応四年二月頃、西郷・大久保は一時慶喜死刑論を唱えた。しかし英国公使パークスは、「恭順謹慎の旧政権担当者を追討し、死刑に処する如きは文明国に例がない」と政府に忠告

苛酷なる慶喜死刑論は立消えとなる

し、苛酷なる刑政は、内乱を誘発せしめる虞あることを警告した。

新政府の進路を明確にした五ヵ条御誓文

慶応四年三月十四日、宮中紫宸殿において明治天皇（一七歳）は親しく天地神明に五事を誓い、三条・岩倉・中山らの補弼により、新政府の根本方針を明らかにした。いわゆる五箇条の御誓文には「世論尊重」「開国進取」「世界文化の積極的摂取」の意図が適確に表現されている。

御誓文のできあがるまでの経緯

御誓文の原稿は、越前藩出身の新政府の参与由利公正（四〇歳）の執筆である。公正は岩倉邸での協議会において施政方針の確立を岩倉に迫り、その帰途、想をねり、京都岡崎の越前藩邸長屋の一室で、徹夜してまとめあげたものである。矢立ずみで書いた由利公正の原案を、早朝来あわせた越前藩士村田氏寿（四八歳）・毛受洪（四四歳）に閲覧せしめたのち、二人の感想をきいて確信を得、公正は直ちに参内し、新政府の制度掛土佐藩福岡孝弟（三四歳）に草案を示した。孝弟は幾回も精読し、手を拍って賞讃して一部加筆した。さらに総裁局顧問木戸孝允（三六歳）が加筆改訂し、重臣の審議を経て勅裁を仰ぎ、御誓祭には天皇の神への宣誓として三条実美が朗読することになったのである。御誓文は公議政体論の基盤に立ち、草案には「列侯会議を起し万機公論に決すべし」とあったが、「広く会議を起し」と改訂された。これは天皇召集の列藩合議による政治運営の創案を拡大し、将来公議輿論政治への発展を予測したからである。

五　鳥羽伏見の戦いと春嶽の苦悶

鳥羽伏見兵乱後の春嶽の苦悶と周旋

思えば慶応四年（一八六八）春夏における政治家としての春嶽の苦悶と辛労とは言語に絶するものがあった。要は①内乱による関東・奥羽の焦土化の阻止と、②恭順に徹した徳川慶喜の救解（きゅうかい）である。この頃、旧幕臣中にはフランスの力を借りてでも、薩長の攻勢に抵抗しようとする主戦論者も尠くなかった。フランス公使ロッシュも旧幕府の援助の意志を表明し、しきりに慶喜の奮起を勧めた。慶喜は慶応

外国勢力の介入を阻止した新政府と旧幕府

四年一月十九日・二十六日・二十七日と三回もロッシュと江戸城中で密談をとげているが、慶喜は援助提案を一切ことわっている。思うに英仏二国は、互いに東亜の覇権を握ろうとして虎視たんたんとし、イギリスは新政府と薩長に好意を示し、フランスは旧幕府との因縁が深かったのである。もし内戦ともならば、関税や居留地を担保として、各一方に味方し武器と戦費を供給し、永久的に勢力を扶植しようとしていたのである。徳川方も薩長方も、外国の援助を断然拒絶した。国家の前途を憂い、将来に禍根を残さないためであった。

慶喜はもとより、春嶽・慶勝も、さらに勝海舟・大久保忠寛らも徳川氏の存亡を超えて、日本の運命を念頭に置き、近代統一国家の完成に肝胆をくだき、維新の国際的危機を脱却し得た。これ等の人々は国士無双というべきであろう。

この間に於ける春嶽（四一歳）の惨胆たる苦心・努力を追憶してみよう。東征大総督熾仁（たるひと）親王が、薩長土以下二十余藩の軍勢をひきいて、「朝敵を征伐せよ」とった。

慶喜の歎願書は途中にて抑留(?)上達せず

これより先、二月五日に慶喜は「恭順謝罪し、朝裁を仰ぐ」歎願書を春嶽にたよって政府に提出した。慶喜の歎願書は、春嶽の万全の努力にもかかわらず、春嶽の手を離れてからのち途中に抑留されて上達せず、政府軍は続々と江戸市街に進軍しつつあった。二月十一日には旧幕臣によって尊王恭順有志会が結成され、「薩長は暴力を以て政権を奪った。断然一死を神明に誓い、反逆薩賊を討滅し、主家(慶喜)の屈辱を一洗すべきである」と宣言し、江戸の治安確保を買って出で、やがて彰義隊と改名し、決死隊員は千名に達した。在京の春嶽は家臣林矢五郎らによって江戸の情況を知り、「もし不慮の過誤によって争乱暴発のことあらば、円満収拾の功を一簣に欠き、とりかえしのつかぬ擾乱ともなりかねない」と憂慮し、「江戸の兵乱を防止するための建議書」を認め、新政府に進言する準備を進

彰義隊の蹶起

徳川氏の同情者も白眼視される

慶喜を孤立無援に追い込む

めた。政府の関東に対する弾圧態度はあまりに強硬で峻厳であった。春嶽の献策を受入れそうもない情勢を知っていた春嶽の側近中根雪江・毛受洪らは、春嶽の建議をとりやめるよう諫止した。「政府部内では、慶喜・容保らと文通することさえも逆徒の一味の如く嫌疑し、慶喜の同情者を白眼視し、その救解に努力する諸侯をも弾劾しようとしている。春嶽に対しまた越前藩に対しても、政府部内の感情は冷淡であるから、この際の居中斡旋は朝廷にとっても不得策であり、徳川にとっても不利益であるから、当分拱手傍観されたい」とのことで、春嶽は不本意ながら建議をとりやめた。太政官は三月二十日、「慶喜とひそかに文通等の義これあるに於ては、逆徒にひとしき筋に付、きっと御沙汰これあるべし」と、慶喜の孤立策略を実行に移した。

江戸開城と徳川氏の処分

慶応四年四月四日、勅使橋本実梁らは江戸城に入城し、朝旨を田安慶頼（春嶽の弟）に伝え、ようやく慶喜（三二歳）の恭順謹慎を認め、Ⓐ徳川将軍家二百六十余年の功績と、Ⓑ慶喜の実父斉昭の積年の勤王事績により、特別の寛典に処することとなり、①徳川の家名を存続せしめ、慶喜の死一等を減じて水戸に謹慎せしめること、②江戸城の引渡し、③旧幕府の軍艦・銃砲を収め、④旧幕臣を江戸城外に退去せしめること、⑤慶喜の叛謀(?)を助けた者を処分すること、の五事の実行を命じた。

徳川氏処分につき手を尽した春嶽の周旋

徳川宗家処分について最も努力したのは春嶽であった。この件について春嶽は、議定(ぎじょう)の中心人物岩倉具視と四月二十四日に会談し、閏四月十日には文書によって救解の所信を建白し、さらに中根雪江をして周旋せしめている。

旧幕臣の生活を保障し得る禄高を要望

春嶽の要望四ヵ条は、①田安家達(いえさと)(相続前は亀之助、時に六歳、春嶽の甥)を相続人とすること、②家政向きは大久保忠寛・勝安房をして後見させること、③旧幕臣を扶持するに足る禄高。加賀の前田百二万石・薩摩の島津七十七万石・仙台の伊達六十二万五千石を超ゆる最低百十万石の禄高を保持させられたきこと、④駿府は家康退隠地であるが、徳川氏の旧領ではない。旧幕臣統制上、江戸に永住せしめること、以上が春嶽の要望であった。家達に徳川家を相続せしめることに決定したのは、彰義隊が盛んに横行していた閏四月二十九日であった。徳川家達を駿府に封じ、駿府・遠江・陸奥数郡七十万石を下賜されたのは五月二十四日であった。その頃は奥羽二十五藩同盟が成立し、戊辰(ぼしん)の戦乱を私戦とみなし、薩長に反撥する空気は濃厚で、東北の風雲のけわしいさ中であった。

三権初めて分立

政治機構の改革と社会組織の激変により、実力のない旧大名クラスの凋落が目立つようになった。慶応四年閏四月二十一日、五箇条御誓文の趣旨により、さらに官制を改め、太政官（最高政治機関）に議政・行政・神祇・会計・軍務・外国・刑法の七官を設け、立法は議政官が、司法は刑法官が、行政はその他の官庁がつかさどることとなった。幕府時代には三権が混同していて独裁専決が思いのままであった。ここに初めて、立法・司法・行政が分立した。枢要なる官員には、議定

春嶽は議定に任命さる

兼輔相に三条と岩倉、議定には公卿の中山・正親町三条・徳大寺・中御門の新帝側近グループ、大名クラスでは松平春嶽・島津久光・蜂須賀茂韶・鍋島直正・山内容堂・伊達宗城・池田慶徳・浅野長勲・徳川慶勝の九名が議定に任命された。

大名時代は過ぎ去った

翌明治二年五月十五日には重要官員の選挙が初めて行われたが、大名クラスでは議定の鍋島直正、民部官知事の松平春嶽、外国官知事伊達宗城の三名のみが残る。時勢は急速に進転して、中央政界では大名クラスの凋落が目立ち、大名時代は終った感が深い。

春嶽は新政府の措置に不満

春嶽（四一歳）は、新政府の要職である議定に任ぜられて約一年半（慶応四年二月十九日より翌明治二年八月十二日まで）、主として内務行政を担当してきたが、春嶽には厳しい公憤があった。①太政官内部には、徳川親藩・譜代大名・旗本等を故意にあるいは策謀を以て疎外する空気が強く、人事も施策も公平適正を欠くことを遺憾とし、②徳川宗家の禄高を七十万石に激減し、因縁の浅い駿府と奥羽を知行地としたことは適正でないとし、③五年半の長い間、孝明天皇信頼のもとに京都守護職を勤め大過なかった松平容保を朝敵にでっちあげたこと、容保は慶応四年二月二十八日、謝罪状を春嶽に提出して善処方を要望したが、太政官はこれを顧みなかった。④新政府の経費は、すべての全国の大名より高割（領地割）により納付せしむべきである。しかるに懲罰・報復的に徳川家のみより献納せしめることは公正でない。⑤「君臣相親しみ、上下相愛し、徳沢天下にあまねく」と宸翰にあるも、政府の実績はこれに背馳し、庶民は旧幕時代よりも重い負担に呻吟している。⑥東北地方の戦乱はいまだ収まらず、諸大名は徒らに兵乱に疲れ、庶民は塗炭の苦しみをなめている。⑦奥羽越の諸大名は勤王の志あるも、中途に抑閉されて、志をのべることができず、恭順を思うもその道全く絶え、窮鼠猫をかむ窮状にある。⑧江戸にある政府軍は無気力で軍規弛緩し、例えば戒厳下においても総督宮を始め幕僚たちは、例えば両国川開きを悠々見物するが如きは、軍務倦怠の

春嶽は辞表をふところにして岩倉に直言す

自責にたえず辞職を願い出た春嶽

片鱗である。——慶応四年七月十八日、春嶽は議定の辞職書を懐中して、時の最高実力者岩倉輔相に面をおかして直言している。

春嶽は、半年前の王政復古大号令渙発（かんぱつ）の時、「期し得たり、神州全盛の時を」と歓喜したが、政界の底流には、権勢欲のからむ抗争と、宿怨にもとづく反感がからみあい、薩長藩閥と旧幕府勢力の暗闘の渦巻がはげしく動いた。春嶽は誠心誠意、大政を輔沃（ほよく）してきたが、「前途の目算たち難く、重要な職にあることは自責の念にたえなかった」ので、盟友山内容堂とも、伊達宗城とも、政局の現状を批判しあい、議定職辞任の心境を語りあった。

岩倉は、叡慮によるとして春嶽の議定の辞表を撤回せしめた。岩倉具視と春嶽とは、慶応三年十二月九日が初対面であったが、岩倉は春嶽の誠実と公正・廉潔（れんけつ）に推服・傾倒（けいとう）し、春嶽は岩倉の複雑な政局処理の緻密な思慮に感嘆・心服し、交際深まるにつれ、性格の相違がかえって肝胆相照（かんたんそうしょう）の間柄となり、互いに買被って

岩倉も容堂も春嶽の辞意を阻止

春嶽に寄せる譜代大名の信頼

いたようである。岩倉は春嶽の議定辞意を抑えて、「山内容堂と鍋島閑叟（正直）は健康すぐれぬため激務に堪えず、伊達宗城は外交要務で江戸にあり、春嶽ならではとの叡慮ゆえ、春嶽の辞意は絶対に同意できぬ」と辞表を取上げない。山内容堂は春嶽に対し、「万事朝廷中心の時代となった。もしも大乱・割拠ともなれば、朝廷を擁せねば勤王の一手は伸びぬ。今日までやや消極的であったが、今後は春嶽と一心協力、一筋に朝廷御奉公に勤めたい」と決意を述べて春嶽の発奮を促がした。かねて春嶽に私淑していた高徳藩主（栃木県）戸田忠至は、①春嶽の在京在職は、朝廷と親藩・譜代大名の調和協力のくさびである。辞職は朝廷と徳川と両方のために不為となる。②徳川家達（六歳）上京の際は後見ともなり、相談役ともなって介添されたい。③譜代大名はすべて春嶽をたよりとしている。譜代大名の立場よりしても、春嶽の辞職を諫止したいと申し出ている。山形藩主水野忠清・高鍋藩（宮崎県）世子秋月種樹の如き譜代大名たちも、春嶽を信頼すること篤く、太政官内部でのかけがえのない存在と敬慕されていた。七月十八日、「春嶽の在職は皇国の大幸である」との明治天皇の御思召により、春嶽の辞表は却下された。

六　即位・改元・庶政一新

即位の大典と明治の年号

慶応四年八月二十七日、明治天皇（一七歳）は紫宸殿において、即位の大礼を行った。春嶽も盛儀に参列して、古制に則る森厳さに胸をうたれた。かねて岩倉輔相らは一世一元制を要望していたが、その勅裁を得たので、慣例に従い菅家（菅原氏出身の公卿）が奉ったいくつかの年号の案文中より、輔相の委嘱により議定松平春嶽が予選することになった。勅定の年号は『易経』に、

春嶽が予選した明治の年号

聖人南面して天下に聴く、明に嚮いて治まる。

とあるに出でたものである。古来、吉凶禍福によってしばしば行われた改元は、この時より天皇一代に年号一つとなったのである。慶応四年九月八日、詔して明

治と改元した。これよりさき七月十七日、江戸を東京と改称し、東京奠都の勅語が出で、明治二年三月七日、天皇再び東京に行幸（事実上の遷都）。ちなみに太政官（中央政府）の東京移転の布告は、明治二年二月二十四日であった。

初代大学別当兼侍読

明治初期は官制改革が頻繁で、盛んに人材の新陳代謝が行われた。明治二年七月八日の官制改革によって、太政官・各省の首脳部が、ほとんど公卿と薩長土肥出身者を以て独占され、大名出身は民部卿松平春嶽ただ一人となった。他は親王・公卿七人、薩長土肥出身藩士七人であった。八月二十五日新たに大学別当が置かれ、初代大学別当兼侍読に任命されたのは春嶽であった。別当とは大学校と開成・医学二校病院の長官であり、さらに全国の学校をも総管することを本務とした。今でいえば文部大臣と大学総長とを兼務したようなものである。さらに春嶽は天皇の侍読を兼ねた。春嶽は自らその処を得たと満悦し、輔沃の誠を尽した。

春嶽の適材適職

春嶽は直接に青年の天皇に奉仕し、君徳の涵養に全力を傾けた。約一年にわたる

『十八史略』の進講は、春嶽の生涯忘れ得ぬ感銘となった。『十八史略』は江戸時代に広く親まれた中国の史書で、治乱興亡のあとをたずね、政治の要訣と処生の教訓を学び取ることができる書である。

大名は政治より次第に脱落

明治政府は、初め雄藩の協力を得るために大名会議を開き、公議輿論を尊重する態度を示したが、大名の多くは国政に対する識見を欠き、政務処理の熱意に乏しく、自然淘汰により次第に要路より脱落していった。

戊辰の内戦を一瞥（いちべつ）すると、慶応四年五月には彰義隊が敗走し、九月には会津藩が降服し、翌明治二年五月には箱館戦争が終結し、旧幕勢力（反薩長勢力）は完全に屛息（へいそく）した。この間に政府の陣容が整うに従って、しだいに中央集権化に進んだが、明治新政府の弱点は、財政の基礎脆弱（ぜいじゃく）にあった。陸海兵力も薄弱で、充分組織化されていなかった。交通・産業も区々寸断の封建割拠のままで、欧米列強とは比較にならなかった。このままでは新政府は名ばかりで、虚器を擁することとなる。

幕藩制度の崩壊期迫る

他の一面を見れば、どの藩も、幕末の内戦と産業の不振と藩財政の行詰りから、困惑と窮乏に呻吟していた。すでに幕藩制度は老朽化し、解体に瀕していたのである。必然的に滅ぶべき幕藩組織の滅ぶべき時期が到来したのである。藩政の行詰りから、請西藩(木更津市)や盛岡藩の如く版籍の奉還を自発的に願い出るものもあり、姫路藩の如く奉還を正式に上申するものもあった。版は領土であり、籍は領民である。長州藩の木戸孝允には先見の明があった。まず薩摩の大久保利通と協議して、それぞれの藩主を説得し、ついで土佐・肥前の両藩を誘い、リーダーシップをとって、明治二年一月二十三日、四藩主連署のもとに、領土・領民を天皇に返上し、日本全土の政令を一途に帰するよう奏請した。諸藩のこれにならうもの六月に至って二百有余藩に達したので、朝廷は藩主に対し領土・領民の奉還を許し、また奉還を上申しない諸藩に対しては、その版籍の奉還を命令した。これは封建制度打破の重大事件であった。鎌倉時代以降六百年。土地はすべて将軍

版籍奉還の意義

（天領）か領主（大名）のものと思い、領民の生殺与奪の権は藩主の手にあると思い詰めていた。忠誠は領主と領民をつなぐ紐帯であった。久しい伝統のある封建のきずなを切断するには、少なからぬ抵抗が予想されたにもかかわらず、目に見えぬ時勢推進のエネルギーは余りにも強く伝統と因襲を押しひしぎ進んだ。明治二年六月十七日、全国の大名二百六十一人は、太政官から任命されて、地方行政官（知藩事）として、その藩の政治をつかさどり、全国の土地・人民はすべて朝廷の一元的支配となった。この日、公卿・諸侯の称を廃し、華族と改め、その旧臣を士族と称せしめた。越前藩主松平茂昭（もちあき）（三四歳）は福井藩知事に任命された。

もとの大名はすべて地方行政官

明治二年七月八日の官制改革によって春嶽は民部卿に任ぜられ、八月十二日、民部・大蔵の二省合併により春嶽は大蔵卿の兼任を命ぜられ、八月二十五日、本官・兼官を免じ、大学別当兼侍読に任ぜられたことは既記の通りである。

朝令暮改の官制改革

次に春嶽の手がけに藩学明道館の生長・発展を一瞥（いちべつ）すると、福井藩は、春嶽の

福井藩学明道館と御傭外人教師

経綸(けいりん)により安政三年十月開国進取の藩是(はんぜ)を確立すると共に、教育の振興をはかり、すでに安政二年六月二十四日に開館式を行った藩学明道館の刷新・充実につとめ、明治二年には明新館と改称し、現米二万石を以て年間経常費にあてた。西洋兵学・フランス式練兵・英語・高等数学・航海術等の学課も加え、明治四年には英語(マゼット)・理学(ワイコフ)・兵学(英人ルシー)・理学(グリフィス、二八歳)の外人教師を招聘し、欧米の近代科学をとりいれた。グリフィス博士は、在福一年間で東京帝国大学の教授に栄転。春嶽とは相互に敬愛の情がこまやかで文通を怠らなかった。博士は明治七年に帰国し、アメリカでの講演(約三千回)と多くの著述により、日本を忠実に欧米に紹介した。小泉八雲(やくも)・ケーベル博士と共に日本紹介の恩人である(昭和三年、八六歳で歿す)。明新館は、明治四年の廃藩と共に廃校となった。

明治二年六月十七日、藩主の版籍奉還によって、土地・人民は形式的にはことごとく国土・国民となった。名目の上では旧藩主の支配より離脱したが、もとの藩主がそのままに知藩事に任命されたために、名称変更と錯覚し、主従の封建的情実は根強く残存し、その配置や行政区域も封建の旧態を遺存し、新政府の基礎も強固でなかった。新政府の枢軸となった薩長土肥等の藩閥に対し不満不平の徒も多く、それぞれ自分の藩を固めることに力め、政府の施政が適正を欠けば、新政府はいつ瓦解し内乱が起るかも知れない不安がひそんでいた。先祖代々の藩主と藩士の恩義・情実は、非常に強固であったから、封建の陋習を打破するには、ぜひとも藩の形骸(けいがい)を徹底的に解体する必要があった。それには少なからぬ抵抗が予想された。政府は藩解体の推進力として、まず薩長二大藩における藩論の統一をはかり、次に土佐藩の協力を求めた。三藩の精兵一万を以て急速に政府軍を組織し、廃藩に抵抗せば武力討伐を強行する準備を着々進めた。

廃藩に抵抗せば武力討伐

かくて明治四年七月十四日、明治天皇(二〇歳)は在京五十六人の藩知事を召集

近代国家としての政令一本化

隠退後の春嶽に対し宏謨裨補の仰せが出る

し、「内、国民を安んじ、外、万国と対峙するには、政令一に帰する要がある」旨を諭し、大小の藩を全廃し、新たに地方官庁としての県を置くことを命じ、藩知事（もと藩主）を全部免官し、地方に住む旧大名をことごとく明治四年九月までに東京に引揚げしめた。廃藩の翌七月十五日、政府は春嶽に対し、「国事諮詢の際、忌憚なく建言、宏謨を裨補し奉るべき旨」を通達した。明治四年七月十六日、福井藩を廃し、松平茂昭（春嶽の養子）の藩知事を免じ、新たに福井県を置いた。最初の長官（参事）は村田氏寿であった。

　廃藩置県によって、旧藩の政権は名実ともに潰滅し去って、中央政府においても、旧大名クラスは権勢の地位より転落し、三条・岩倉・大久保・西郷・木戸らの新進の実力者によって中央政権は掌握された。この廃藩断行については容易ならぬ抵抗を予想し、政府要路ものるかそるかの非常の決意を抱いたとみえる。大久保利通はその日記に、「今日のままにして新政府が瓦解するよりは、むしろ大

流血の惨事なくて廃藩断行される

英断に出でて瓦解するに如かず」と記している。明治四年七月十四日の廃藩置県の結果「太政官日誌」によれば、藩の廃せられたるもの二百六十一。従来の府県をあわせる時は、全国三府三百二県に改まった。この空前の大改革が流血の惨事なくして断行されたのは、国家形成以来、天皇が万民敬仰の中心であり、一君万民の国体を伝統的に信奉していたからである。また頑迷固陋な封建割拠論者も、ひしひしと迫る幕藩制度の行詰りを感じとったためであり、さらにもと大名や藩士に対し、知行禄高のかわりに公債を与え、生活を保障したからである。これをフランス革命による貴族の悲惨なる運命と比較すると、雲泥の相違がある。

第十　光風霽月の晩年

一　春嶽の文筆生活

麝香間祗候

明治三年（一八七〇）七月十二日、学制改正により大学本校閉鎖により、春嶽（四三歳）は大学別当と侍読を免ぜられ、多年の勲功により麝香間祗候の待遇を受ける。麝香間祗候は、無職・無給で、（明治十七年以降の宮中席次は）公爵の下位、侯爵の上位となっている。一切の公職を離れた春嶽は、不惑の齢をこゆること三年、名利・権勢の俗塵をよそに、何ものにも拘束されず、自分の欲するままに、心静かに悠々閑々の文筆生活に入るのである。春嶽の詩に、

綬を解きて吾事了る　風月は清娯を占む

『逸事史補』第一枚

秋園の花草に灌ぎ　白鷺を友と為す
平生塵雑を厭う　況んや面諛の徒をや
名利は大害を生ず　至愚を守るに如かず

悠閑を楽しみ文筆に耶る

明治五年、最初に春嶽（四五歳）が執筆したのは『逸事史補』である。実歴体験に基づいた幕末維新の舞台うらの逸事・逸聞集である。全篇に春嶽の誠実・真率な性格が反映している。筆致に虚飾・虚勢なく、利害・得失によって筆をまげず、感情を交えず、行文に偏頗がなく、直筆を以て綴られている。西洋紙に極細字の几帳面なペン書きである。六万二千字の長篇は十年がかりで明治十二年九月十八日に脱稿した。内容は人事の機微にふれる点が多く、門外不出の秘本であったが、遺言により歿後八年の明治三十一年に初めて公表された。

詩に、

能く忠誠を守るひと幾人ありや

眼に看る　年々の開花新なるを

才を研き智を磨くも　竟に身を謀るのみ
翻って愁う　習俗の浮薄に流れ
能く忠誠を守る　幾人か有る

明治六年（四六歳）六月二十日東京出発、春嶽は七年ぶりで墓参のため福井着。途上の吟詠に、

今もなほ己がものなる心地して　迎ふもをかし越の山々

在福二十数日間、もとの藩臣をねんごろに慰撫し、その授産を斡旋し奨励するところが多かった。

思ひきや恵もかけぬ民草の　恵みの露のかゝるべしとは

明治天皇の行幸を迎えた春嶽の感激

明治六年十二月十九日、明治天皇（二二歳）は春嶽の新居隅田川畔の真崎邸に行幸、一族は謁見の光栄に浴し、松平家伝来の家宝の数々を天覧に供した。

濁りなき御代に遭ひあふ隅田川　今日の御幸ぞかしこかりける

かけまくも畏(かしこ)き今日の御幸(みゆき)かな　隅田川原の草深き庵

大君のめぐみ仰ぎて畏くも　のどかに送る年の暮かな

明治天皇と和歌の応酬

明治十年（天皇二六歳、春嶽は五〇歳）一月、命により明治天皇の京都・神戸・大和地方行幸に春嶽は供奉(ぐぶ)した。一月二十二日、天皇は軍艦高雄に御搭乗。風浪高く二十六日鳥羽港に仮泊。翌朝の天皇の御製に、

浦風も荒磯(ありそ)の浪も今朝なぎて　かもめ起きたつ鳥羽の海面(うみのも)

春嶽に示された御製に応(こた)えて、

大海のゆたけき御代のかしこさに　安くも越ゆる灘の波風

『徳川令典録』の編纂献上

春嶽は、明治十一年より伊達宗城(むねなり)・池田茂政(もちまさ)らと撰修中であった『徳川令典録』を四年がかりで三十九巻完成。明治十五年一月二十七日献上し嘉納された。この間に春嶽の独力編纂した『幕儀参考』は、徳川幕府の制度・慣例を精密・詳細に記載したものである。極めて精力的で、広汎で類例のない労作である。その

精魂をこめた著述の数々

他、春嶽の著作の重要なものは、

『真雪草紙』　越前藩歴代の故事・逸話の集録、二篇。明治十三年（春嶽五三歳）三月十四日起筆、明治十六年十月十六日、四年がかりで完結。五万四千字。

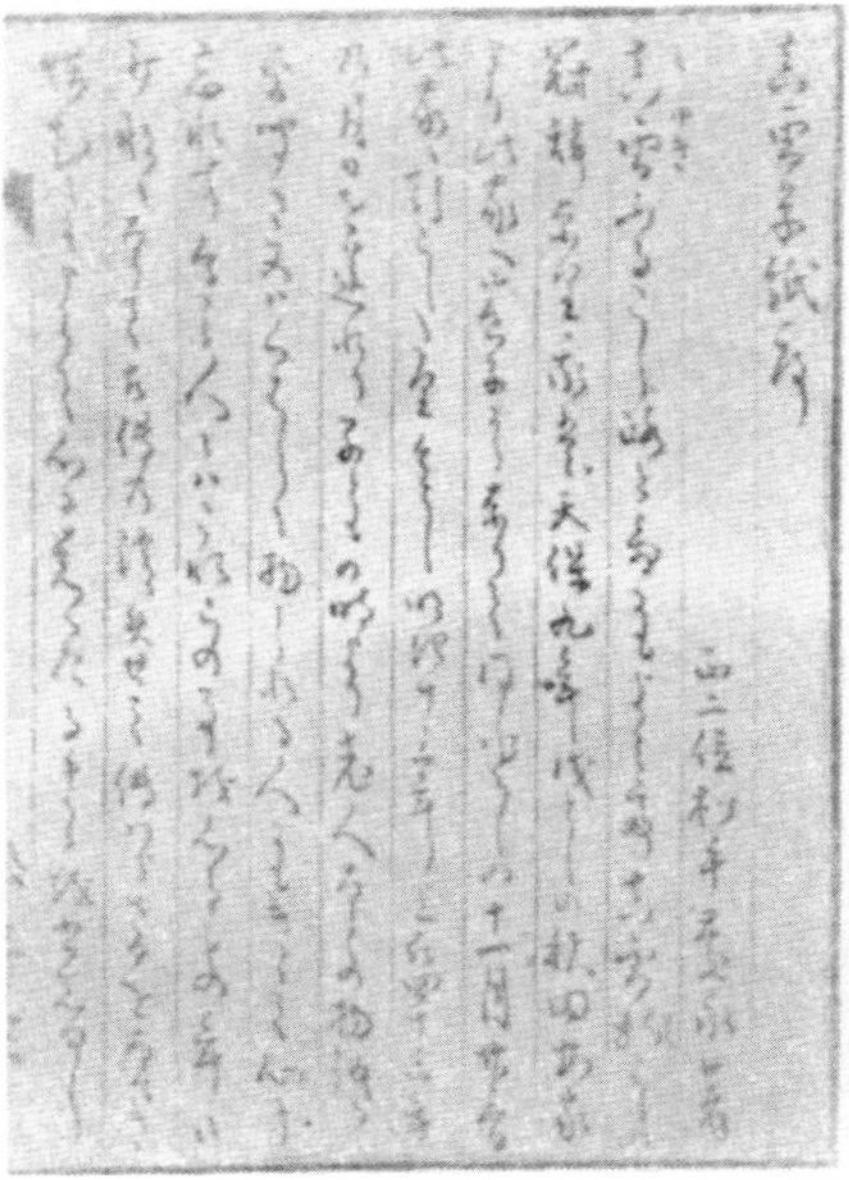

『閑窓秉筆』　春嶽が甥の徳川家達・達孝二人のために書き遺したもの。田安・一橋両家のこと、春嶽実歴談等を克明に記述。明治十六年十一月二十六日脱稿。二万二千字。

『真雪草紙』の序

『雨窓閑話稿』　春嶽の景仰せる偉人・傑士の奇行・逸事を見聞のままに記したもの。明治十七年

（春嶽五七歳）五月九日起筆。一年かかって明治十八年五月三十日完結。二万一千字。

『前世界雑話稿本』序の一節に、「明治の聖代より見れば、徳川時代は前世界なり。余の胸中に記憶する事を記して、新世界の衆庶に示す……」明治十九年（春嶽五九歳）八月十一日完結。二万一千五百字。

越前松平家侯爵に昇叙

明治十七年（春嶽五七歳）七月七日、華族令発布、公・侯・伯・子・男の五等設置。松平春嶽の勲功により越前松平家戸主茂昭（もちあき）（四九歳）に伯爵を授けられた。春嶽の感激の吟詠に、

古（いにしえ）に吹きかへせるも家の風　あきらけき世の恵なりけり

明治二十一年（春嶽六一歳）一月十七日、父春嶽の勲功により特に伯爵松平茂昭は侯爵に昇叙。この祝賀のため、四月二十九日、旧臣数百人を水道町礫川（こいし）邸（明治十一年真崎邸よりここに移る）に招待。春嶽の歌に、

従一位に昇叙

春雨のふりはへて訪ふ人みなと　共にかすみを汲むがうれしき

この年の九月十日、春嶽は特旨を以て従一位に叙せられ、春嶽は「感喜の余り一詩を賦し寵恩を紀す」と題して、

位を極め階を進むる三度　事同じ
聖恩は重畳　感何ぞ窮(きわま)らんや
自ら慚(は)ず　愚老の竟(つい)に報い難(かた)きを
暖衣し飽食す　周甲の翁

明治二十二年（六二歳）憲法発布の盛典に参列して

聖旨は時を匡(ただ)し　憲章を頒(わか)つ
士民は抃悦(べんえつ)して　恩光を仰ぐ
老臣　特に願うは千年の後
帝統は連綿として徳化の昌(さかん)なるを

この年五月二十三日、春嶽は胃癌にかかり病床に呻吟。六月三日、勲一等に叙し旭日大綬章を受く。

勲一等に叙し旭日大綬章を受く

明治二十三年、春嶽は病床中に六十三歳の新年を迎える。

時気冷温　頻りに変遷す
雲容雨態　晴天を待つ
宛も世事の吾が意に関するが如し
沈痾を静養する日　年に抵る

病床にあること一年余。明治二十三年六月二日午後六時半、東京関口台町松平邸にて逝去、享年六十三歳。

六月七日、勅使来邸、左の勅語と金幣を下賜さる。

勅使来邸して葬儀にのぞみ勅語を賜う

至誠、国を憂え、夙に藩屛の重任を竭す。大義勤王、以て中興の宏猷を賛く。偉勲成る有り、純忠嘉す可し。今や淪亡す、曷ぞ悼惜に勝えん。茲に金幣を

賜いて、以て弔慰す。（原漢文、官報にも登載）

六月七日、品川海晏寺の松平家墓地に葬る。

春嶽には、養嗣子茂昭（安政五年七月五日、春嶽の隠居により台命により決定）と、万延以降に生れた実子に四男八女があったが、男二人と女四人は早世。三男慶民は明治十五年三月生れ、春嶽五十五歳の時の子である。明治二十一年侯爵松平茂昭は、慶民（時に七歳）を、茂昭

松平春嶽の墓

（東京都品川区海晏寺，「従一位勲一等松平慶永之墓」とある）

松平侯爵家と子爵家との関係

長男康荘（夫人は春嶽の娘節子）の準養子にしたいと宮内省大臣に願い出て、明治二十一年七月二日春嶽の存命中に認許を得た。のち明治二十六年康荘には長男康昌が生れたので、慶民は松平侯爵家の血脈の複雑化は好ましからずと信じ、明治三十九年（二五歳）松平侯爵家相続の解除を宮内省に願い出で、認許を得て新たに一家を創立した。この年、慶民は父春嶽の勲功により子爵に列せられた。慶民は侍従・式部官・式部長官・宮内大臣、終戦後は宮内府長官を歴任。大正六年四月、

春嶽公記念文庫

「春嶽公記念文庫」の設立存続によって、春嶽の直筆もの・往復書翰・手沢品および橋本左内らに関する重要文献ことごとくが完全に整理・保存された。橋本左内が世に出でたのは、慶民の心尽しのこの文庫に秘蔵された史料のおかげである。昭和二十三年七月十八日死歿、享年六十七歳。

春嶽の四男義親は明治十九年十月誕生、春嶽五十九歳の時の子。二十三歳の時、侯爵徳川義礼（尾張家）の養嗣子となる。文学士（史学）・理学士（植物学）・徳川林政

史研究所長。昭和五十一年没。

春嶽の五女節子（茂昭の長男康荘夫人）。六女里子（徳川慶喜の息子徳川厚夫人）。七女正子（毛利五郎夫人）。八女千代子（三条実美の長男公美夫人）。春嶽の勲功は永久に不滅であるが、その血脈もまた連綿として繁栄している。

二　越前藩の勤王思想

水戸学の骨子は尊王敬幕

慶応年間ともなると、幕権を肯定し保持せんとする公武合体論は、しだいに退潮し、尊王討幕論が急速に表面にあらわれてくるのである。水戸学は儒教を経（たていと）とし、国学・史学・神道を緯（よこいと）として組織された学で、大義名分を明らかにし、皇室の尊厳を説くと共に、幕府への恭順と藩主への忠誠を説くものであった。徳川征夷大将軍統率の下の武家政治組織の必然性を認め、幕藩制度を根幹とし、領内の庶民と藩臣はことごとく藩主に忠義を尽すことによって、ひいて幕府に忠勤を致すこととなり、間接に朝廷に忠を致すことになると説くものである。

徳川斉昭は、その『告志篇』中の一節に、「恐れ多くも今の天朝は、まさしく天祖の日嗣にわたらせられ、今の将軍は即ち東照宮（徳川家康）の神孫にあらせられる。……天祖・東照宮の御恩を報ぜんとならば、先君・先祖の恩を報いんと心がけ候ほかこれあるまじく候」と言明し、藤田東湖は『弘道館記述義』中の一節に、「天下万民撫育の恩は天祖にもとづき、二百余年間の太平の化は東照宮にもとづく。而して士大夫（僚臣）各々その禄位を保つものは、みな先君・先祖の余沢なり。……直に忠を朝廷と幕府に尽さんと欲せば、則ち分をおかし、等をこゆるの甚しきものなり。云々（うんぬん）」と切言している（述義は弘化三年正月三十日完結）。

東湖の『弘道館記述義』の一節

水戸学の真髄は、尊王敬幕である。徳川家康は徳川幕府創始の時より、その文教政策として儒教を重視し、大義名分の思想を強調し、武士に対しては、兵馬の権を掌握する将軍に対する忠誠を第一に要求し、朝廷に対しては、将軍を通じてのみ、間接に忠義を致さしめようとした。「政権は天皇より委任されたもの」としての朝廷の権威をふりかざした。朝廷は将軍（正しく呼べは征夷大将軍）を大樹とも呼び、一般には公方様・上様と呼び、外国に対しては大君と称した。大名は代替りごとに将軍より領地の安堵状を受け、将軍の代替りに際して、大名は新将軍に臣従する忠誠を誓った。武士と庶民は、その藩主に絶対服従し、大名は将軍に絶対服従するを、大義名分と考えた。

しかし水戸学は幕末に到り尊王攘夷論が強烈となると、対幕関係を調整し得ず、攘夷論は飛躍した観念論となって、政治改革の指導理念となり得なかった。

水戸学の影響を受けた越前藩

越前藩は水戸学の影響を受けて、尊王敬幕の思想はこまやかであった。しかし時勢に従い進化され修正された。春嶽は青年時代には徳川斉昭の感化を受け、壮年時代には時々斉昭と談論する機会に恵まれた。春嶽の側近中根雪江・村田氏寿・橋本左内らは、藤田東湖の思想の影響を受けている。春嶽は、徳川将軍家の

春嶽は幕府の私意を批判す

「無二の親藩」であるとの自覚は強かったが、安政以降は幕政に対しては絶対服従ではなく、批判的でさえあり、また諫争を怠らなかった。春嶽は幕府に対し、「朝廷は、幕府あるによって相立ち候との私心」を消却すべしと直言し、「朝廷を度外し、諸侯を軽んじ、覇府の私意を以て取計る」政治を邪道なりときめつけ、「幕府を君とし諸侯を臣とするは、東照宮の台慮（たいりょ）にてはこれなく、盛徳おのずからあふれて、いつしか諸侯より将軍に臣事する礼儀をなせり。幕威を以て圧服するは宿弊なり」、「諸侯の臣を陪臣と呼ぶが如きは、幕私の甚しきものなり」と幕府の倨傲（きょごう）・暴慢を戒め、「天下に謀って天下を治め、人心に従って人心を安んじ候はゞ、天下すべて幕府と一体となるべく候」と諫言している。水戸学の大義名分論は、時勢に適応しなくなった。水戸学を基盤とした国粋主義と排外思想は時代おくれとなり、水戸藩内の党争は致命傷と化した。文久二年十月十三日春嶽（三五歳）が政事総裁職の辞任を決意した時、幕府に提出した覚書の一節には、

開国論者春嶽の朝廷と幕府に対する不変の態度

開国論聴許されずば政権返上すべし

叡慮なればとて、鎖国攘夷が皇国の御不為と思召す義は、将軍家の職責に於て、御引受けかねる訳合を懇々切々（攘夷勅使三条実美卿に対し）仰せ上げられ、徳川家の浮沈は暫くさて置き、第一即今攘夷と申す様に相成り候ては、皇国の御為に相成らざるのみならず、遂に真に叡慮を安んじ奉り難く相成り申すべし。今日まで政権を御委任相成りたる幕府故、皇国の御為を存じ候へば、鎖攘を御引受けいたしかね候段、泣血潸然仰上げられ候ても、勅使なお御聞入れこれなく候はゞ、……その節は、実に是非なき次第にて、もはや成され方これ無く候へば、東照宮以来二百余年間、関東へ御委任の政権を朝廷に御返上に相成り、皇国の安危を天意にまかせられ、徳川家は大名の列に降りて、攘夷の叡慮に従い申すべしと存じ奉り候。云々。

春嶽の信奉する尊王は何か、敬幕は何か、――は以上の文面によって明確である。春嶽のこの信念は終世動揺しなかった。

天皇の啓沃輔弼により神聖は保持される

尊王の極致は、天皇の神格を信じ、時には直諫によっても、天皇の神聖を保持するにある。自然人たる天皇に対し「神としての絶対の尊厳」を保有するには、「常侍輔弼の複数の責任者が緊要である。君徳を啓沃(けいよく)し、政務を輔佐し、時には諫争し以て全責任を負う、忠誠心と実行力ある側近者がなければ、天皇は神聖であり得ぬ」とするのが春嶽の天皇観である。

経世家として春嶽の肝胆を砕いたのは、開国問題であった。孝明天皇は徹底的の鎖国攘夷論者であり、また避戦論者でもあった。無謀なる尊攘論者を嫌悪(けんお)された。公武の隔和を念願され、倒幕に至るを好まれなかった。春嶽は安政三年十月以降、開国論に踏み切っていたのである。

春嶽は幕府の対外方針を開国路線にのせ、進んで幕府をして通商航海の緊要を朝廷に言上せしめ、終始一貫して幕府が献替(けんたい)の誠をいたさしむるよう努力した。将軍が全智全能の限りを尽しても、朝廷が開国方針を受けいれられないならば、大政を奉還し、徳川家は大名の列に下るべきであるとするのが、文久以来の春嶽の信念であった。「孝明天皇の御一生は一貫して鎖国攘夷論者であったから、開国和親論者は叡慮に反するが故に、朝敵であり国賊である」とかたずける尊攘論者の、粗雑な公式主義的暴論の横行は、いかに幕末の政局に無益の波瀾と、無用の紛乱と、数々の悲劇をまき起したことか。

叡慮を大上段にふりかざす尊攘激派の公式論

春嶽は「観念的には、幕府に大政委任か、朝廷に大政奉還か、二者択一で中途半端はありえない」と割切っていたが、実際の政治は複雑・微妙・怪奇で、公式論は役に立たなかった。底なしの苦悶が果知れず続いた。幕末ともなると、水戸学的の尊王敬幕論は動揺し始めた。時勢は水戸学の大義名分論を乗り越えて進んだのである。

水戸学的尊王敬幕論の動揺

吉田松陰・久坂玄瑞・高杉晋作・坂本龍馬・平野国臣らの尊王攘夷論は、実は尊王排幕論のカムフラージであった。その思想の原流は山鹿素行(やまがそこう)(一六二二―一六八五 江戸前期の儒者)

幕藩制度を拒否する尊王論の抬頭

越前藩の勤王思想と橘曙覧

にある。松陰は『松下村塾記』の一節に、「君臣の義を講ぜざること六百年」といって、鎌倉幕府創始より六百年の長い間、朝廷の尊厳が庶民に忘れられていたことを憤慨し、封建的束縛が不知不識(しらずしらず)の間にも庶民に強い圧制を加えていることを指摘しているのである。幕末の勤王の志士の中には、幕藩組織を否定し、将軍に対する忠誠を拒み、皇国に対してのみ忠誠を捧ぐべきであると信じ、幕府や藩の中間介在物の存在しない王政の昔を憧憬し、一君の下に万民が集結し、外侮を排除し国威を伸張することを願望した。その貫徹のためには身命をも惜しからずと覚悟し、ある者は脱藩して良心の命ずるままに尊攘運動に挺身した。脱藩は幕藩組織よりの離脱を意味する。越前藩は、将軍家の無二の親藩であったから、討幕論にまでは発展しなかったけれども、文久以降において大政奉還論は胎動をつづけ、徐々に成熟していった。春嶽が好意をよせた歌人であり、越前藩士の間に人気のあった草莽(そうもう)の歌人橘曙覧(あけみ)の詠草によって、越前藩の尊王憂国思想の片鱗をうかがってみよう。

天皇（すめらぎ）は神にしますぞ天皇の　勅（みこと）とし言はゞかしこみまつれ

国けがす奴（やっこ）あらばと太刀（たち）ぬきて　仇（あだ）にもあらぬ壁にものいふ

国のため思ひやせつる　腸（はらわた）を　筆にそむとてわがよふかしつ

正宗の太刀（たち）の刃よりも国のため　鋭き筆の矛（ほこ）ふるひみむ

三　春嶽と歌人橘曙覧

橘諸兄の後裔

橘曙覧は、幕末における越前随一の国学者であり歌人でもある。奈良時代の万葉歌人井手左大臣　橘　諸兄（たちばなのもろえ）の三十一代の後裔（こうえい）であるという。名は尚事（なおこと）、四十三歳の時に曙覧と改名した。号は藁屋（わらや）を用いたが、春嶽の助言により志濃夫廼舎（しのぶのや）（忍ぶの屋）に改めた。曙覧は、春嶽の侍臣中根雪江の影響を受けた。雪江は曙覧より五歳年長で、青年時代から面識があった。曙覧に『万葉集』や『古今集』の勉強を勧めたのは雪江であった。雪江（二六歳）は江戸詰中の天保三年、国学の権威平田篤胤（五十七歳）の門人となり、国学・和歌を学び、その烈々たる神道精神に触れて、精神的に開眼されたのである。曙覧は雪江をとおして、より多く篤胤の

中根雪江と橘曙覧

感化を受けたのである。中根雪江は福井に来遊した尚平(?)の指導により、二条・冷泉派の歌風より離脱し、万葉の素朴と古今の優美繊細の歌風にしたしみ、歌友の曙覧に助言を与えた。尚平にあこがれて尚事の名がつけられた。やがて曙覧は風月の虚飾を貴ばず、直に自己の胸臆を自由に表現する独自の歌境を開拓して行った。曙覧が最も崇拝した国学者は本居宣長であった。宣長の著作をとおし

本居宣長歿後の門人

て宣長の人格と思想に触れたのである。曙覧の誕生は宣長の歿後十二年目であるから、曙覧は宣長歿後の門人として追慕の情はこまやかであった。墓参の時に、

尋ねえて今日おくつきを見まつれば　嬉しくもあり悲しくもあり

おくれても生れし我か同じ世に　あらばくつをもとらまし翁に

曙覧の壮年の頃は、宣長の門人の多くはこの世になく、弘化元年（一八四四）にはただ飛驒高山の田中大秀（六九歳）のみが健在ときいて、数十里の道を遠しとせず、曙覧が訪れて門人となるのである。

年まねく慕ひまつりし我が大人を　正目に見つる今日のたふとさ

曙覧は三十三歳から三十五歳（弘化三年）まで大秀に師事し、国学を学び、和歌の斧正を仰ぎ、烈々たる勤王精神の薫化を受けた。さらに大秀の生活態度は、曙覧に強い影響を及ぼした。

曙覧は世塵をよそに、光風霽月の閑居生活をたのしみ、清貧の中に、心の赴くままに、国学の研究と作歌に魂を打ちこむのである。

春嶽は微行して陋屋に曙覧を訪問

かねてより曙覧の孤高・清純な人柄と、作歌の秀逸・素朴・純情とにひそかにあこがれていた春嶽は、会談の機会を待つこと久しいものがあった。曙覧は春嶽より十六歳年長である。春嶽は、元治元年四月七日、願により京都守護職を解任された。激動する政界の風雪をよそに、元治元年四月二十八日、帰藩・静養中の春嶽は、元治二年二月二十六日（この年、四月七日慶応と改元）、中根雪江の案内で、侍医半井保・侍従飯沼静夫を随えて、俄かに曙覧の草庵を訪ねたのである。春嶽の手記「橘曙覧の家にいたる詞」によると、

春嶽のその日の手記

おのれに優りて物知れる人は、高き賤しきを選ばず、常に逢ひ見て事を尋ね問ひ、或は物語りを聞かまほしく思ふを、今日はこの頃には珍らしく日影暖かに、久堅の空晴れ渡りてのどかなれば、山川野辺の景色こよなかるべしと、巳の鼓うつ頃（午前十時）より野遊に出でたりき。町はずれの三橋といふ所に到る。中根師質（雪江）、あれこそ曙覧の家なれと言へるを聞きて、俄に訪はむと思ひなりぬ。

一藩の最高の地位にある殿様が、微行とはいえ一介の野人を町はずれの陋屋に訪ねることは前代未聞のことなので、曙覧は恐縮し感激した。

心に万巻の蓄えある清貧の歌人

春嶽は曙覧の住居の中に入り、

壁は落かゝり、障子は破れ、畳は切れ、雨漏るばかりなれども、机上には千文八百文うづたかく載せて、柿本人麻呂の御像なども、あやしき厨子に入れてあり。……形はかく貧しく見ゆれど、その心のみやびこそ、いといと慕はしけれ。おのれは富貴の身にして、大厦高堂に住みて、何一つ足らざること無けれど、胸に万巻の 蓄 なく、心は寒く貧して、曙覧に劣ること更に言を待たねば、自ら後めたくて顔あからむ心地せられぬ。今より曙覧の歌のみならず、その心の雅をも慕ひ学ばや。さらば常の心の汚れたるを洗ひ、浮世のほかの月花を友とせむにつきづきし（似あわしい）かるべし。

春嶽と曙覧の贈答歌

との感懐を、その日記に認めているのである。この日、春嶽が曙覧に与えた和歌は、

みやび男を見まく欲りする心より　振延へて（わざわざ）訪ふ蓬生の宿

これに対して曙覧は左の返歌を奉った。

曙覧との心の交流

賤夫も生るしるしの有りて今日　君来ましけり伏屋のうちに

茅屋の中に、風雅の道に興趣ある殿さま春嶽と、清貧に安住する素純なる歌人曙覧とが対座し、世塵をよそに、詩情は心より心に通うのであった。これが縁となって、春嶽はわざわざ使者を遣わし、「時折城中に伺候し、古典・物語・歌話を講述してくれるよう」勧めたが、曙覧は固辞して、左の歌を贈った。

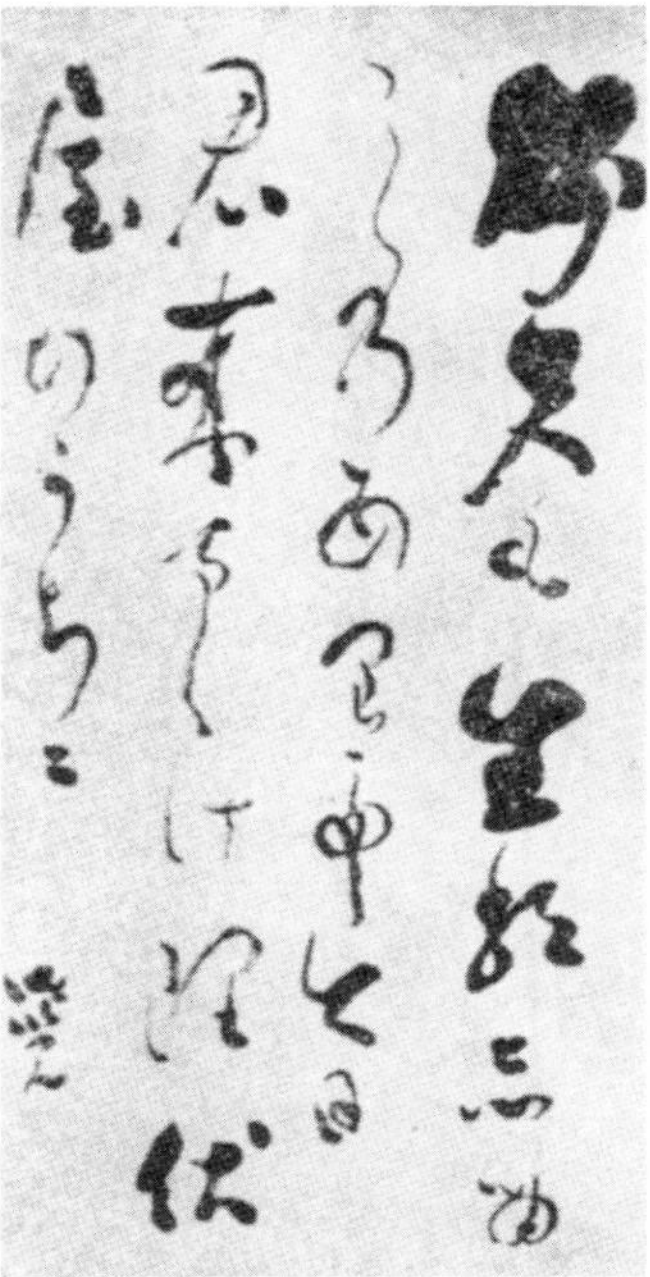

橘曙覧が春嶽に奉った和歌
（元治2年2月26日）

花めきてしばし見ゆるも鈴菜園　田伏のいほに咲けばなりけり

春嶽は、その去就を彼の自由にまかせて、返歌に、

　鈴菜園田伏のいほに咲く花を　強ひては折らじさもあらばあれ

春嶽来訪の翌年（慶応二年）二月二十六日、御来遊一周年を迎えた曙覧は、「ことさらに家内を掃き清め、御館の方を遙かに拝みまつりて」左の歌を捧げた。

　あなかしこ思へば去年の今日なりき　葎生わけて君の来ましし

春嶽と曙覧の心の交流は、早くも安政期に始まっている。春嶽は三十歳頃（曙覧は四十数歳か）であろう。曙覧の長男井手今滋の『曙覧小伝』によると、

> 安政五年七月、春嶽公幕譴を蒙りたまひ、江戸霊岸島に幽居せらる。亡父に命じて万葉集中の秀歌数多を書せしめ、居室の四壁に貼り付けらる。秀歌は最も撰を謹み、荘厳・方正・気節・慷慨のものを上る。

これを斡旋したのは中根雪江であり、後年春嶽と曙覧の贈答歌のお使役を勤めたのは、春嶽の侍医勝沢一順（漢学者・歌人、号は青牛）であった。慶応三年六月二十

春嶽のはからいにより年々米十俵給与

六日、春嶽の思召しに随い藩より「国学出精、歌道宜しきに付、年々御蔵米拾俵ずつ下さる」ことになり、曙覧（五六歳）は歓喜きわまりなく、左の和歌を献じた。

御恵の露戴かむ片葉だに　具へぬものを杜の下草

わが上にかゝるあやしや民草を　潤ひ洩さぬ露にはあらめど

曙覧は名門に生れたが、理財の道にうとく家庭経済には無頓着かつ放漫であったので、時折物質生活は窮乏に陥った。貧窮歌に、

米の泉なほ足らずけり歌をよみ　文を作りて売り歩けども

楽しみは空米櫃に米出でき　今一月はよしといふ時

「今年よりどしどし米たまわる」

曙覧は「今年よりどしどし米たまはる……」と御蔵米十俵の手当を、底ぬけに満悦しているのである。彼が終焉の前一年足らずの五十六歳の年、慶応三年十二月九日、王政復古の大号令発せられ、翌慶応四年三月十四日、五箇条の御誓文宣布。ここに明治維新の大業その緒につくや、曙覧は感喜して、

王政復古の感激

御政事、古き大御代の姿に立ち復(かえ)り行くべき御勢となりぬるを、勇ましく思ひ奉りて

百千歳(ももちとせ)との曇りのみしつる空　清く晴れ行く時近づきぬ

新しくなる天地(あめつち)を思ひきや　我が目くらまぬ内に見んとは

古書(ふるふみ)のかつがつ物を言い出づる　御世をつぶやく死眼人(しにまなこひと)

廃(すた)れつる古書(ふるふみ)どもも動き出でて　御世改めつ時の行ければ

「敷島の道のしるべは絶えにけり」

慶応四年八月二十七日、明治天皇は紫宸殿において即位の大礼を行いたまう。この翌日、曙覧は病俄かに革(あらたま)り、はかなくも切歯(せっし)瞑目、忽然(こつぜん)と世を去る。春嶽は痛惜して、左の挽歌(ばんか)を贈った。

敷島の道のしるべは絶えにけり　今より何を方便(たづき)にはせん

春嶽が彼の十年祭によせて贈った和歌に、

数(かぞ)ふれば十(と)とせの遠(おち)になりにけり　君を偲(しの)ぶの軒の月影

秋風の身にしみじみと偲ばれて　こぼるゝ露は涙なりけり

古典に徹した曙覧の勤王精神が、越前藩に及ぼした影響は大きい。

一日(ひとひ)生きば一日(ひとひ)心を大皇(おほきみ)の　御為に尽すわが家の風

何ごとも時ぞと思ひわきまへて　見れど心にかかる世の中

君臣の品(しな)定まりて動かざる　神国といふ事をまづ知れ

尊王憂国そして清貧の歌人の背後には、常に温情を以てみまもる寛宏・慈愛の春嶽が存在していたのである。

四　学徳の人春嶽

春嶽の文勲は幕末諸侯中随一か

幕末の大名クラス中、春嶽ほど多くの文献を遺(のこ)した人は稀有(けう)である。幼少の頃より読むこと書くことが趣味であった。現に春嶽公記念文庫所蔵の春嶽自筆の日記・随筆・著作・筆録は無量千冊を超える。文庫の中に春嶽手沢(しゅたく)の『袖珍和蘭(しゅうちんオランダ)辞典』の巻尾に、左の詩が書かれている（文久二年）。

四海一家の情は阻まず

常に万里に遊び　渠を知らんと欲す

英文　将に学ばんとするも学ぶに由なし

故に　和蘭語の訳書を愛す

春嶽は兵馬急迫の際も、古典に親しみ、筆硯を廃せず、ことに霊岸島幽居の四年間と、明治三年以降の約二十年間は、山水の景色に親しみ、自然にとけあう生活をたのしみ、春嶽自らは「煙霞癖」と自嘲した。春嶽の和歌には、

つれづれの日はなかりけりつれづれの　日にもふみ見ぬ時のなければ

訪ふ人のあらぬをおのが幸にして　雪にふみ読む山の下庵

芭蕉葉に雨ふりそゝぐ音きゝて　ふみ読みふかす夜半の静けさ

こがらしの風さえざえて寝られねば　火おけいだきてふみをだに見む

つれづれと降るも音せぬ春雨に　心静けく書を見るかな

『春嶽遺稿』四巻

『春嶽遺稿』第三巻には和歌六百一首、第四巻には和歌三百三十九首が収められている。

春嶽の漢詩は、『遺稿』第二巻に三百六十八首を収録。詩中には「幽に独り書を読み、いささか自ら慰む」とか、「書を読みて古今を知り、わが心に背かざるを要す」と述懐し、「閑かに臥して詩を題し、意自ら悠なり」と心境を吐き、「読書により聊道を知る」と告白している。

治者としての春嶽の座右銘

『遺稿』第一巻は、漢文七十二篇を収め、自由暢達の行文中に、謙抑・高雅・几帳面の風格がにじみでている。為政者としての春嶽自誡の座右の銘は、『孟子』の「民を以て貴となす、社稷これに次ぐ、君を軽しとなす」。また「天は君の為に民を設けず、国は民を以て本となす。人君は民心を以て心となす。その間に私を容れず、廉吏が潔を失い、循吏が愛を失えば国乱る」の語は、春嶽の文中に幾回か引用している愛誦語である。春嶽は『孟子』を熟読含味し、その性善説に関心が深かった。しかも王道主義に心を惹かれていたようである。「王者の道は民を安んずるにあり」との人道主義者孟子の思想が、春嶽の藩主として、また経世家としての自戒・自粛の玉条であったと考えられる。

日記に見る春嶽の風格

春嶽は生涯にわたり実に筆まめであった。その記述は几帳面であり、良心的であった。日記の今日に遺る（のこ）もの数十冊、その扉には、次の文言が書いてある。

　我等、死去の後この日記を、破り棄てるべからず。子孫に遺すもの也。

叙述はあまりに精確・微細

明鏡止水（めいきょうしすい）の心境と、公平無私の執筆態度に心が打たれるのである。また記述は神経過敏を思わせる程に精緻・微細である。例えば文久三年癸亥（きがい）『南海航行掌記』に、江戸常磐邸発正月二十二日午後一時十九分。……大阪屋敷着正月二十九日午後三時四分。……火船順動丸の航行時間総計五十六時間四十二分、但し二昼夜八時間四十二分。殆んどの日記には何時何分まで記入されている。激浪を描写して、「今日は激浪吹雪、波の高さ八尺ばかりありと勝麟太郎いへり。動揺浮沈甚しくして、前巒或は漁村忽ち浮び出で、忽ち没して見えず。激浪は火船の上につなぎ置けるバッテーラにかゝれり。これを以てすべてを知るべし」。これは九牛の一毛であるが、春嶽の筆致をうかがうことができる。

春嶽の執筆態度

春嶽の史実関係の著述には『逸事史補』を始め数冊あるが、令息松平慶民が「先考は閑を獲る毎に、感に随って筆を進め、二―三の未だ稿を終らざるものあるも、概ね直言直筆、また潤色を容さず。その真摯毎に事の真実を伝ふるにあり」と記すが如く、あまりにも良心的である。春嶽は常に偏見と虚飾と虚勢を誡め、偏頗と阿世をにくみ、曲筆を軽蔑した。春嶽の厳格な執筆態度は、側近の中根雪江・村田氏寿らにも、強い影響を与えている。

直言・直筆、潤色をゆるさず

春嶽は和紙の毛筆がきの筆のタッチを好んだが、元治元年（一八六四）から西洋式ノートをも用い、ペンとインキを愛用している。『逸事史補』は全文がペンで記されている。春嶽はまた文明開化このみであった。文化人のはしりとでもいうべきか。精確な舶来クロノメーター（精巧な時計）を常用し、文久年間から晴雨計・方位測定儀をも用いている。例えば、慶応二年八月八日の日記には、「バロメーター七四二にさがる。この日、横井小楠、憔悴し白骨の如くなりて沼山津（熊本市秋津町）に移る」などと記している。

春嶽の尊王思想

日記にみる春嶽の尊王思想をたどってみると、春嶽の天皇崇敬は、信仰に近いものであった。神は隠身を常とするが、天皇は現身を以て世に出でたまう神としてあこがれをもっていた。春嶽の皇室敬慕はやむにやまれぬものであった。次に皇室尊崇の片鱗を示すと、春嶽は、文久三年十一月二十四日（陰暦十一月中の卯の日）『都の日記』の一節に、「参内して新嘗祭を拝観、感激深し。絵にもかゝれ申さず候。……行幸輦輿のあとの砂少々と、清涼殿の天皇の御褥（玉座）を撫で候紙を」飛脚便に託し、福井の夫人勇子に送り届けて、感銘を吹聴しているのである。「天恩限り無く涙は糸の如し」とも記している。これはほんの一例である。日記のところどころに、和歌が記してある。例えば、

大君はいかにますらむ天霧ひ　曇はてたるさみだれの空

大君も秋の夜すがら愛でまさむ　月すみわたる九重の庭

宮中当番にあたりて

主殿に今日は当りて登るなり　雲の上なる大内の山

諫争の臣あればこそ神聖を保持し得る

孝明天皇は御一生を通じ徹底的の鎖国攘夷論者であった。金甌無欠の国体は夷狄との接触交流によって汚される——という御信念は最後までつづいた。天皇の攘夷思想を説得によって改変し奉るほどの諫臣が無かった。春嶽は安政三年十月以降は、積極的開国論者であった。開鎖の外交国策については、孝明天皇と春嶽とは氷炭相容れざるものがあった。しかし政見・政策を超越して、春嶽の天皇崇

天皇の権威を利用せんとする似而非勤王家をにくむ

敬は微動だにしなかった。幕末にはスローガンとして尊王の語が流行し濫用された。浮浪の徒は、京都をさまよい、髪は勤王まげに結い、悲憤慷慨し、宣伝標語の尊王攘夷を叫べば、どうにか生活を支えることのできた御時世であった。策謀家が政権に接近するには朝廷の権威を利用することであった。時には「袞龍の袖」にかくれ、時には「叡慮を標榜」して、政権の争奪戦が戦われた。ここに幕末の深刻な悲劇があった。真勅・偽勅・矯勅等の陋劣なる泥合戦さえ行われた。天皇信仰に徹した春嶽には、この点に限りない憂悶と苦悩があった。尊王（天皇崇敬）と開鎖の国策とは、思考の範疇を異にする。孝明天皇が鎖国攘夷に徹せられたが故に、開国論者はすべて朝敵であるとの幼稚・浅薄な飛躍した論理が、幕末の政情をことさらに紛糾せしめ、有害無益の混乱を招いた。春嶽の日記と建白書と知友との往復文書は、この間の消息を、自然なる筆致で解明している。春嶽は開国論者であったがために、文久三年頃には尊攘志士（?）より朝敵と誹謗され、天誅を加えるとおどかされ、文久三年七月二十六日深夜には、越前藩宿舎にあてられた東山高台寺が焼討にあう等、いわれなき迫害を幾度も蒙った。この頃、親友山内容堂・伊達宗城（むねなり）らは、からかい半分に春嶽を調笛（ちょうてき）君とか暢適（ちょうてき）大兄とか呼んで皮肉り、書状のあて名にも用いた。朝敵の発音で、時勢を皮肉ったのである。

真忠の意味するもの

春嶽の尊王思想は、偏狭固陋なものではなかった。神話に発祥した連綿たる万世一系の皇統に対する憧憬であって、その対象は歴代個々の天皇を包含するはもちろんである。しかし天皇の政策・政見を、神の託宣の如く、無批判に盲目的に鵜呑みし随順するは、真忠でないと論断している。文久二年十月十三日提出の春嶽自筆の「政事総裁職辞職願」の一節に、

（幕府が）日本の不利益と知りながら、叡慮なるが故に、攘夷を御ひきうけいたしては、第一天理に背違し、却って将軍の重任を全うせざる事とも相成り候。……勅使が鎖攘の不可能を御聞入れなき場合は、……二百年来幕府に御

政策批判と絶対服従とは別個

委任の政権を返上相成り…云々。

場合により天皇に諫争申しあげ、時には国の不為は面を犯して諫止するのが、臣下の勤王であり、真忠であると信じていたのである。春嶽は時により場合により、機が熟すれば大政返上すべしとの信念を抱いていたが、政策の行詰りから不用意に朝廷に対し、責任をなげかける如き奉還の仕方は厳に戒しめていたのである。春嶽の懐刀橋本左内が、京都において認めた安政五年二月二十九日の手紙の一節に、攘夷

松平春嶽を祀る福井神社の絵図（吉田初三郎画）
昭和18年9月20日別格官幣社に列せらる，昭和20年7月19日空襲により焼失，昭和32年再建された。

思想のもりあがりを見聞し、修好通商条約調印の勅許の見通しのないのを歎息して、「朝廷の御政度は全然旧套のみにて、一として旧簿になき事は行うべき勢御座なく候。とても政権が京都に帰し候はゞ、天下は忽ち夷狄のため、侵漁さるべく存じ奉り候」と率直に記しているが、この考え方は尊王あるいは忠誠と背反するものではない。孝明天皇が鎖国攘夷論者であるから、開国通商論者はみな朝敵であり国賊でありとする、観念論・形式論をふりまわし、政敵撲滅に利用するは、危険な暴論である。動脈硬化の似而非尊王論をきびしく批判したのは、越前藩であった。尊王と愛国は究極において完全に一致すべきである。天皇を輔沃し時に諫争し、大政を翼賛し、時に批判し得る自由あればこそ、政局の正常なる進展があり、民政の永遠の向上がある。

人道主義者孟子の思想の影響

春嶽および越前藩士中根雪江・村田氏寿・橋本左内・酒井忠温・由利公正らの勤王思想家には、「王者の道は民を安んずるあり」との人道主義者孟子のいぶきが、存分にとけこんでいたのである。

思うに、春嶽は、時代変革期の幕末の狂風怒濤の中に、生死を念頭にかけず、難局打開に全力を傾けた。尊王攘夷の旋風の中で、春嶽は国家の前途を思い、開国路線を推進した。さらに崩壊寸前の徳川幕府の終りを完うせしめるために、肝胆を砕き、将軍慶喜の救解に努力を続けた。春嶽は、岩倉具視・大久保利通・木戸孝允らの如く、才器煥発・剛毅英邁・権謀術策にたけた政治家ではなかった。

春嶽の品性は、誠実・忠厚・恭謹・懇篤で、先見の明ある常識人であった。その巧まざる調和・妥協的言動の底には、深い諦観があり、透徹した開悟があった。春嶽の人世観は、次の詩にうかがわれる。

我に才略なく　我に奇なし。
常に衆言を聴き　宜しきに従う。
人事　渾如　天道　妙なり。

風雷晴雨　予め期し難し。

春嶽の辞世の和歌は、巻頭の写真の如く、

なき数によしやいるとも天翔り　御代を守らむ皇国のため

春嶽歿後五十三年、その盛徳を鑽仰し、その勲功を偲ぶ福井県民の宿願は達成されて、昭和十八年九月四日、松平春嶽を祭神とする福井神社は福井市御屋形町七〇一番地に創建され、九月二十日、春嶽の国家に対する功労により別格官幣社に列せられた。昭和二十年七月十九日の空襲により惜しくも全焼。昭和三十二年十一月十一日、再建、盛大壮厳に、遷座祭が行われた。

越前家系図（┃実子 ‖養子）

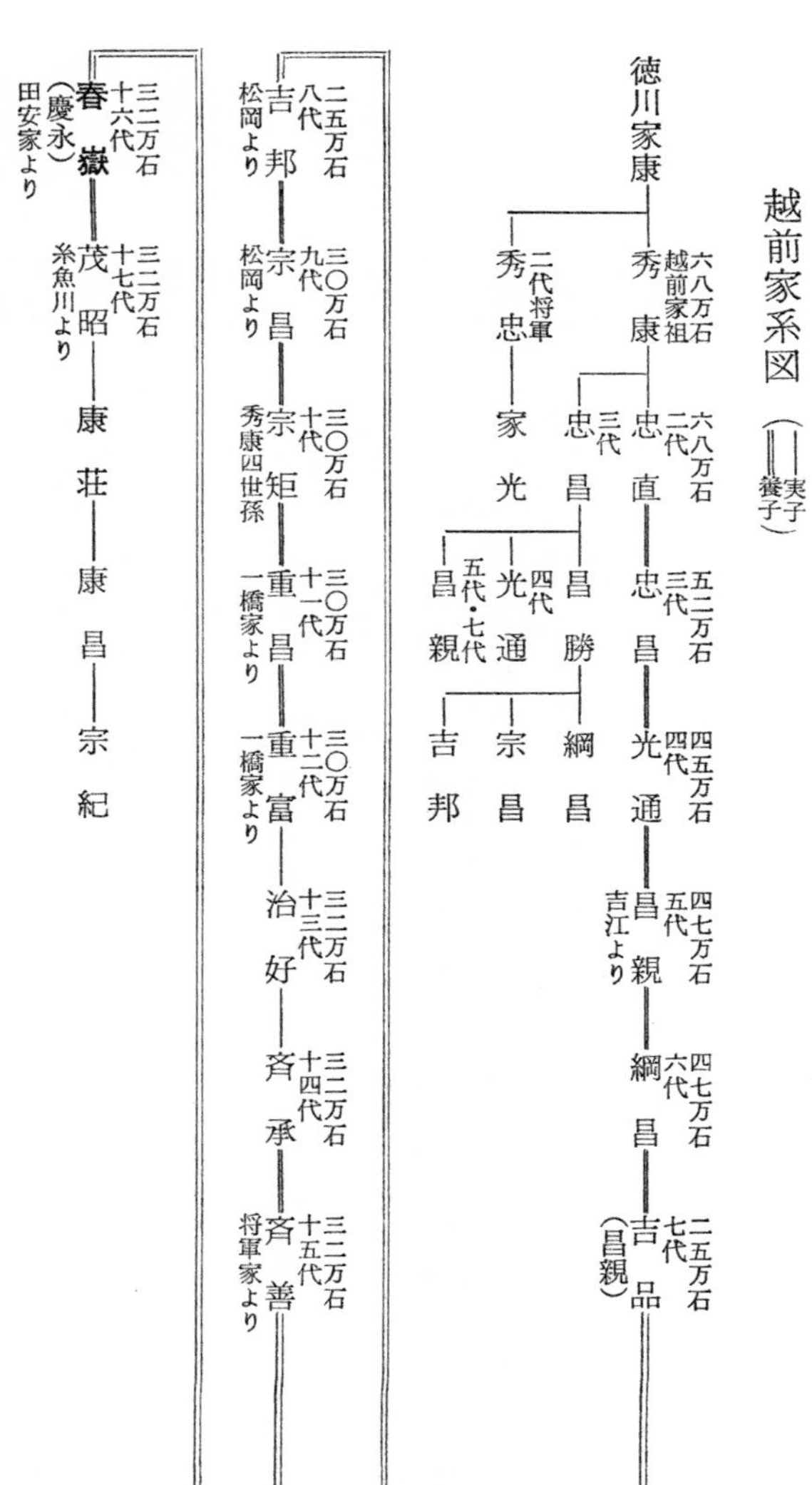
徳川家康
六八万石 越前家祖 秀康
二代将軍 秀忠
家光
六八万石 二代 忠直
三代 忠昌
五二万石 三代 忠昌
四代 光通
昌勝
五代・七代 昌親
綱昌
宗昌
吉邦
四五万石 四代 光通
四七万石 五代 昌親 吉江より
四七万石 六代 綱昌
二五万石 七代 吉品（昌親）
二五万石 八代 吉邦 松岡より
三〇万石 九代 宗昌 松岡より
三〇万石 十代 宗矩 秀康四世孫
三〇万石 十一代 重昌 一橋家より
三〇万石 十二代 重富 一橋家より
三二万石 十三代 治好
三二万石 十四代 斉承
三二万石 十五代 斉善 将軍家より
三二万石 十六代 春嶽（慶永） 田安家より
三二万石 十七代 茂昭 糸魚川より
康荘
康昌
宗紀

松平春嶽（慶永）系図

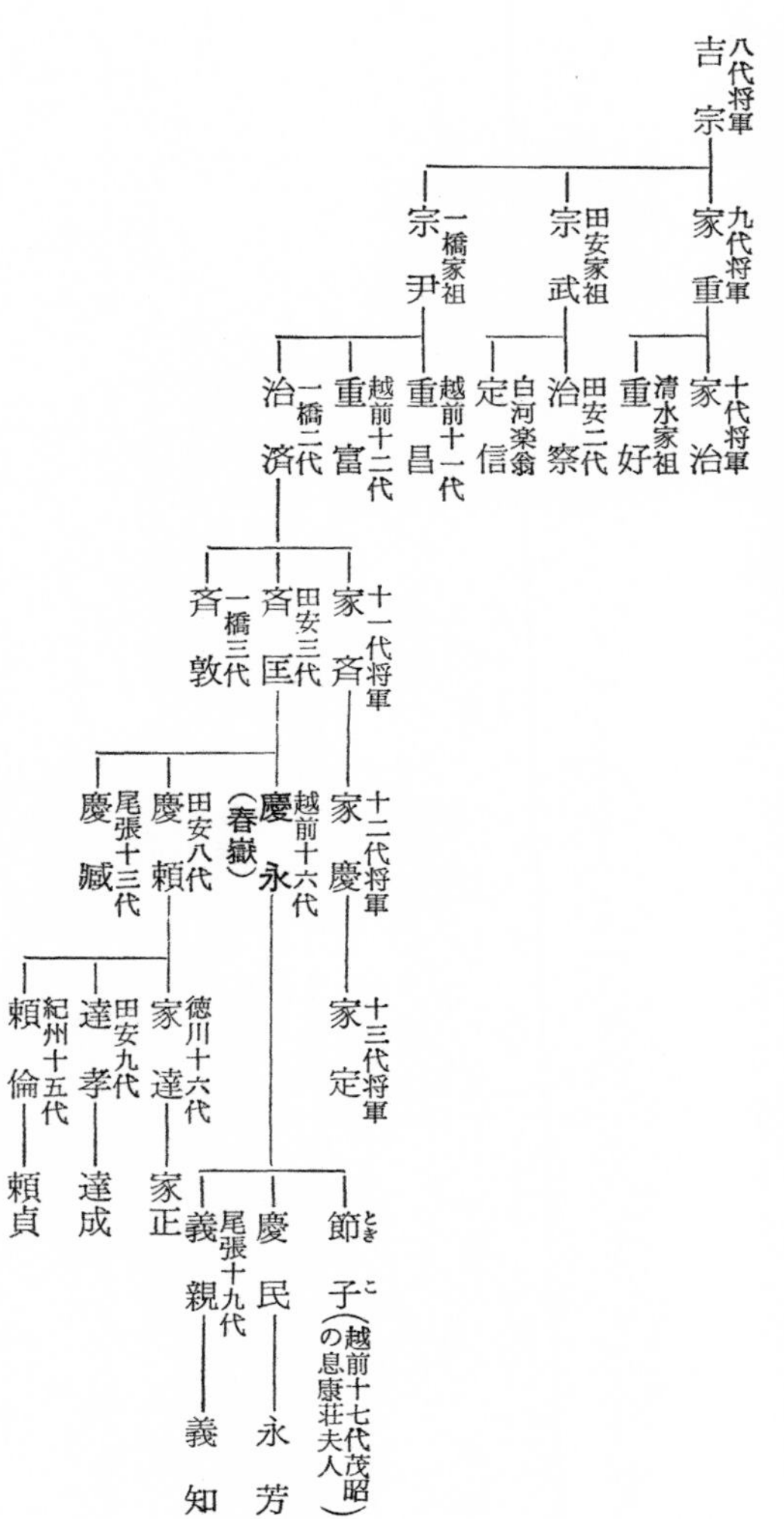
八代将軍 吉宗
九代将軍 家重
田安家祖 宗武
一橋家祖 宗尹
十代将軍 家治
清水家祖 重好
田安二代 治察
白河楽翁 定信
越前十一代 重昌
越前十二代 重富
一橋二代 治済
十一代将軍 家斉
田安三代 斉匡
一橋三代 斉敦
十二代将軍 家慶
越前十六代 慶永（春嶽）
田安八代 慶頼
尾張十三代 慶臧
十三代将軍 家定
徳川十六代 家達
田安九代 達孝
紀州十五代 頼倫
家正
達成
頼貞
節（とき）子（こ）（越前十七代茂昭の息康荘夫人）
慶民
永芳
尾張十九代 義親
義知

略年譜

年次	西暦	年齢	事蹟	参考事項
文政一一	一八二八	一	九月二日、江戸城内田安邸に誕生、幼名は錦之丞（一一歳まで田安邸に住む）。父田安斉匡の八男、母礼以子	（仁孝天皇・十一代将軍家斉）
一二	一八二九	二		松平定信歿（七二歳）○徳川斉昭（三〇歳）水戸藩主となる
天保元	一八三〇	三		正月、斉昭、藩政改革に着手
三	一八三二	五		この年より全国的凶作六年間つづく
四	一八三三	六		徳川斉昭『告志篇』を著し、公武合体論を主張す
五	一八三四	七		三月、水野忠邦老中となる○橋本左内生る
六	一八三五	八		越前十四代藩主斉承歿（二五歳）○斉善、十五代藩主となる
七	一八三六	九		越前は洪水・ききん・風疫

八	一八三七	一〇		二月、大阪にて大塩平八郎の乱○三月、越前藩内の米商に米一俵銀八十匁で売らしむ ○五月、福井城下五百戸火災 ○八月、家慶十二代将軍となる
九	一八三八	一一	七月、十五代藩主斉善歿（一九歳）○一〇月二日、慶永（春嶽）十六代藩主となる○一二月二三日、元服	物価暴騰し、飢民蜂起す○天保改革始まる○斉昭は将軍に外交意見書を提出
一〇	一八三九	一二	二月、藩士の封禄三年間半減	日本総絵図（全図）成る
一一	一八四〇	一三	春嶽自らの手許金を半減し 倹約を令す○家老松平主馬をやむ○六月三日、熊本藩主細川斉護の三女勇子と婚約	高島秋帆、西洋砲術採用を幕府に建白○アヘン戦争始まる（―四二）
一二	一八四一	一四		英艦清国広東を攻略○香港割譲を約束す
一三	一八四二	一五	三岡八郎（のち由利公正）を引見	七月、外国船打払令をゆるめる○九月、大名以下の専売禁止○清国、南京条約を結び、五港を開く
一四	一八四三	一六	越前への初入国を前にして斉昭（四四歳）を訪い、藩主の心得につき教えを請う○六月一一日、初入国	閏九月、老中水野忠邦失脚○福山城主阿部正弘（二四歳）老中となる
弘化一	一八四四	一七	正月一三日、福井発、二七日江戸着○四月二	五月、幕府、斉昭に謹慎を命じ致仕せし

年号	西暦	年齢	事蹟	参考事項
			八日、江戸発、五月一一日、福井着○一一月一八日、備荒義免法を定む	める。一一月解除○七月、オランダ使節、長崎に来り開国を勧告す○清国、米・仏と通商条約を結ぶ
弘化 二	一八四五	一八	三月二一日、福井発、四月四日、江戸着	二月、米船、安房館山に来航○六月、オランダの開国勧告を拒絶
三	一八四六	一九	四月二八日、江戸を発し、五月一二日、福井着	○正月二六日、仁孝天皇死○八月、海防の勅諭幕府に下る○一〇月、幕府、外交事情を上奏○アメリカ・メキシコ戦争○この年、英・仏・米・丁の軍艦しきりに来る
四	一八四七	二〇	三月一九日、福井発、四月一二日、江戸着○三月七日、中根雪江御側用人となる	慶喜(一一歳)台命により一橋家を継ぐ
嘉永 元	一八四八	二一	一月一六日、慶喜と初会見○五月三〇日、実父田安斉匡死○六月四日福井発江戸に、七月一五日、福井に帰る	八月、越前藩、西洋式大砲数門を造る
二	一八四九	二二	三月、家老と目付役の分担を定め、文武奨励方を処理せしむ○六月、蘭学者市川斎宮を招く○泥原新保に台場を築く	諸大名に沿岸防備を厳命○イギリス、インドのパンジャブ地方を領有す
三	一八五〇	二三	二月、種痘所を設け、士民に種痘を施す○四	六月、蘭船長崎に来り、英米は開国要求

年号	西暦	年齢	事績	参考事項
			月二八日、江戸発、五月一二日、福井着	の意あることを告げる
四	一八五一	二四	四月二二日、福井発、五月七日、江戸着○六月〜七月、横井小楠、福井に来遊	○清国に太平天国の乱起る（――六四）
五	一八五二	二五	二月一八日、弓隊を廃し銃隊とす○四月二八日、江戸発、五月一一日、福井着	六月、ロシア船下田に来る○八月、オランダ開国を勧告す○九月二二日、明治天皇誕生○二月、斉昭『大日本史』を朝廷と幕府に献上
六	一八五三	二六	三月二二日、福井発、四月五日、江戸着○六月七日、品川御殿山を警備す○七月一日、江戸城にて島津斉彬と初会見、慶喜を将軍世子に擁立することについて意見交換○八月七日、幕府に対し鎖国意見を述ぶ○八月一〇日、阿部正弘に将軍世子につき入説	六月三日、ペリー浦賀来航、のち本牧に進む○六月二二日、十二代将軍家慶歿（六一歳）○七月一八日、プチャーチン長崎に来る○清国の太平天国の乱、南京占領○一〇月二三日、十三代将軍家定宣下○クリミヤ戦争（――五六）
安政元	一八五四	二七	二月一二日、和親通商拒絶の時宜を建白○四月二八日、江戸発、五月一一日、福井着	正月一四日、ペリー再渡来○三月三日、日米和親条約締結○八月二三日、日英和親条約締結○一二月二一日、日露和親条約締結
二	一八五五	二八	三月一五日、藩校明道館創立○三月一九日、	○斉昭これ迄は月に三度登城せしも八月

			福井発、四月三日、江戸着○六月二四日、明道館開館式	一四日より隔日登城○一〇月二日、江戸大地震、戸田忠敬・藤田東湖圧死○一二月二三日、日蘭和親条約締結
安政三	一八五六	二九	二月一〇日、鈴木主税江戸にて病死○蘭方医術を奨励す○一〇月六日、徳川慶恕に対し慶喜を将軍世嗣に推すことにつき協力を求む、伊達宗城・島津斉彬・板倉勝明にも協力を求む○一〇月、藩論は開国論に更改	○七月二一日、アメリカ初代総領事ハリス下田に着任○一二月一八日、島津斉彬の養女篤子と将軍家定婚姻○清国にアロー号事件起る（――六〇）
四	一八五七	三〇	三月二八日、横井小楠を招くため春嶽の直筆を携えて、村田氏寿熊本に行く○四月一五日、明道館に洋書習学所を置く○四月二五日福井発、五月一一日、江戸着○一〇月一六日、蜂須賀斉裕と共に建嗣を建白す○積極的開国論を幕府に答申○一一月二七日、松平忠固を訪い世子問題を談ず○一二月二七日、再び外交意見を述ぶ	五月二六日、下田条約調印○閏五月五日、日米約定批准○六月一七日、阿部正弘歿(三九歳)○一〇月二一日、ハリス登城、将軍に謁見○一〇月二六日、ハリスは堀田を訪い通商開始の急務を説く○一二月二日、条約締結協議を始む○セポイの反乱○ムガール帝国滅び英領印度に併合さる○英仏軍広東を占領す
五	一八五八	三一	この半年、全知全能を傾けて慶喜擁立に努力○一月二五日、橋本左内に上京を命ず、左内は四月三日まで在京○四月二一日、山内容堂	堀田正睦、二月五日より四月五日まで京都滞在、条約調印の勅許を要請○三月一二日、中山忠能・大原重徳・岩倉具視ら

・伊達宗城ら春嶽邸に会合し条約・世嗣の二件を論究す○六月八日、将軍世子を立てることを朝廷に稟申○六月二四日、井伊大老を訪い論難、さらに不時登城○七月五日、台旨を以て隠居。急度慎を命ぜられ、茂昭福井藩主となる○横井小楠、四月一一日来福、一二月一五日離福○七月二二日、左内検挙さる

八十八人の公卿は条約一件の関東委任反対を論述○三月二二日、将軍世嗣について勅旨○三月二四日、朝廷、条約調印の不可を指示○四月二三日、井伊直弼大老となる○六月一九日、日米修好通商条約調印○六月二五日、紀伊慶福（七月二一日家茂と改名）を将軍継嗣と決定○七月中、日蘭・日露・日英通商条約調印○七月六日、十三代将軍家定歿(三五歳)七月六日、島津斉彬歿(五〇歳)○八月八日、戊午の密勅降下○九月三日、日仏通商条約調印○九月七日、安政大獄始まる、梅田雲浜を逮捕○一〇月二五日、徳川家茂（一三歳）に将軍宣下○一二月一六日、西郷隆盛、大島に流罪

六	一八五九	三二	三月、長崎に越前蔵屋敷建築○四月八日、西洋型一番丸進水○四月、横井小楠、再び来福、一二月まで福井滞在○一〇月七日、橋本左内(二六歳)刑死○春嶽、霊岸島邸に謹慎中	六月二日、幕府は神奈川・長崎・箱館の三港を開き露・英・仏・蘭・米に貿易を許可○八月二八日、斉昭に永蟄居、慶喜に隠居慎を命ず○九月一四日、梅田雲浜

万延元	一八六〇	三三	春嶽の霊岸島邸謹慎三年目○九月四日、急度慎を許さる、在所へ罷越すこと相成らず、親類その他の面会と文通は遠慮すべし	(四五歳)獄死 正月一五日、安藤信正老中となる○三月三日、桜田門外の変、井伊直弼刺殺○四月一日、幕府、和宮の降嫁を奏請○四月三日、新見正興らワシントンにおいて条約批准○八月一五日。徳川斉昭歿(六一歳)○九月五日、幕府、慶喜・慶勝・容堂らの謹慎を許す○九月二八日、新見正興ら米国より帰る○一〇月一八日、和宮降嫁勅許○一二月五日、米人ヒュースケン暗殺○英仏連合軍北京進撃、北京条約
文久元	一八六一	三四	春嶽の霊岸島幽居四年目○横井小楠、春嶽の招きにより三月二四日福井発、四月中旬より春嶽に講学す。八月二〇日、江戸を発し、九月上旬福井に帰る	二月三日、露艦対馬に来り、基地建設を企てる○三月二四日、幕府、江戸・大阪・兵庫・新潟の開市開港延期交渉のため使節を英仏に派遣す○四月、英艦、対馬に来る○五月二八日、水戸浪士ら東禅寺に英公使らを襲う○一〇月二〇日、和宮東下○一二月二一日、和宮江戸城に入る○アメリカ南北戦争始まり、五年間つづく

年	西暦	年齢	事蹟	一般事項
二	一八六二	三五	春嶽の霊岸島幽居五年目○四月二五日、春嶽、不興の筋、悉皆許容さる（政界復帰）○五月七日、折々登城を命ぜらる、公議政治論を主張す（幕政に参与）○五月一六日、江戸城内にて閣老に意見開陳○七月六日、小楠を江戸に招致○七月九日、政事総裁職に任ぜらる○九月一三日、辞意を固む、九月二六日、翻意す	正月一五日、坂下門外の変○二月一一日、家茂、和宮と婚礼○四月二三日、寺田屋事件○五月九日、ロンドン覚書調印○六月、大原重徳東下、一〇日、登城○七月六日、慶喜、将軍後見職となる○閏八月一日、松平容保、京都守護職となる○八月二二日、参観交代制をゆるめる○九月二一日、朝廷、攘夷を決定○一〇月、パリ覚書調印○勅使三条実美東下○一一月二八日、幕府、攘夷の奉勅を決定○一二月九日、国事御用掛を新設
三	一八六三	三六	正月二二日、台命により順動丸により品川出帆○二月四日、初めて入京す○二月一六日、参内、孝明天皇に拝謁○三月四日、慶喜、将軍に代り参内、政権委任の勅命を奏請○三月五日、春嶽、将軍に辞職を勧告し、自分も総裁職を辞せんとす○三月九日、幕府に辞表提出、許可せられず、三月二一日、帰国。職を免じ逼塞を仰付けらる○五月一七日、幕府は	正月五日、慶喜初めて入京○二月一一日、朝廷、慶喜に攘夷期限を問う○三月七日、家茂参内○四月二〇日、将軍、攘夷期日を五月一日とする旨を奉答○五月一〇日、長州藩、米船を砲撃○五月二三日、仏船を、二六日蘭艦を砲撃○六月一六日、将軍家茂、江戸に帰る○七月一日―三日、薩英戦争○八月一三日、攘夷親征

元治元　一八六四　三七

逼塞を解く○七月二七日、春嶽の宿舎高台寺焼かる○一〇月六日、勅免、朝廷より上京を命ぜらる○一〇月一三日、福井発、一八日入京（二回目）○一一月七日、皇居勤番を仰付らる○一二月三〇日、朝議参預を命ぜらる

二月一五日、春嶽を京都守護職とす○二月一六日、大蔵大輔を称す○二月一七日、朝議は横浜鎖港に決す○三月一三日、願により参預を免ぜらる○四月七日、京都守護職を免ぜらる○四月一八日、京都発、四月二三日、福井に帰る

の勅出る○八月一七日、天誅組大和で挙兵○八月一八日政変（長州勢退京、七卿落）○一〇月三日、春嶽・容堂らの督促により久光入京す○一一月一八日、慶喜入京す○一二月二七日、幕府は池田長発らを英仏二国に派遣し鎖港を交渉せしむ○一二月三〇日、慶喜・春嶽・容保・容堂・宗城に国事参預を命ず

正月二一日、将軍家茂入京（二回目）○三月、仏公使ロッシュ着任○武田耕雲斎ら筑波山に挙兵○開国派参預の勢力減退○参預解体○五月一六日、家茂は大阪より海路東帰す○六月五日、池田屋事件○七月一九日、禁門の変、長州兵敗走○八月三日、長州征伐総督徳川茂承、副総督松平茂昭○八月五日、四国連合艦隊下関砲撃（三日間）○八月七日、総督茂承やめ慶勝に代る○九月一日、参覲交代制を復活○四国公使、条約勅許を要求○一一

年号	西暦	年齢	事項	一般事項
慶応　元	一八六五	三八	春嶽この年在福○二月四日、兵庫開港につき山階宮に建言○三月二七日および四月三〇日、長州再征の非を建言○九月二七日、大久保利通、福井に来り春嶽を訪い要談す○一二月二八日、諸山陵百余ヵ所の修補・発案・指図の功労により狩衣を下賜	月一二日、幕府、長州に恭順を命ず○一二月一七日、水戸天狗党金沢藩に降服 正月二日、高杉晋作ら挙兵○正月一五日、毛利敬親父子服罪○四月一日、幕府、長州再征を発令○五月一五日、家茂、征長のため江戸を発す○閏五月二四日、家茂参内、征長を奏上○五月、英公使パークス着任○九月一六日、英米仏蘭の軍艦九隻兵庫に来航、条約勅許を要求○一〇月五日、兵庫開港を除き条約を勅許
二	一八六六	三九	正月二日、中根雪江をして長州処置・兵庫開港等の意見を慶喜に建言す○幕府の召命により六月二九日入京（三回目）○八月二日、長州再征中止を慶喜に建言○八月五日、将軍職継承の可否について慶喜に建言○八月一三日、慶喜に進言○八月一七日、諸侯召集について建言○一〇月一日、京都を立ち、一〇月六日、福井着	正月二一日、薩長の盟約成る○二月、幕府、自由貿易許可を再令○五月、大阪・江戸などに打ちこわし起る○六月三日、第二回征長軍出発○七月二〇日、将軍家茂歿(二一歳)○八月二〇日、発喪、征長の兵を停止○慶喜、徳川家を相続す○八月三〇日、中御門経之・大原重徳ら二十二人参内し、四事を建言○九月四日、征長軍

年号	年	西暦	年齢	事項	一般事項
					の解兵令発布○一二月五日、慶喜に将軍宣下○一二月二五日、孝明天皇崩御（三六歳）○この年、全国的に一揆・打ちこわし頻発
慶応	三	一八六七	四〇	二月九日、福井にて小松帯刀と要談○朝命により四月一六日、第四回目の上京、四侯会議に出席○五月四日、越前邸で四侯会議○五月二三日、参内○八月六日、京都発、九日帰福○一〇月一五日、春嶽・鍋島斉正・山内容堂・伊達宗城・島津久光を特に召さる○慶喜の政権返上勅許○一一月二日、福井発、八日入京（第五回目）○一二月八日より九日にかけて参内、議定職に任ぜらる○一二月一〇日、徳川慶勝と春嶽は二条城に至り、慶喜の将軍辞職勅許の旨を伝え、退官・納地の内諭を伝える	正月九日、明治天皇践祚（一六歳）○正月一五日、岩倉具視ら激派公卿らを赦免○二月五日、仏公使ロッシュ、大阪城で慶喜に国政改革を進言す○四月一日、岩倉具視らの入京を許す○四月一二日、島津久光、大兵を率い入京○四月三〇日、朝廷の大会議、兵庫開港の件○九月一九日、薩長芸三藩、討幕を約定○一〇月四日、山内容堂、後藤象二郎をして、将軍慶喜に対し、王政復古を建言させる○一〇月一四日、慶喜、政権奉還を上表○一〇月一三日附慶喜討伐の密勅、一四日附容保（会津）・定敬（桑名）討伐の密勅が薩長二藩に降下（?）○一二月九日、王政復古の大号令を発布、摂政・関白・将軍を

明治 元 一八六八 四一

正月三日、鳥羽伏見の兵乱を憂悶し、議定職辞退の歎願書を出す○正月九日、岩倉、由利公正を使として慰留せしむ○正月一七日、新政府の職制定まり、議定松平春嶽は内国事務総督に任ず（正月二四日、一万五千両を下賜）○正月二一日、慶喜、書を春嶽らに送り、退隠の意を述べ救解を求む○正月二三日、春嶽の慶喜謝罪周旋成功せず○正月二六日、岩倉、徳川氏のため慶喜の謝罪周旋を春嶽に内諭○正月二九日、慶喜、再び慶勝と春嶽に救解を求む○二月五日、慶喜、謹慎以て朝裁を待つと春嶽に書を送る○二月七日、島津忠義・細川護久・毛利広封らと連名にて、開国方針の明示と外国使臣参朝のことを建議○二月一六日、外国公使参内につき、御用掛となる○二月一九日、内国事務局輔を兼ねる○二月

廃止、三職創設○一二月一二日、春嶽らの勧めにより慶喜は二条城より大阪城に移る○一二月二七日、三条実美ら入京

○正月三日、鳥羽伏見の戦い○正月六日、慶喜は開陽丸にのり東走○正月七日、慶喜征討大号令○正月一〇日、慶喜らの官位を奪う○正月一五日、王政復古を列国公使に布告○正月一七日、新政府の職制定まる○二月一五日、東征軍出発○三月一四日、五箇条御誓文○四月四日、江戸城開城○四月一一日、慶喜、水戸に退隠○閏四月二一日、政体書を頒布、太政官制を立てる○閏四月二九日、田安家達に徳川家を継がしむ○五月一四日、彰義隊敗走○七月一七日、江戸を東京と改称○八月二七日、即位大典○九月八日、明治改元、一世一元制となる○九月二〇日、天皇、東京に向う○一〇月一三日、天皇東京に着御○一〇月二二日、松平容保、

年号	西暦	年齢	事項	参考事項
			二八日、松平容保、謝罪状を春嶽に託す○閏四月二一日、議定に任命さる、固辞すれど許されず○六月一〇日、威圧殺伐の風を改め、恩愛和順の民政を要望す	降服す
明治二	一八六九	四二	五月一五日、民部官知事となる○七月八日、民部卿に就任○八月一一日、大蔵卿を兼職○八月二四日、大学別当兼侍読となる○九月二六日、王政復古の功績により正二位に昇叙	正月五日、横井小楠(六〇歳)暗殺さる○正月二三日、薩長土肥の四藩主版籍奉還を奏請○三月二八日、天皇再び東京行幸(事実上の遷都)○六月一七日、版籍奉還を許し藩主を知藩事とする○五月、米国大陸横断鉄道全通○七月、大西洋海底電線完成○七月八日、官制改革(二官六省設置)
三	一八七〇	四三	七月一三日、本官及び兼官を免じ、麝香間祇候仰出さる○文筆生活に入る○『逸事史補』起稿	九月一〇日、藩制改革を命ずる○九月一九日、平民に苗字をつけることを許す○一一月一三日、徴兵規則を公布○一二月二四日、農工商の帯刀を禁ず○普仏戦争○イタリア統一完成○フランス第三共和制
四	一八七一	四四	『逸事史補』執筆中○八月一九日、常盤橋邸	七月一四日、廃藩置県○八月九日、散髪

年	西暦	年齢	事項	一般事項
			を返上し、浜町稲荷邸を下賜	・脱刀を許す○八月二八日、四民通婚を許す○田畑作付自由許可○一〇月八日、岩倉具視ら欧米視察に出発○一一月二二日、全国を三府七十二県とする○一〇月、ドイツ統一完成
五	一八七二	四五	『逸事史補』執筆中	正月一三日、壬申戸籍作製にとりかかる○二月二八日、東京・横浜間鉄道開通（九月一二日開業式）○兵部省を廃し陸・海軍省を置く○六月二一日、山内容堂歿(四六歳)○八月二日、学制頒布○一一月九日、太陽暦採用、一二月三日を六年元旦とす
六	一八七三	四六	『逸事史補』執筆中○六月二〇日、墓参のため東京発、二九日、福井着、七月二六日、福井発、八月六日東京着○一二月一九日、天皇・皇后、春嶽の真崎邸に行幸	正月九日、徴兵令実施○三月七日、紀元節制定○六月、征韓論起る○九月一三日、岩倉具視一行帰国○一〇月二四日、西郷ら五参議下野する○この年地租改正
七	一八七四	四七	『逸事史補』執筆中○藩祖秀康を祀る佐佳枝廼社を創建、一二月二日、大祭を行う	正月一四日、岩倉具視襲撃される○四月四日、台湾出兵
八	一八七五	四八	『逸事史補』執筆中	二月下旬、大久保・木戸・板垣ら立憲政

年号	西暦	年齢	事項	一般事項
				体への漸進を申合わせる○四月二五日、元老院・大審院を設置し、左右両院を廃す
明治 九	一八七六	四九	『逸事史補』執筆中○福沢諭吉との交際始まる○九月三日、五女節子生れる（明治二五年、茂昭長男康荘と婚姻）	三月一二日、日曜は休日、土曜は半ドンとなる○一〇月、神風連の乱・秋月の乱・萩の乱あいついで起る
一〇	一八七七	五〇	『逸事史補』執筆中○正月一七日、明治天皇（二六歳）の近畿行幸に、熾仁親王・三条太政大臣・木戸・山県・伊藤らの重臣と共に供奉七月二八日、還御○正月二八日、邸宅を小石川水道町に移す○一〇月三日、中根雪江歿（七一歳）	正月四日、地租軽減（二・五%となる）○二月一五日、西南戦争おこる○五月二六日、木戸孝允歿（四五歳）○九月二日、静寛院宮もと和宮歿（三二歳）○九月二四日、西郷隆盛自刃（五一歳）
一一	一八七八	五一	『逸事史補』執筆中○朝廷よりの内命により伊達宗城・池田茂政と共に『徳川令典録』編集にとりかかる○四月二三日、六女里子生れる（のち徳川厚と婚姻）	五月一四日、大久保利通暗殺さる（四九歳）○明治天皇八月三〇日より一一月九日まで北陸巡幸、一〇月七日、福井御泊
一二	一八七九	五二	九月一八日、『逸事史補』十年ぶりに完結（明治三一年まで発表せず）○一一月二〇日、七女正子生れる（のち毛利五郎と婚姻）	三月、初めて府会・県会をおく○九月、教育令制定○一二月、山県有朋、立憲政体建白

一三	一八八〇	三三	三月『幕儀参考』編集にとりかかる○三月一四日『真雪草紙』起稿	四月八日、区町村会法制定○一二月一四日、伊藤博文立憲政体建白
一四	一八八一	三四	正月一二日、八女千代子生れる（のち三条公美夫人となる）○七月一六日、勲二等に昇叙、旭日重光章を賜わる○八月二四日『真雪草紙』第一編完結、第二編にとりかかる○一二月『徳川令典録』三十九巻完成し、天皇に献上す	五月四日、小学校教則綱領を制定○一〇月一二日、国会開設の勅諭
一五	一八八二	三五	『閑窓秉筆』執筆○三月一五日、三男慶民生れる（のち式部官・宮内大臣となる）	正月四日、『軍人勅諭』発布○三月三日、伊藤博文、憲法制度取調のため欧州へ出発
一六	一八八三	三六	一〇月一六日、『真雪草紙』第二編完結○一一月二六日、『閑窓秉筆』完結	七月二〇日、岩倉具視歿（五九歳）○八月、伊藤博文帰国
一七	一八八四	三七	五月九日、『雨窓閑話』起稿○七月七日、春嶽の勲功により養嗣子茂昭に伯爵を授けらる	
一八	一八八五	三八	五月三〇日、『雨窓閑話』脱稿	一二月二二日、太政官制を廃し、内閣制度を制定○伊藤博文内閣成立
一九	一八八六	三九	八月一一日、『前世界雑話稿』完結○一〇月五日、四男義親生れる（のち尾張徳川家をつ	三月二日、帝国大学令公布○三月九日、東京府知事渡辺洪基、帝国大学初代総長

年号	西暦	年齢	事項	一般事項
明治二〇	一八八七	六〇	ぐ)	○四月一〇日、小・中・師範学校令公布 二月、徳富蘇峰、民友社を創立○一〇月、地租軽減・言論自由・外交失敗挽回の三大要望の建白運動起る○一二月六日、島津久光歿(七一歳)
二一	一八八八	六一	正月一七日、春嶽の勲功により特に陞して養嗣子茂昭に侯爵を授けらる○九月七日、特旨を以て従一位に昇叙	四月二五日、市制・町村制公布
二二	一八八九	六二	六月三日、勲一等に叙し、旭日大綬章を賜わる	二月一一日、帝国憲法発布○二月一二日、文相森有礼歿(四三歳)○七月、東海道線全通
二三	一八九〇	六三	六月二日、小石川関口台町邸にて逝去(六三歳)○六月七日、勅使来臨、勅語と金幣を賜わる○六月八日、品川海晏寺に葬る	七月一日、第一回衆議院議員選挙○一〇月三〇日、教育勅語発布○一一月二九日、第一回帝国議会開院式
二四	一八九一		一一月一一日、春嶽の神霊を県社佐佳枝廼社に合祀	二月一八日、三条実美歿(五五歳)○九月、東京・青森間鉄道全通

主要参考文献

『続再夢紀事』村田氏寿著　全二四巻　明治二五年　松平侯爵家
『春嶽遺稿』全四巻　明治三四年　松平侯爵家
『昨夢紀事』中根雪江著　全四冊　大正　九年　日本史籍協会
『再夢紀事』中根雪江著　全二二巻　大正一一年　日本史籍協会
『松平春嶽全集』第一巻　昭和一四年　三秀舎
『松平春嶽全集』第二・三巻　昭和一六・一七年　松平春嶽全集編纂刊行会
『松平春嶽全集』第四巻　空襲により焼失　校正刷一部のみ残存
『丁卯日記』中根雪江著　六冊　和本　松平春嶽公記念文庫
『戊辰日記』中根雪江著　六冊　和本　同　右
『御家譜』全一冊　同　右
『春嶽公履歴略』全一冊　同　右

徳富猪一郎『近世日本国民史』全百巻　昭和九〜三七年　民友社・明治書院・近世日本国民史刊行会・時事通信社
文部省『維新史料綱要』全十巻　昭和一二〜一四年　目黒書店
文部省『維新史』全六巻　昭和一四〜一六年　明治書院
文部省『概観維新史』全一冊　昭和一五年　明治書院
景岳会『橋本左内全集』　明治四一年　景岳会
三岡文夫『子爵由利公正伝』　大正五年　光融館
渋沢栄一『徳川慶喜公伝』八巻　大正七年　竜門社
徳山国三郎『松平春嶽公』　昭和一三年　貴信房
山崎正薫『横井小楠伝』　昭和一三年　明治書院
景岳会『橋本景岳全集』二巻　昭和一八年　畝傍書店
川端太平『松平春嶽公を偲びて』　昭和一八年　大政翼賛会福井県支部

川端太平『橋本景岳』　昭和二〇年　大政翼賛会福井県支部
越前松平家『春嶽公餘影』　昭和三五年　越前松平家
景岳会
山口宗之『橋本左内』（「人物叢書」）　昭和三七年　吉川弘文館
吉田常吉『井伊直弼』（「人物叢書」）　昭和三八年　吉川弘文館

著者略歴

明治二十七年生れ
福井県師範学校卒業
文検合格
福井県師範学校教諭、鯖江女子師範学校教諭、
福井市宝永小学校校長等を歴任
昭和四十七年没

主要著書
松平春嶽公を偲びて　橋本景岳　若越郷土史読本　川西町史　われ等の郷土と人物（四巻）〈共編〉

人物叢書　新装版

松平春嶽

昭和四十二年三月一日　第一版第一刷発行
平成二年三月一日　新装版第一刷発行
平成六年十一月二十日　新装版第二刷発行

著者　川端太平（かわばたたへい）
編集者　日本歴史学会　代表者　児玉幸多
発行者　吉川圭三
発行所　株式会社　吉川弘文館
東京都文京区本郷七丁目二番八号
郵便番号一一三
電話〇三―三八一三―九一五一〈代表〉
振替口座〇〇一〇〇―五―二四四
印刷＝平文社　製本＝ナショナル製本

『人物叢書』（新装版）刊行のことば

人物叢書は、個人が埋没された歴史書が盛行した時代に、「歴史を動かすものは人間である。個人の伝記が明らかにされないで、歴史の叙述は完全であり得ない」という信念のもとに、専門学者に執筆を依頼し、日本歴史学会が編集し、吉川弘文館が刊行した一大伝記集である。

幸いに読書界の支持を得て、百冊刊行の折には菊池寛賞を授けられる栄誉に浴した。

しかし発行以来すでに四半世紀を経過し、長期品切れ本が増加し、読書界の要望にそい得ない状態にもなったので、この際既刊本の体裁を一新して再編成し、定期的に配本できるような方策をとることにした。既刊本は一八四冊であるが、まだ未刊である重要人物の伝記についても鋭意刊行を進める方針であり、その体裁も新形式をとることとした。

こうして刊行当初の精神に思いを致し、人物叢書を蘇らせようとするのが、今回の企図である。大方のご支援を得ることができれば幸せである。

昭和六十年五月

日本歴史学会

代表者　坂本太郎

〈オンデマンド版〉
松平春嶽

人物叢書　新装版

2020年（令和2）11月1日　発行

著　者　川端太平

編集者　日本歴史学会
代表者　藤田　覚

発行者　吉川道郎

発行所　株式会社　吉川弘文館
〒113-0033　東京都文京区本郷7丁目2番8号
TEL　03-3813-9151〈代表〉
URL　http://www.yoshikawa-k.co.jp/

印刷・製本　大日本印刷株式会社

川端　太平（1894〜1972）

ISBN978-4-642-75189-6